Ilse Gräfin von Bredow
Denn Engel wohnen nebenan

Zu diesem Buch

Kartoffeln mit Stippe – das war die unvergesslich schöne, an Erinnerungen reiche Jugendzeit eines Mädchens: das Leben einer gräflichen Familie in einem höchst ungräflichen Forsthaus in der märkischen Heide. Der weltpolitische Umbruch hat es möglich gemacht, dass die große Erzählerin Ilse Gräfin von Bredow an den Ort ihrer Kindheit und Jugend zurückkehren konnte. In einer einzigartigen Mischung aus Erinnerung und Erleben der Gegenwart, aus verlorener Zeit und neuer Begegnung eröffnet sich ein Panorama von Lebensläufen und Schicksalen, wie es nur jemand beschreiben kann, der das alles selbst erlebt, erlitten und erfühlt hat.

Ilse Gräfin von Bredow wurde 1922 in Teichenau (Schlesien) geboren. Sie wuchs auf einem Forstgut in der Mark Brandenburg auf, floh kurz vor Kriegsende jedoch mit ihrer Familie nach Niedersachsen. Ihr Debütroman »Kartoffeln mit Stippe« war ein sensationeller Erfolg. Ilse Gräfin von Bredow verstarb im April 2014 in Hamburg.

Ilse Gräfin von Bredow

Denn Engel wohnen nebenan

Rückkehr in die märkische Heide

PIPER
München Berlin Zürich

Mehr über unsere Autoren und Bücher:
www.piper.de
Aktuelle Neuigkeiten finden Sie auch auf Facebook, Twitter und YouTube.

Von Ilse Gräfin von Bredow liegen im Piper Verlag vor:
Kartoffeln mit Stippe
Adel vom Feinsten
Das Hörgerät im Azaleentopf
Ich und meine Oma und die Liebe
Benjamin, ich hab nichts anzuzieh
Hansemann, geh du voran
Nach mir die Sintflut
Ein Bernhardiner namens Möpschen
Deine Keile kriegste doch
Und immer droht der Weihnachtsmann
Denn Engel wohnen nebenan
Glückskinder
Mein Körper ist so unsozial
Bei uns zu Haus

MIX
Papier aus verantwor-
tungsvollen Quellen
FSC® C083411

Ungekürzte Taschenbuchausgabe
Piper Verlag GmbH, München/Berlin
1. Auflage Mai 2016
2. Auflage August 2016
© Scherz Verlag, Bern, München, Wien 1995
Mit Genehmigung der S. Fischer Verlag GmbH, Frankfurt am Main
Umschlaggestaltung: Cornelia Niere, München
Umschlagabbildung: akg-images
Satz: Kösel Media GmbH, Krugzell
Gesetzt aus der Quadraat
Druck und Bindung: CPI books GmbH, Leck
Printed in Germany   ISBN 978-3-492-30896-0

»Wer nicht den Himmel unten fand,
verfehlt auch oben ihn,
denn Engel wohnen nebenan,
wohin wir immer ziehn.«

Emily Dickinson

1

Es ist ein strahlender Junitag. Der Sommer '94 hat vielver-
sprechend begonnen. Wir sitzen hinter Luzie Trägenapps
Haus im Garten, von dem man einen weiten Blick über die
angrenzende Wiese und über ein Stück vom Witzker See hat,
und bewundern ihre Blumen. Rittersporn, Löwenmäulchen,
Vergissmeinnicht und Levkojen. Luzie klagt über die Que-
cken mit ihren langen Wurzeln. Sie sind anscheinend so wenig auszurotten wie die Mücken, die meine Vorfahren hier
schon vor sechshundert Jahren plagten, als die Bredows dem
Teufel im Flug aus dem Sack purzelten und sich im Havelland
verstreuten. Doch im Moment lassen sie uns in Ruh.

»Keine Mücken dieses Jahr? Ich weiß wirklich nicht, was
ihr immer habt«, sage ich.

»Da hättest du mal vor vier Wochen hier sein sollen«, sagt
Luzie. Nach anfänglichem Zögern sind '92 sie und ihr Mann
Sigmund Mateke wieder von West-Berlin in das Heimatdorf
Lochow zurückgekehrt. Auf dem Trägenappschen Grundstück hat sich das Ehepaar ein Häuschen gebaut. Es waren
anstrengende Monate gewesen. »Erinnere mich nicht an
diese Zeit«, sagt Luzie. Die Großstadt vermisst sie nicht. Sie
kann sich kaum noch vorstellen, dass sie es so lange in Berlin
überhaupt ausgehalten hat.

»Kunststück«, sage ich, »bei dieser Lage!«

Die hohen Bäume vom Nachbargrundstück, unserem ehemaligen Forstgarten, geben angenehmen Schatten. Gerade
weht eine leichte Brise, so dass wir die selbst gebackenen
Windbeutel und den Ausblick doppelt genießen. Leider ist

ein Grasmäher dabei, der Wiesenblumenpracht den Garaus zu machen. Auch einige Rehkitze werden wohl, wie früher, in dem dichten Gras ihr Leben lassen müssen.

Außer meiner Schwester gehören zu Luzies Kaffeegästen auch ihre Schwägerin Genia Mateke, ihre Schwester Ilse und ihr Schwager Arno Mateke. Wir sind sozusagen der letzte Rest der »Eingeborenen«, ein Häuflein klein, die meisten von uns inzwischen Rentner und von den üblichen Alterszipperlein geplagt. Trotz der Grenze waren wir immer in Verbindung geblieben, auch mit anderen alten Bekannten aus dieser Gegend, mal mehr, mal weniger, wie es die Lebensumstände gerade so mit sich brachten. Lochow, der früher so idyllische Ort mit seinen wenigen Häusern, hat sich im Laufe der Jahre in Richtung Luch gestreckt. Schöner ist er dadurch nicht geworden. Baracken am Ufer des kleinen Sees, ein ausgebrannter Wohnwagen, ein leerer, allmählich zusammenstürzender Kuhstall der LPG und dicht bei dicht Finnenhütten auf unserer ehemaligen Koppel hinter der Scheune.

Meine Schwester und Luzie haben begonnen, von den beschaulichen Zeiten unserer Kindheit zu reden, von den heißen Sommern, wenn uns der Sand fast die nackten Fußsohlen verbrannte, Frauen und Mädchen im Dorf nur Schlüpfer und eine Kittelschürze darüber trugen und meine Mutter auf dem Flügel das Lied vom Nöck spielte. »Komm wieder, Nöck, du singst so schön, wer singt, kann in den Himmel gehn.« Wir Kinder plärrten: »Anneliese Lohse macht sich in die Hose!« Und nach Feierabend ließ jemand am Witzker See sein Horn klagen: »Schön ist die Jugendzeit, sie kommt nicht mehr.« Das Frühjahr, das sich jedes Mal Zeit ließ – »Mein Gott, dieses Jahr wird's ja wohl überhaupt nicht mehr Frühling!« –, und plötzlich, wie durch Zauberhand, waren die Wiesen voller Sumpfdotterblumen, tummelten sich die Kiebitze über der Wiese, wurde alles wieder grün, und die Waldmeisterbowle brachte uns in Schwung. »Waldeslust, Waldeslust, oh, wie einsam schlägt die Brust.« Die Männer von Luzie und Ilse, die Matekes und ihre Vettern und Kusinen hatten Ähnliches erlebt. Auch sie sind auf dem Land groß geworden, erst in Wolhynien und dann im Warthegau, wohin sie nach dem Pakt zwischen Stalin und Hitler umgesiedelt worden waren.

Wir reden darüber, wie Luzies Mutter über den Gartenzaun in Richtung unserer Küche rief: »Erna, bei 'ne Weile Brot holen!« Bäcker Scheer aus Ferchesar kam mit Pferd und Wagen nur einmal in der Woche. Das Brot backte sich das Dorf selbst, im Backofen neben unserer Scheune. Den Backofen gibt es nicht mehr, und die Eiche mit den Hornissen vor Trägenapps Haus ist einem Sturm zum Opfer gefallen. Wir reden dies, wir reden das und verklären die Erinnerungen. Im Winter das Schlittschuhlaufen auf dem Witzker See und den überschwemmten Wiesen. Eine endlose Eisfläche dehnte sich und glitzerte im Mondlicht, während der kalte Ostwind uns ins Gesicht blies. Das Fischen mit Aalpuppen und Netzen, und dann der Schnee, der jedes Geräusch erstickte.

An unsere Liese, die Kriegsveteranin aus dem Ersten Weltkrieg, können sich allerdings nur noch meine Schwester und ich erinnern. Vor eine Kette Rodelschlitten gespannt, stampfte sie in einem für einen Kaltblüter erstaunlichen Tempo die Waldwege entlang, angefeuert von Gerhard Karge, der auf dem letzten Schlitten die Trommel meines Bruders schlug, dafür allerdings auch in der Kurve die Balance verlor und umkippte. Gerhard Karge ist inzwischen gestorben, wie schon so viele aus meiner Generation. Dann sind wir beim Adventssingen in unserem Haus angelangt, wo man sich um den Flügel versammelte und die Transparente bewunderte, während meine Mutter Weihnachtslieder spielte.

Mir fällt mal wieder Schauriges ein. »Weißt du noch«, sage ich zu meiner Schwester, »der Uhrmacher in den Zwanzigerjahren? Der reizende alte Herr, der gütige Onkel, von den Kindern geliebt?«

»Keinen Schimmer«, sagt meine Schwester abwehrend. Sie ahnt, was kommt, und sieht ihre Kindheit gern als eine heile Welt.

»Das weißt du nicht mehr?«, frage ich ungläubig. »Er hat den Bauern die Uhren repariert und so ganz nebenbei mehrere Kinder umgebracht. Auf unseren Streifzügen im Wald haben wir uns mit dieser Geschichte gegenseitig gegruselt.«

»Typisch«, sagt meine Schwester. »An so was erinnerst nur du dich. Pass auf, du kleckerst.«

Irritiert sehe ich auf das Tischtuch. »Wo denn?« Ich schiebe den Teller beiseite. Tatsächlich, ein Obstfleck.

»Macht doch nichts«, sagt Luzie.

»Du warst schon immer eine Kleckerliese«, sagt meine Schwester. Sie ist fast fünfundsiebzig und ich fast zweiundsiebzig, aber die geschwisterlichen Reibereien funktionieren immer noch.

»Noch jemand Kaffee?«, fragt Luzie und, vorwurfsvoll: »Ihr esst ja gar nichts. Greift doch zu!« Das Aufheulen eines Motors lässt uns zusammenzucken. Ein BMW-Fahrer mit Berliner Kennzeichen verwechselt offensichtlich den Plattenweg mit der Autobahn und gerät prompt ins Schleudern. Fast landet er in Luzies Gartenzaun. Entrüstet drehen wir uns nach ihm um. Es ist immer dasselbe mit den Städtern. Und schon fällt mir wieder ein: »Schlimmer als Rüsselkäfer und Waldbrände zusammen!« Alles wie gehabt. Auch das Elternhaus, das uns nun wieder gehört. Nikolai Kolbatsch, der Onkel von Sigmund und Arno Mateke, hat es uns zurückgegeben. Er stammte aus der Ukraine und war mit seiner Familie seit '40 bei uns. Nach der Enteignung war ihm als Siedler das Grundstück zugeteilt worden. Doch von Anfang an hatte er es nie als sein Eigentum betrachtet und auch bis zu seinem Tode keinen Hehl daraus gemacht, dass er es uns wieder überlassen würde.

»Stimmt«, sagt Sigmund, Luzies Mann. »Er hat immer gesagt: ›Die Grafen kommen wieder. Ist doch ihr Land, oder nicht?‹ Und er hat sein Versprechen gehalten.«

»Zuletzt hat er auch nicht mehr leben wollen«, sagt Luzie. »Seitdem Tante Olga gestorben war, hat er sich ganz in sein Haus verkrochen. Nicht mal mehr den Garten hat er zum Schluss bestellt. Und den Hund hat er auch weggegeben.«

»Glaubst du, dass er sich nach seinem Hof in der Ukraine gesehnt hat?«, frage ich.

»Zu Anfang vielleicht nicht, aber zum Schluss, glaub ich, schon.« Wir schweigen. Eine Gedenkminute für Nikolai Kolbatsch. Auch der Grasmäher schweigt. Bleierne Hitze liegt jetzt über dem Land. Für kurze Zeit herrscht Stille. Es ist die Stunde der Roggenmuhme, vor der man uns Kindern Angst machte, damit wir nicht durchs Getreide liefen und alles zertrampelten. Nikolai müssen unsere spärlichen Erträge ärmlich vorgekommen sein gegen das, was er auf seinem Hof in der Ukraine geerntet hatte, der Kornkammer Russlands, wie es hieß.

»Der Onkel Kolla war so ein Mensch«, sagt Arno Mateke, Luzies Schwager, und beginnt, in seiner bedächtigen Weise den Onkel zu beschreiben, da bringt ihn ein voll aufgedrehtes Autoradio zum Verstummen, das »Katzenklo, Katzenklo macht jede Katze frisch und froh« oder so ähnlich plärrt, so dass Arnos Promenadenmischung, die heute mal nicht ihrer

Lieblingsbeschäftigung nachgeht, die Schwalben auf den Telefondrähten anzubellen, kläffend aus dem Hof hinter dem Auto herwetzt.

»›Katzenklo, Katzenklo‹, so was Hirnrissiges«, lache ich. Aber dann fällt mir ein, dass die Schlager in meiner Kindheit auch nicht viel geistreicher waren: »Es war einmal ein Teddybär, der blies Trompete und noch mehr. Und war man zu ihm grob und barsch, dann blies er den Radetzkymarsch. Oh, Mona!«

»Dreihundert Autos haben wir an einem Wochenende gezählt«, sagt Sigmund, »das kann ja noch heiter werden.« Und meine Schwester fügt hinzu: »Gott erhalte uns den Plattenweg.«

»Auf dem man nicht mal radeln kann«, ergänze ich bedauernd.

»Da hättest du mal hier sein sollen, als die Russen das Luch noch als Übungsgelände für ihre Panzer benutzten«, sagt Ilse Mateke und fügt ohne Übergang hinzu: »Am 24. April '45 seid ihr weggemacht. Ich weiß es noch wie heute. Vier Tage nach Adolfs Geburtstag. Dein Vater ist noch zu meiner Mutter gekommen und hat gesagt: ›Frau Trägenapp, geben Sie mir lieber Ihre Mädchen mit. Es wird schlimm werden.‹ Aber Mutter wollte nicht. Sie konnte sich nicht von uns trennen.«

2

Ich erinnere mich. Nachdem ich mich von der Wehrkreis-Reit- und -Fahrschule abgesetzt hatte und auch meine Schwester, die im Herbst '44 einen Vetter von uns geheiratet hatte, wieder in Lochow war und die Front allmählich näher und näher rückte, stand Vaters Entschluss, Lochow zu verlassen, fest. Ein Wagen wurde für die Flucht vorbereitet, Kisten und Koffer wurden gefüllt, und wir konnten uns nicht einig werden, was am wichtigsten zum Mitnehmen war. Auf jeden Fall einige Erinnerungsstücke, an denen unsere Herzen hingen, darunter auch der zerbeulte Serviettenring meines Bruders, den er zur Taufe bekommen hatte.

Nachdem wir Kisten und Koffer auf dem Treckwagen verstaut hatten, sich, o Wunder, auch das Oktavheftchen, in dem jeder Gegenstand verzeichnet war, wiederfand und das Haus in dem ganzen Durcheinander die Gemütlichkeit eines Güterwaggons ausstrahlte, hatte es sich Vater plötzlich doch anders überlegt. Wie sollte Nikolai ohne Pferde die Frühjahrsbestellung machen? Auch würde es womöglich heißen, wir hätten uns aus dem Staube gemacht und den Leuten keine Chance gegeben, mit ihren Kindern wegzukommen.

So wanderte alles wieder zurück in Schränke und Kommoden, und nur meine Mutter fuhr mit dem Treck einer befreundeten Familie voraus. Wir wollten mit den Rädern nachkommen und uns mit ihr, wie es die Situation ergab, entweder in Niedersachsen bei entfernten Verwandten oder in Schönweide, einem Gut in Holstein, treffen.

Am 23. April verwöhnte uns der Staat noch mit einer Sonderration Zucker, die ich aus Rathenow holen musste. Ich war noch nicht ganz aus der Stadt heraus, da begann die Eisenbahnflak zu schießen. Die Granatsplitter prasselten nur so durch die Bäume, als führe ich durch einen Platzregen. In der Nacht vom 23. zum 24. hörten wir es zum ersten Mal, dieses malmende Geräusch von Panzern. Mein Vater, der es vorher nicht so eilig gehabt hatte, drängte jetzt sehr. Er setzte sich mit meinem Onkel in Stechow in Verbindung, dessen Treck wir uns anschließen wollten. Wir packten unsere Rucksäcke und füllten unsere Feldflaschen mit Rotwein. An den Lenkstangen der Fahrräder befestigten wir Stalllaternen.

Möpschen, unseren Bernhardiner, konnten wir nicht mitnehmen. Er war nicht mehr der Jüngste und schon ziemlich steifbeinig. Er wedelte nur kurz, als wir ihn streichelten, zu sehr war er mit der Blutwurst beschäftigt, die wir ihm spendiert hatten. Nikolai würde sich um ihn kümmern.

Wir gingen noch einmal durchs Haus. Waren die Fenster auch verschlossen? Die Schränke sollte man lieber offen lassen, hatten wir gehört. Die würden doch nur aufgebrochen. Während wir von Zimmer zu Zimmer gingen, fühlten wir uns ein bisschen verlegen. Waren wir nicht überängstlich? Friedrich der Große in Öl über Vaters Schreibtisch blickte verächtlich. Das wollten nun Preußen sein. Im Flur zog ich noch einmal Großmutters Spieluhr auf. Vier Porzellanpüppchen im Rokokokostüm, die in einer Rosenlaube auf zierlichen Stühlchen an einem gedeckten Tisch saßen, hoben die Tassen und bewegten ihre Köpfe zu dem Menuett von Boccherini. So saßen und nickten sie wohl noch, als wir uns auf dem Hof vom Dorf verabschiedeten. Wir machten es kurz. Dann radelten wir davon, mit unseren beiden Hausmädchen Irmchen und Erna und dem jungen Münsterländer Buschi.

Schon auf dem Weg nach Ferchesar hatte Erna nach zwei Kilometern die Nase voll und wollte am liebsten wieder umkehren. »Mein Nähzeug hab ick ooch vergessen.« Vater wurde ungehalten. »Seien Sie nicht albern. Los, los, wir müssen uns beeilen!« Erna fügte sich mit muckschem Gesicht.

»Mensch, Erna«, sagte ich tröstend. Mit unseren Köchinnen und Hausmädchen hatten wir Kinder immer ein sehr gutes Verhältnis gehabt. Sie vertuschten unsere kleinen Sünden und ergriffen unsere Partei, vor allem, wenn sie sich über meine Mutter geärgert hatten. Irmchen und Erna waren die Letzten einer langen Reihe. Mit Erna standen meine Schwester und ich auf besonders vertrautem Fuß. Wir waren fast im selben Alter, lasen dieselben Bücher, sangen dieselben Schlager und radelten, wenn irgend möglich, mit ihr ins Kino oder gingen, mit Möpschen im Gefolge, gemeinsam baden. Erna stammte aus Witzke. Ihr Vater betreute die Pumpwerke am Kanal und war Jagdaufseher bei den Jagdpächtern. Nebenbei betrieben ihre Eltern eine kleine Landwirtschaft.

In Ferchesar war von Aufbruch nichts zu merken. Aber auf dem Weg von Ferchesar nach Stechow sah man bereits in östlicher Richtung eine riesige Rauchwolke und das Mündungsfeuer der Artillerie. Auf dem Gut meines Onkels Wilhelm Bredow wartete der Treck schon auf uns. Wir verstauten unsere Rucksäcke, und dann setzten sich die Wagen in Bewegung. Wir, auf unseren Rädern, bildeten das Schlusslicht.

Die Straße nach Rathenow war völlig verstopft, von flüchtendem Militär, endlosen Kolonnen von Ostflüchtlingen auf ihren Treckwagen und vielen kriegsgefangenen Russen, die wenig Lust zu verspüren schienen, sich von ihren Landsleuten befreien zu lassen. Im Wald links und rechts der Straße hatte deutsche Artillerie bereits Stellung bezogen, um die Stadt zu verteidigen. Rathenow selbst wirkte von einem Tag auf den anderen völlig verändert, was nicht an dem vielen Militär und den Flüchtlingen lag. Daran waren wir gewöhnt. Es war das Entsetzen, das die Mauern der Stadt auszuschwitzen schienen, die Angst vor dem, was ihr bevorstand.

Wir passierten die Havelbrücke und kamen gegen Morgen in Briest an, einem kleinen Ort etwa fünfzehn Kilometer von Rathenow Richtung Elbe. Dort machten wir erst mal halt, um die Pferde zu füttern und selbst zu frühstücken.

Meine Erinnerung an diese Zeit hat große Lücken. Ich weiß nur noch, dass wir uns einmal, vor Tiefffliegern Schutz suchend, voller Panik zu viert in eine Telefonzelle drängten, während mein Vater auf einer Anhöhe saß und ganz entrückt zusah, wie sie zwei Kilometer von uns entfernt eine kleine Brücke in die Luft jagten. Als er merkte, wohin wir geflüchtet waren, erhob er sich und holte uns dort raus. »Was soll denn der Unsinn?«

In Klietznick, nicht weit von der Elbe, hatten wir, auf der Suche nach einem geeigneten Nachtquartier, erschöpft auf einer kleinen Anhöhe haltgemacht und uns unter einem Schild für einen Augenblick ausgeruht. »Was steht da eigentlich drauf?«, fragte meine Schwester schläfrig. Und Erna sagte: »Achtung, Feindeinsicht!« Da gab es auch schon ein merkwürdiges Sausen und Rauschen, und wir rannten, Buschi hinter uns herzerrend, in Deckung. Wir waren unter Artilleriebeschuss geraten. Zum Glück waren die Pferde ausgespannt. Aber einige Flüchtlinge wurden leicht verletzt und einer unserer Treckbegleiter von einem Splitter am Hals getroffen.

Nach diesem Erlebnis zogen wir es vor, im Wald zu übernachten. Aber an Schlaf war nicht zu denken. Es war hundekalt, und die Angst hatte uns voll im Griff. Obwohl die meisten von uns nach fünf Jahren Krieg auf solche Schrecken nicht

ganz unvorbereitet waren, nützte das jetzt wenig. Glücklicherweise ist Angst nicht steigerbar. Da gibt es keinen Unter-
schied, ob es Krieg ist oder Frieden. Dafür bekamen wir sehr
schnell, wie die anderen Flüchtlinge auch, einen Instinkt für
die Gefahr. Am 25. April, gegen Morgen, hörten wir die Sire-
nen von Rathenow Feindalarm geben. Jede Überlegung, ob es
nicht vielleicht doch besser war, wieder umzudrehen, konnten wir also vergessen.

Ich weiß auch nicht mehr, wie es mein Vater und mein Onkel schafften, mit Hilfe eines Parlamentärs mit den Amerikanern auf der gegenüberliegenden Seite der Elbe Kontakt aufzunehmen und, ebenso wie das Lazarett aus Jerichow, in dem
sich viele verwundete amerikanische Kriegsgefangene befanden, die Genehmigung für den Treck zum Übersetzen zu erhalten. Der Treck war inzwischen bei einem Bauern in Klietznick untergekommen und zog am 26. April, vormittags, zum
Elbufer, gefolgt von einem endlosen Tross von Flüchtlingen,
voran ein Träger mit der weißen Fahne. Doch am anderen
Ufer bei den Amerikanern rührte sich nichts. Einige Männer
versuchten ihr Glück, auf eigene Faust hinüberzurudern,
wurden aber sofort von den Amerikanern heftig beschossen
und mussten wieder umkehren.

Erna und ich beschlossen daraufhin herauszufinden, wo
der Übernahmeplatz des Lazaretts war. Vielleicht gab es ja
dort eine Chance. Wir radelten im Schutze des Deichs in
Richtung Jerichow und schauten ab und zu über die Krone,
aber von Kähnen oder Fähren war nichts zu sehen. Als der
Wiesenweg endete und wir unsere Räder über die Wiese in
einen kleinen Wald schoben, begann die Artillerie wieder,
sich auf uns einzuschießen. Auf dem Weg nach Jerichow
kamen wir an unzähligen Unterständen der Wehrmacht vorbei, gefüllt mit Panzerfäusten, Patronentaschen, Karabinern,

Stahlhelmen und Tellerminen. Dann sahen wir ein Hausdach durchs Gebüsch leuchten. War das schon Jerichow? Aber es war nur ein einzelnes Gehöft. Haus- und Stalldach waren ziemlich zerschossen. Da aber auf einer Holzmiete einige Wäschestücke hingen, musste wohl hier noch jemand wohnen. Wir pirschten uns langsam näher und hatten das Haus fast erreicht, als wir plötzlich einem Amerikaner gegenüberstanden. Er sprach etwas Deutsch, so dass wir uns gut verständigen konnten. Wir versuchten herauszubekommen, wann und wo die Übernahme des Lazaretts erfolgen sollte. Aber er zuckte nur die Achseln. So kehrten Erna und ich zu unserem Treck zurück.

Allmählich glich das Elbufer einem riesigen Heerlager. Von den zugesagten Fähren war immer noch nichts zu sehen. Dafür kamen einige Amis herübergerudert, stolzierten zwischen den Flüchtlingen herum und sparten nicht mit höhnischen Bemerkungen in gebrochenem Deutsch. Erna war ganz empört. »Wie kommen eigentlich diese Lackaffen dazu, unsere Wehrmacht schlechtzumachen?« Zwei Nächte froren und klapperten wir an der Elbe vor uns hin. Dann hieß es plötzlich: Franzosen! Ehemalige französische Kriegsgefangene seien die einzige Chance, hinübergelassen zu werden. Jeder machte sich auf die Suche. Aber die Handvoll Franzosen, die sich unter den Flüchtlingen befand, war schnell vergriffen. Zuerst waren sie über das plötzliche Interesse an ihrer Person ganz perplex. Aber dann, als sie begriffen, um was es ging, wurden sie sehr wählerisch. Sie suchten sich die hübschesten Mädchen zum Beschützen aus. Wir gehörten nicht dazu.

Schließlich gaben wir auf. Vater beschloss, sich mit uns von dem Treck meines Onkels zu trennen und sich über Neumarkt, Havelberg, Sandau, Perleberg, Ludwigslust und

Schwerin Richtung Lübeck durchzuschlagen. Das hieß, wir mussten erst einmal wieder fast bis Rathenow zurück, und wir wussten nicht, ob die Russen dort bereits einmarschiert waren. Doch noch immer wurde, in diesem Fall zu unserem Glück, um Rathenow gekämpft.

Zwei unserer Räder waren uns inzwischen gestohlen worden, und so mussten wir teils zu Fuß, teils per Anhalter weiter. Hatten wir uns eingebildet, schlimmer als die letzten Tage könne es nicht kommen, wurden wir schnell eines Besseren belehrt. Das Chaos auf den Straßen war nicht mehr zu überbieten. Von den Tieffliegern zusammengeschossene Trecks, ineinander verkeilte Militärfahrzeuge, flüchtende Soldaten und halbe Kinder in Uniform, die unter der Anleitung eines Leutnants ein Flakgeschütz in Stellung brachten. Die Dorfbewohner gingen fast mit der Mistgabel auf den jungen Offizier los. »Hau bloß ab, du Dussel! Soll auch hier alles in Schutt und Asche gehen?« Der Leutnant verstand die Welt nicht mehr. »Ich will Sie doch nur schützen!«

Besonders eilig hatten es die Repräsentanten des Tausendjährigen Reiches. Sie schafften sich mit schneidigen Kommandos rücksichtslos Platz, ungerührt von dem Anblick der an Chausseebäumen aufgehängten Soldaten, die Schilder um den Hals trugen: »Wer den Tod in Ehren fürchtet, stirbt ihn in Schande.« Die Tiefflieger waren überall. Mal ging ein Munitionszug auf einem Bahnhof in die Luft, mal schossen sie ein Dorf in Brand. Erst die Dunkelheit gab wieder so etwas wie Sicherheit. Sehnsüchtig wartete jeder, von einem Auto mitgenommen zu werden, und kaum hatte man es geschafft, musste man nach ein paar Kilometern schon wieder aussteigen, weil das Benzin ausgegangen war. Verwundete, die man kurzerhand auf die Straße gesetzt hatte, versuchten, sich mit letzter Kraft an bereits überfüllten Lastwagen hochzuziehen.

Man schlug ihnen so lange auf die Finger, bis sie losließen. Niemand kam ihnen zu Hilfe, auch wir nicht. Wir waren zu sehr mit dem eigenen Überleben beschäftigt. Unsere Wünsche schrumpften zusammen. Sie beschränkten sich nur noch auf Essen, Trinken, Schlafen. Wohlig räkelten wir uns in einem Pferdestall auf trockenem Mist, und auch einen Schweinestall empfanden wir als ein durchaus passables Quartier. Als am 30. April jemand im Dunkeln der auf einen Weitertransport wartenden Menge mit getragener Stimme Adolf Hitlers Tod mitteilte, erweckte er damit dieselbe Aufmerksamkeit wie bei einem überfahrenen Huhn. Und Erna lamentierte weiter über ihren Rucksack mit den zwei Broten, den sie irgendwo stehen gelassen hatte.

Einer Kusine von uns war es nach der Flucht ähnlich ergangen. Glücklich darüber, der Hölle entronnen zu sein, nahm sie am 2. Mai diese Nachricht im Radio vollkommen unbeteiligt zur Kenntnis und ging laut pfeifend den Flur ihrer Gastgeber entlang. Darüber war der Hausherr aufs Tiefste schockiert. »Stellt euch vor, er hatte sich sogar einen schwarzen Schlips umgebunden!«

Obwohl wir dauernd getrennt wurden, weil wir nur noch drei Räder besaßen und immer zwei von uns sehen mussten, auf irgendeinem Fahrzeug Platz zu bekommen, fanden wir uns jedes Mal an den verabredeten Treffpunkten wieder zusammen. So auch in einem Café am 1. Mai in Lübeck. Da Erna und ich vor Müdigkeit zweimal unterwegs vom Rad gefallen waren, suchten wir erst einmal Quartier, um ein paar Stunden Schlaf zu bekommen. Eine Familie mit zahllosen Kindern zeigte für unsere Lage großes Verständnis, obwohl sie selbst recht beengt wohnte, und überließ uns ihre Betten.

Am Morgen machten wir uns weiter auf den Weg Richtung Eutin. Ein Lkw nahm uns samt Fahrrädern bis Schwartau mit.

Im ersten Gehöft versuchten wir im Stockdunkeln in einer überfüllten Scheune Quartier zu finden. Zähneklappernd hockten wir auf der Diele, mit dem Rücken gegen die Wand. Als wir nach oben klettern wollten, um uns ins Stroh zu legen, wurden wir barsch angefahren: »Bleibt bloß unten, hier ist kein Platz mehr!« Buschi bellte fast ununterbrochen. Und so schlichen wir durch den strömenden Regen in den Kuhstall.

Am nächsten Morgen trennten wir uns. Diesmal sollten Erna und ich samt Buschi per Anhalter weiterfahren. Mittags gegen drei Uhr hatten wir endlich Glück. Ein Lkw mit Anhänger hielt an und wurde von Flüchtlingen gestürmt. Aber erst als wir oben waren, sahen wir, was er geladen hatte: Munition, Benzinfässer, Kisten mit Handgranaten und Panzerfäusten. Kaum waren wir ein paar Kilometer gefahren, tauchten Tiefflieger auf. Wir sprangen hinunter und suchten in dem nahegelegenen Wald Schutz. Das ging so fünfmal. Beim nächsten Tieffliegerangriff brannte schon das Fahrzeug vor uns, und ich sah aus der Munitionskiste, auf der ich mit einem Gefreiten saß, sich blaue Wölkchen ringeln. »Höchste Zeit zum Verduften, Fräulein«, sagte der. »Oder möchten Sie auf einer Wolke landen?« Wir warfen unser Gepäck hinunter, aber Erna kletterte noch einmal zurück, weil ein Rucksack fehlte. Es blieb gerade noch so viel Zeit, uns direkt neben dem Wagen in den Chausseegraben zu rollen. Da begann er auch schon zu brennen. Ein Versuch, von dem brennenden Wagen weg über das Feld zu robben, kostete mich fast das Leben. Einer der englischen Jäger erkor mich zum Ziel. Die Maschinengewehrgarbe ging hautnah an mir vorbei. Sie versengte meinen linken Ärmel und durchschlug meinen Rucksack. Die Maschine flog so tief, dass ich das Gesicht des Piloten erkennen konnte. Er musste längst mitbekommen haben, dass es vor allem Frauen und Kinder waren, auf die er es abgesehen hatte. Aber an Menschenjagd kann man sich schnell gewöhnen. Als er eine Schleife zog, robbte ich in den Graben zurück.

Ein junger Soldat rettete uns das Leben. Er sprang auf den Fahrersitz und fuhr mit dem brennenden Munitionszug los. Nach dreißig Metern flog er mit ihm in die Luft. Stundenlang zischte und krachte es um uns herum. Systematisch schossen die Tiefflieger Fahrzeug um Fahrzeug in Brand oder bombardierten sie. Wir vom Lande hatten bislang für die Bombenflüchtlinge und das, was sie durchgemacht hatten, nur in Maßen Verständnis gezeigt. Ihre Einquartierung wurde als eher lästig empfunden, und die Bürgermeister der Dörfer hatten Mühe, sie unterzubringen. Jetzt waren wir an der Reihe.

Buschi drehte durch. Er biss in Ernas Mantelgurt und zerrte wie ein Verrückter. Weinend irrten Frauen auf der Suche nach ihren Kindern umher und wurden sofort unter Beschuss genommen. In den Einmannlöchern drängten sich vier, fünf Schutzsuchende, ohne Rücksicht auf die unter ihnen Kauernden.

Als es dämmerte, trat endlich Ruhe ein. Jetzt erst sahen wir das ganze Ausmaß der Tragödie. Verkohlte Menschen und Tiere, aufgeplatzte Koffer, deren Inhalt auf dem Acker verstreut war oder in den Bäumen hing.

Gegen elf Uhr nachts erreichten wir Eutin. Die Panzersperren wurden gerade dichtgemacht und an den Straßenbäumen Tellerminen angebracht.

»Mein Gott«, sagte ich, »diese Idioten. Jetzt verteidigen sie auch noch die Stadt.«

Wir trotteten durch die menschenleeren Straßen. Die Haustüren waren fest verschlossen, die Fenster verrammelt. Die Stadt duckte sich in Erwartung des Krieges, von dem sie bis dahin verschont geblieben war. Auf der Suche nach einem Quartier wurden wir über den Gartenzaun einer Villa von einem jungen Mädchen angesprochen. »Meine Eltern haben gesagt, ich soll jeden hereinholen, der eine Unterkunft sucht.« Sie öffnete uns die Gartenpforte.

Die Gastfreundschaft in diesem Haus war überwältigend. Es wimmelte von Flüchtlingen, und jeder wurde versorgt, sogar die Soldaten mit Zivilkleidung. Wir durften uns mit Buschi in dem ehelichen Schlafzimmer einquartieren. Kreuz und quer, mit ihm in der Mitte, lagen wir auf den Ehebetten und schliefen tief und fest. Wir wachten nicht einmal auf, als ganz in unserer Nähe eine Panzerfaust explodierte und die Engländer die Kasernen mit Granaten beschossen. Glücklicherweise war, wie wir später erfuhren, Eutin noch rechtzeitig zur offenen Stadt erklärt worden. So waren die Engländer mit ihren Panzern Richtung Plön abgeschwenkt.

Am nächsten Morgen sahen wir uns in der Stadt um, ob vielleicht auch meine Schwester und mein Vater hier gelandet waren. Vergeblich. So machten wir uns zu Fuß auf nach Schönweide, unserem Endziel, zunächst wegen der Tieffliger auf Nebenwegen bis Malente. Die Dörfer, durch die wir kamen, waren gepflegt, und den Gehöften sah man an, dass hier die Bauern reicher waren als in der Mark. Diese wunderschöne, friedliche Landschaft mit ihren Buchenwäldern und den großen Seen ließ uns das Grauen, das wir erlebt hatten, fast vergessen. Und dann – mitten auf einer Wiese, wie weggeworfener Müll – wieder einmal etwa zwanzig zusammengeschossene Treckwagen und tote Menschen. Das Grauen, die Angst hatten uns wieder eingeholt.

Ganz überraschend kamen uns auf halber Strecke mein Vater und meine Schwester entgegengeradelt. Sie waren schon am Vortage bis Schönweide durchgefahren und so dem Tieffliegerangriff vor Eutin entgangen. Wir verteilten das schwere Gepäck auf die Räder, und am 3. Mai kamen wir gegen Abend bei strömendem Regen auf dem Gut Schönweide an. Man brachte uns im Nachbarhaus des Schlosses, der sogenannten Meierei, unter. Ich teilte mir mit meiner Schwester ein Zimmer.

Nachts hörte ich sie weinen. »Was ist denn?«, fragte ich.

»Ich glaube, ich habe die Masern«, schluchzte sie. Und so war es auch.

»Immer noch besser als Typhus«, versuchte ich sie zu beruhigen.

Mit unserer Ankunft in Holstein war für uns der Krieg praktisch zu Ende und der Tag der endgültigen Kapitulation nur noch ein formeller Abschluss. Trotzdem, am Morgen des 9. Mai war ich früh aufgestanden, um die von den Engländern beschlagnahmte Milch heimlich für uns und die anderen Flüchtlinge abzusahnen. Danach lehnte ich mich, Buschi zu meinen Füßen, gegen die Stallwand und ließ mich von der Morgensonne wärmen. Kein Flugzeug am Himmel, keine Panzergeräusche, keine Detonationen. Es herrschte friedliche Morgenstille, nur ab und zu unterbrochen vom Krähen eines Hahnes und dem Gesang der Lerchen. Die Waffen schwiegen, wie es so pathetisch hieß. Vergessen war, was gerade hinter uns lag. Wir waren noch einmal davongekommen. Nur das allein zählte.

3

Täglich fanden sich auf Schönweide neue Flüchtlinge ein. Bald waren mehr als sechzig Personen zu verpflegen, darunter auch Jungen aus dem Arbeitsdienst, Soldaten und freiwillige Erntehelfer, dazu unsere Gastgeberin und ihre sechs Kinder. Allmählich gingen die alten Kartoffeln zu Ende, und wir lebten allein von Kohlrüben, die mal zu Suppe, mal zu Gemüse mit Einbrenne gestreckt wurden. Manchmal brachten uns die Engländer ein Reh oder Wildenten, die wir ihnen zurechtmachen mussten. Sie hatten das Schloss beschlagnahmt und, wie es der älteste Bruder meines Vaters, Onkel Achim, genannt hätte, die Möbel sortiert, das heißt, was sie nicht gebrauchen konnten, kurzerhand aus dem Fenster geworfen. Aber sie trugen auch den älteren Töchtern unserer Gastgeberin galant die Gießkanne, wenn sie am Schloss vorbei zum Friedhof gingen. Fraternisieren, wie das damals hieß, war natürlich streng verboten. Das hielt jedoch einen schottischen Sergeanten nicht davon ab, seine Soldaten direkt vor dem Küchenfenster der Meierei exerzieren zu lassen, um der hübschen blonden Schwägerin der Hausfrau, deren Mann sich noch in Gefangenschaft befand, zu imponieren. Die Hausfrau sah es nicht gern. »Der arme Max«, hörten wir sie oft seufzen. Dass wir Flüchtlinge auf der Suche nach Freunden und Bekannten ständig unterwegs waren, stieß bei ihr auf Verwunderung. Das Absahnen der beschlagnahmten Milch dagegen billigte sie durchaus.

Wir versuchten, uns soweit wie möglich nützlich zu machen. Abgesehen von der Hausarbeit halfen wir in der Landwirtschaft, beim Rübenhacken und -vereinzeln und im Garten. Aus Lochow und der Umgegend hörten wir nur Gerüchte. Wie Onkel Achim, der in Tornesch bei Hamburg untergekommen war, uns schrieb, hatten in Görne, dem nur wenige Kilometer von Lochow entfernt liegenden Hauptgut, keine Kämpfe stattgefunden. Und auch in Friesack waren die Russen kaum noch auf Widerstand gestoßen. Wie Onkel Achim schrieb, habe es der Kampfkommandant und Nazistratege nicht besser gekonnt als die Quitzows vor 533 Jahren: Er habe die Burg Friesack auch nicht halten können.

Mein Vater ließ sich von uns nicht abbringen, noch einmal mit dem Rad in die Gegend von Stendal zu fahren, die zu der Zeit noch von den Amerikanern besetzt war. Dort wollte er von einem Freund, der sich noch auf seinem Gut sicher wähnte, Näheres hören. Ganz betreten kehrte er wieder zurück, denn fast wäre er den Russen in die Hände gefallen. Ausgerechnet an diesem Tag waren die Amerikaner in der Nacht abgezogen. Im Laufe der Zeit wurde dieses unerfreuliche Erlebnis, wie in meiner Familie üblich, zu einer skurrilen Episode. Mein Vater habe gerade friedlich auf der Schlossterrasse bei einem Glas Schorle gesessen und der Freund tröstend gesagt: »Wenn ihr wirklich nicht mehr nach Lochow zurück könnt, dann machst du eben bei mir den Wald.« In diesem Augenblick sei der Diener auf der Terrasse erschienen, habe mit diskretem Räuspern auf sich aufmerksam gemacht und gesagt: »Herr Baron, die Russen sind im Park.«

Die einzige Neuigkeit, die Vater über Lochow mitbrachte, war, dass es dort ein großes Russenlager geben sollte.

Im Spätsommer beschlossen wir, nach Niedersachsen überzuwechseln, wo meine Mutter auf einem Gut in der Nähe von Hannover untergekommen war. Mich schickte man als Vor-

bote los. Dazu verdingte ich mich als Kutscher bei einem großen Treck, der ebenfalls in diese Gegend wollte, da es in Holstein für die Flüchtlinge keine Arbeit gab. Außerdem hatte
ich die Aufgabe, während der Fahrt durch die Dörfer bei den
Gemeinden die nötigen Lebensmittelkarten zu beschaffen.
Es war nicht immer leicht, für die vielen Menschen in den
überfüllten Dörfern zusätzlich Quartier zu finden, und ein
Teil von uns musste nachts auf den Wagen schlafen. Zwei-,
dreimal wurden wir dabei überfallen. Die Plünderer hatten
wohl nur mit Frauen und alten Männern gerechnet, aber in
dem Treck hatten sich mehrere aus den Lagern entwichene
deutsche Kriegsgefangene versteckt, und so waren die Diebe
schnell in die Flucht geschlagen.

Der Inhalt unserer Rucksäcke hatte sich in dieser kurzen
Zeit unseres Aufenthaltes in Holstein verdreifacht, woran
man sieht, wie schnell sich Besitz vermehrt. Und so überraschte ich meine Mutter bei der Ankunft mit drei vollgestopf-
ten Hafersäcken.

Nach der ersten Wiedersehensfreude machten wir einen
Rundgang durch unser neues Zuhause, ein wunderhübsches
Wasserschloss, dem es jedoch, was ich sofort feststellte, wie
allen Schlössern an Klos mangelte. Das Gut gehörte einer
alten niedersächsischen Adelsfamilie. Einer der Vorfahren
hatte sich nach dem Geschmack der Welfen zu sehr mit den
Preußen arrangiert, und es wurde behauptet, noch heute werde sein Grabstein von so manch wackerem, immer noch dem
ehemaligen Königshaus ergebenem Niedersachsen verstohlen angespuckt.

Dann stellte mich meine Mutter den drei alten Damen vor,
die das Schloss bewohnten.

Vier Wochen später folgte Vater mit Irmchen, und bald darauf fand sich auch meine Schwester mit Erna und Buschi ein.

Beide Mädchen fanden Arbeit und Unterkunft auf einem großen Bauernhof, und meine Schwester und ich zogen zunächst ins ehemalige Kavaliershaus des Schlosses. Unser Schlafzimmer lag nach Norden. Ein riesiger Kastanienbaum vor dem Fenster verdunkelte den Raum, die dunkelblaue Tapete mit den dunklen Möbeln tat ein Übriges. Meine Schwester besah sich staunend das Bild eines auf einem Stuhl sitzenden verwundeten Kriegers, hinter ihm, mit starrem Blick, ein riesiger Engel.

»Willkommen im indischen Grabmal«, sagte ich.

Sie lachte. »Grabmal? Wohl eher Gruft.«

»Das ist gehupft wie gesprungen«, sagte ich. Noch ahnte ich nicht, dass ich einmal viele Monate in diesem Zimmer verbringen sollte, in dem im Winter die Eiskristalle an den Wänden glitzerten.

»Wie war die Reise?«, fragte ich im leichten Plauderton meine Schwester, die gerade hundert Kilometer geradelt war und sich unter ziemlich dramatischen Umständen mit Erna und Buschi über die Elbe hatte setzen lassen. Dabei waren sie in ein schweres Gewitter geraten und wären fast ertrunken.

Bald mussten wir unser Quartier vorübergehend wieder räumen. Die beiden Zimmer waren für einen Offizier der UNRRA beschlagnahmt worden, einer Organisation, die sich vor allem um die von den Nazis verschleppten Menschen kümmerte, sogenannte Displaced Persons. Der Engländer sagte, er sei mit sehr gemischten Gefühlen nach Deutschland gegangen, denn seine Familie sei bei einem Bombenangriff auf London ums Leben gekommen. Aber beim Anblick der zerstörten Städte und des großen Elends habe er seinen Hass vergessen.

Wir kamen erst einmal bei Ernas Bauern unter und halfen gelegentlich in der Landwirtschaft aus. Die meiste Zeit jedoch verbrachten wir im Wasserschloss. Das Leben dort mit den drei alten Damen, einer Vertreterin des leichten Gewerbes und einem sonderlichen Junggesellen war recht abwechslungsreich. Das energische Dienstmädchen der alten Damen lag mit ihm ständig in Fehde. Wenn er grußlos an ihr vorbeiging, sah sie uns bedeutungsvoll an, machte eine Handbewegung, als wolle sie tanzende Mücken fangen und sagte: »Sie spellen all wedder.« Das einzige Nahrungsmittel, das er zu sich nahm, war Milch, die er sich im Tausch gegen geflickte Fahrradreifen verschaffte. Sein Zimmer war bis oben hin voller Gerümpel, von dessen Verkauf er angeblich lebte. Und er fühlte sich immer von irgend jemandem beleidigt, häufig auch von meiner Mutter. Als sie sich etwas erstaunt zeigte, dass er dann plötzlich doch wieder mit ihr sprach, erklärte er: »Ihr Mann ist genauso schlimm wie Sie. Aber einen Zweifrontenkrieg kann ich nun mal nicht führen.«

Die Dame des leichten Gewerbes bot ebenfalls viel Stoff. Sie besaß einen sehr gepflegten Spitz. Geschmückt mit einer roten Schleife, lag er den halben Tag auf dem Fensterbrett und schaute hochmütig auf den Schlosshof hinunter, wo sich die Rüden beknurrten und ihre Herzensdame anjaulten. Die englischen Kunden seiner Herrin grüßten stets höflich, wenn sie uns begegneten, und steckten uns gelegentlich etwas zu. Einmal gab es nachts ein wildes Handgemenge.

Mein Vater stürzte auf den Flur. Aber der Streit war schon vorbei. Schwer atmend stand die Dame in einem hellblauen Nylonnachthemd vor ihm. »Man glaubt es nicht, Herr Graf, was es für Menschen gibt! Dieser Kerl ist mir doch richtig dumm gekommen. Da hab ich einfach vergessen, dass ich eine Dame bin, und hab ihm eine geklebt.«

»Früher«, sagte mein Vater, als er wieder einmal diese Geschichte von sich gab, und stopfte sich zum x-ten Mal seine Pfeife mit Tabak Marke Eigenbau von unerträglichem Gestank, »kannte man so was nur aus Romanen. Heute lebt man damit Tür an Tür.«

»Ja, ja, du sprachst schon davon.« Meine Mutter machte eine abwehrende Handbewegung gegen den Qualm. »Du wirst dich mit diesem Zeugs noch krank machen.«

Sie sollte recht behalten. Die selbst getrockneten und mit einer Lauge präparierten Tabakblätter bekamen seinem Magen nicht.

Erna kam zweimal in der Woche angewalzt und brachte uns Sahne, die wir durch geduldiges Schütteln in Butter verwandelten.

»Aber Erna«, sagte meine Mutter etwas geniert, »das geht doch nun wirklich nicht. Was sollen denn die Leute von uns denken?«

Erna grinste. »Keene Bange, ick lass mich schon nich erwischen. Und außerdem, wo die meisten im Dorf schwarz schlachten, da soll'n se man ganz stille sein.«

»Trotzdem«, sagte meine Mutter, die sich für Erna immer noch verantwortlich fühlte, so wie sie es in all den Jahren mit ihrem Personal gehalten hatte. Stets hatte sie großen Wert darauf gelegt, dass die Mädchen abends pünktlich zu Hause waren. Doch ihre vorsorglich vorgebrachte Bitte, »Ich kann mich hoffentlich darauf verlassen!«, fand nie das rechte Echo. »Mein Gott«, sagte Vater, »lass sie. Sie sind nun mal jung.«

»Und was sage ich den Eltern, wenn was passiert?«

Bei Erna war das nicht anders gewesen. »Wo kommen Sie nur so spät her? Es ist bereits Mitternacht. So lange kann der Film in Rathenow ja wohl nicht gedauert haben.«

»Ich hatte 'n Platten, Frau Gräfin, wirklich.«

»So, so.«

Andererseits war sie sehr dafür, dass Erna sich ein bisschen hübsch machte, wenn sich einer ihrer Verehrer zeigte. »Nun lassen Sie doch den jungen Mann nicht so lange draußen stehen, und ziehen Sie sich schnell ein anderes Kleid an.«

Erna, eher ein Mädchen von der burschikosen Sorte, machte ein bockiges Gesicht. »Wieso? Was will der Dussel überhaupt? Ich hab zu tun. Ich muss noch Vokabeln lernen.« Erna hatte sich einen Englischkurs schicken lassen. »Nun gehen Sie schon, und binden Sie sich wenigstens die Schürze ab!« Erna tat es mit mauligem Gesicht.

Als sie bei uns anfing, versuchte es meine Mutter zunächst mit einigen Verhaltensmaßregeln. »Also, wenn Gäste da sind, dann binden Sie sich bitte eine weiße Schürze um, klopfen an, öffnen die Tür und sagen: ›Frau Gräfin, es ist angerichtet.‹«

»Nee«, sagte Erna, »det mach ick nich. So was tu ick einfach nich.« Sie riss statt dessen die Tür auf und schmetterte: »Essen steht auf'm Tisch!« Meine Mutter nahm es seufzend hin. »Mit mir macht ja jeder, was er will.«

Nach der Flucht musste sich meine Mutter erst daran gewöhnen, dass Erna nicht mehr sozusagen ihr Küken war. Als Erna sich nämlich an einer landwirtschaftlichen Maschine nicht unerheblich verletzte und trotzdem nicht krankgeschrieben wurde, rauschte sie in die Praxis der verantwortlichen Ärztin und stellte sie zur Rede: »Das Mädchen kann doch unmöglich mit der kaputten Hand auf dem Feld arbeiten!«

Die Ärztin betrachtete sie kühl. »Was haben Sie damit zu tun? Bei Ihnen ist sie doch wohl nicht angestellt. Der Nächste, bitte.«

An dieser Niederlage hatte meine Mutter noch lange zu

knacken. Erna tröstete sie. »Lassen Se man, Frau Gräfin, ick mach doch, wat ick will.«

Nach und nach füllte sich das Schloss immer mehr mit Flüchtlingen, meist Standesgenossen. Der stark entwickelte Familiensinn des Adels trug Früchte. Außerdem hatte man durch Internate, Ritterakademie, renommierte Korps und Ordenszugehörigkeit stärkere Verbindungen untereinander als jede andere gesellschaftliche Schicht. Es gab ein eng geknüpftes Netz von Beziehungen, das allerdings nach dem Krieg recht rissig wurde, aber im Großen und Ganzen noch halbwegs hielt, auch wenn es zwischen denen, die ihren Besitz behalten hatten, und den Flüchtlingen manchmal heiß herging und Kränkungen nicht ausblieben: »Zur Jagd hat er uns eingeladen, aber am Essen durften wir nicht teilnehmen. Dabei war ich der Jagdkönig.«

Wie früher die Bettler ihre Geheimzeichen an den Türen für ihre Kumpel hinterließen, so machten unter den Flüchtlingen jetzt Listen die Runde, bei wem auf Hilfe zu rechnen war und bei wem nicht. »Herr von R., famoser Mann. Ihn kannst du fragen.« Oder: »Soll sehr schwierig und launisch sein. Es ist ratsamer, sich an die Frau zu wenden.« Das anerzogene »Noblesse oblige« blieb dabei häufig auf der Strecke. Jetzt ging man mehr nach der Devise: »Wer zuerst kommt, mahlt zuerst.« Die hochwohlgeborenen Mütter, die sich die nach und nach eintrudelnden hochwohlgeborenen Heimkehrer bereits als Schwiegersöhne ausgesucht hatten, grämten sich sehr, weil die adligen Flüchtlingsmädchen sie sich schnappten und das Töchterchen das Nachsehen hatte, sehr zur Schadenfreude der Verarmten. Klagen über das Erlittene und den Verlust des Besitzes waren kaum zu hören, und man war sich für keine Arbeit zu schade. Die Generation unserer Väter zog mit Besen und Bürsten über Land, verkaufte Haushaltswaren, oder es wurde, soweit noch Pferde vorhanden, ein Fuhrunternehmen gegründet.

Unter den Flüchtlingen war auch eine Verwandte mit vier Kindern. Ihr Mann war noch in russischer Kriegsgefangenschaft. Die Jüngste, Mone genannt, ein blondes Engelsgeschöpf, hatte sich dank ihrer schauspielerischen Fähigkeiten bei den Russen so manche Extras für den Lebensunterhalt der Familie zusammengebettelt und war deshalb ihr Ein und Alles gewesen. Damit war es nun vorbei, worunter das Kind sichtlich litt. Sie schrieb an die Tür des Sonderlings »der lange Mühler ist dof« und tat auch sonst allerlei Unnützes. Zur Strafe wurde sie jedes Mal auf den Boden geschickt. Sie gehorchte sofort, ja, sogar mit einer gewissen freudigen Erregung. Als ihre Mutter sich eine andere Strafe für sie ausdachte, fing sie an zu heulen. Der Grund war schnell herausgefunden: Auf dem Boden stand der Siruptopf.

Eines Tages kam über Kisten, Holz- und Kohlenkästen ein Mann Ende zwanzig den Flur entlanggestolpert. »Wer sind Sie denn?«, fragte ich. Es war der Hausherr, den man gerade aus amerikanischer Kriegsgefangenschaft entlassen hatte. Dass er in seinem eigenen Haus mit einem Notquartier vorliebnehmen musste und eine der alten Damen ungeniert mit ihrem Nachttopf früh am Morgen an seinem Bett vorbei zum Klo marschierte, nahm er mit Humor. Seine Frau und die beiden Söhne folgten erst ein Jahr später. Sie lebten noch bei ihrem Großvater in der Schweiz. Es war der Schriftsteller John Knittel, was uns tief beeindruckte. Wer hatte schließlich nicht »Via Mala« gelesen!

Trotz seines zerschossenen Beines verdingte sich Vater auf dem Nachbargut als Waldarbeiter. Er schlug Bäume, pflanzte und hackte, nicht anders als zu Hause, oder durfte, eine ihm vom Vorarbeiter gewährte besondere Vergünstigung, die

Pferde des Forstmeisters halten, während der die Schonung inspizierte.

Anstatt uns an so viel Fleiß ein Beispiel zu nehmen, genossen meine Schwester und ich die neue Freiheit, wenn auch nach heutigen Begriffen eine noch sehr eingeschränkte. Wir waren immer unterwegs und mit uns ein ganzes Volk auf der Suche nach Angehörigen, nach Wohnung, nach einer neuen Existenz, nach Lebensmitteln. Im Gegensatz zu meiner Schwester, die meist ein festes Ziel im Auge hatte, ließ ich mich treiben, wie es sich gerade so ergab. Jahre des Reglements lagen hinter mir, vom Internat über den Arbeitsdienst bis zum Kriegsdienst bei der Reit- und Fahrschule. Nun richtete ich mich nur noch nach dem Zufall – und natürlich der Sperrstunde. Bald kannte ich mich in den Möglichkeiten, per Anhalter weiterzukommen, wie in einem Kursbuch aus und hätte gut einen Leitfaden für Anhalter herausgeben können, wo und wie man in jeder Stadt am besten weiterkam und was unbedingt zu vermeiden war. So empfahl es sich nicht, sich an steil ansteigende Straßen zu stellen, bei denen jeder Autofahrer in seinem meist auf dem letzten Loch pfeifenden Fahrzeug befürchten musste, den Motor nicht mehr in Gang zu kriegen.

Vielen Menschen ging es wie mir. Man tat sich für kurze Zeit mit den Weggenossen zusammen und trennte sich wieder. Ich schlief ohne Furcht in Feldscheunen und hatte in den Städten fast immer Glück mit Quartier, wenn die Sperrstunde nahte. Die Gründe, warum man einem wildfremden Menschen Gastfreundschaft gewährte, waren unterschiedlich. Es gab da neben ganz normaler Hilfsbereitschaft ein starkes Mitteilungsbedürfnis. Endlich hatte man einen Zuhörer, endlich konnte man wieder einmal über die Leidensgeschichte des Sohnes, der Tochter, der Enkelkinder sprechen. Erschlagen, verbrannt, verschleppt, erfroren. Man bekam die entsetzlichsten Dinge zu hören. Und doch waren sie inzwischen zu alltäglich, um noch bei den Nachbarn ein Echo zu finden. Ich kam mir mit meinen eigenen Erlebnissen dabei oft vor, als wollte ich jemandem, der gerade einem Erdbeben entronnen ist, von einem Hagelsturm berichten.

Der Krieg mit seiner Gewalttätigkeit war für viele noch lange nicht ausgestanden. Von den Deutschen als Arbeitskräfte verschleppte Polen, die auf ihre Heimkehr warteten, überfielen die Höfe in der Lüneburger Heide und gingen mit den Bewohnern nicht gerade zimperlich um. Ein englischer Kommandant ließ in einer Kleinstadt nationalsozialistische Literatur zu einem Scheiterhaufen türmen und anzünden, wobei die Parteimitglieder der Stadt gezwungen wurden, so nah am Feuer zu sitzen, dass sie Verbrennungen erlitten. Deutsche Heimkehrer schoren den Frauen die Köpfe, weil sie mit den Engländern fraternisiert hatten, und erlaubten sich auch sonst manches Unvorstellbare. So musste ich miterleben, wie sie einen ehemaligen Zwangsarbeiter aus dem fahrenden Zug warfen. Entsetzt starrte ich sie an. »Aber das können Sie doch nicht machen!«

»Wenn du wüsstest, Mädchen, was die auf dem Kerbholz haben! Da ist ja der Strick noch zu schade.« Sie boten mir eine Zigarette an. Ich zögerte. Der Anführer nahm mich ins Visier. »Na?« Ich nahm sie.

Auf den überfüllten Bahnhöfen liefen mir, trotz Hunderter von Menschen, die um einen herumwirbelten, erstaunlicherweise immer wieder Bekannte über den Weg. So eine ehemalige Kollegin aus der Reit- und Fahrschule und ein Angestellter des Landratsamtes in Rathenow, der die Kämpfe dort miterlebt hatte. Während wir in einem Kellerlokal mit angeketteten Löffeln eine undefinierbare markenfreie Suppe aßen, erzählte er mir davon. »Der Kirchturm von Rathenow ist zum Teil abgebrannt. Zehn Tage ist noch Widerstand geleistet worden. Erst am 6. Mai war es zu Ende.«

Im Wasserschloss schüttelte man über meine Schwester und mich den Kopf. Wir sollten uns mal lieber ein Beispiel an unserem Vater nehmen. Erna war ganz neidisch. »Komtess haben's gut. Immer auf Achse. Wo woll'n Se denn nu schon wieder hin?«

»Nach Flensburg, meine Freundin Corri besuchen. Aber dann ist auch endgültig Schluss. Jedenfalls für dieses Jahr«, setzte ich einschränkend hinzu. »Die Tage werden ja schon kürzer, und dann wird's schwierig, vor dem Dunkelwerden noch irgendwo unterzukommen.«

An meine Freundin konnte sich Erna noch gut erinnern. »Da haben Sie doch direktemang den Koffer von ihr im Wald verloren, als Sie vom Bahnhof zurückgefahren sind. Weg war er. Warten Sie mal 'n Moment.« Sie ging aus dem Zimmer und kam einen Augenblick später, verstohlen um sich blickend, wieder, ein eingewickeltes Stück Speck in der Hand. »Nehmen Se man. Das hält länger vor als geröstete Kartoffeln.«

Corri war kurz nach mir im Arbeitsdienstlager eingetroffen. Zwei Abiturientinnen, eine Gräfin und nun auch noch die Tochter des preußischen Finanzministers! Die nette Lagerführerin rang die Hände. Wie würde das die Gemeinschaft verkraften! Die Gemeinschaft hatte ganz andere Sorgen. Was sie bewegte, brachte eine Verszeile zum Ausdruck. »Wo die Freizeit knapp ist und die Männer rar, da ist deine Heimat für ein halbes Jahr.«

Ich hatte meine Freundin zum letzten Mal gesehen, als sie im Februar '45 nach der Hinrichtung ihres Vaters Berlin verlassen wollte und ich sie zur Bahn brachte. Wir hatten Gott sei Dank den Bahnhof noch nicht betreten, da gab es einen fürchterlichen Knall, und große Teile der Halle gingen durch einen explodierenden Zeitzünder in die Luft.

Ich brauchte fast zwei Tage bis Flensburg, fand aber das Haus, in dem sie sich ein Zimmer gemietet hatte, ziemlich schnell. Die Wohnung ihrer Vermieterin war nicht weit vom Hafen, der noch voller deutscher Kriegsschiffe lag. Meine Freundin öffnete mir selbst die Tür. Sie starrte mich ungläubig an.

»Schieß nicht, Graf Arthur, ich bin's, dein Ännchen Liesmann«, sagte ich. Die Antwort kam prompt: »›Das kann jeder Seehund sagen‹, sagte Graf Arthur von Ramowski, legte an, schoss, und Ännchen Liesmanns weißer Leichnam schwamm auf den azurblauen Wogen des Meeres.«

Mit dieser albernen Geschichte von Ännchen Liesmann, die von ihrem Geliebten, dem Grafen Arthur von Ramowski, mit einem Seehund verwechselt und erschossen wird, aus einem der Alben des Zeichners Oberländer, war ich schon im Internat hausieren gegangen und später auch im Arbeitsdienst.

Das Eis war gebrochen. Wir umarmten uns. Sie musterte mich kritisch. »Das erste Frührot der Jugend, wie bei Ännchen, brennt auch nicht gerade mehr auf deinen lieblichen Wangen. Komm rein.«

Seltsamerweise war unser Wiedersehen ähnlich wie der Abschied in Berlin. Wir hatten gerade das Zimmer betreten, als es eine ungeheure Detonation gab. Das Haus bebte, und die Fensterscheiben flogen heraus. Blitzschnell kroch ich unters Bett und sie unter den Tisch. Wie wir später hörten, war im Hafen ein Schiff mit Munition in die Luft gegangen. Als der Spuk vorbei war, entdeckte Corri auf dem Tisch einen Feldpostbrief, den ihr die Wirtin dorthin gelegt hatte. Während sie ihn öffnete, bemühte ich mich, die überall im Zimmer verstreuten Scherben aufzusammeln. »Hast du keinen Handfeger?«, fragte ich und sah auf, als ich keine Antwort bekam. Corri weinte. Sie hatte die Nachricht bekommen, dass ihr bislang als vermisst gemeldeter ältester Bruder gefallen war.

4

Für dieses Jahr waren meine Ausflüge zu Ende. Die Jagd nach der letzten Kartoffel, nach der letzten Rübe, nach Bucheckern, Pilzen, Beeren und Holz für den Winter begann.

»Das soll ein morscher Ast sein?«, erregte sich der Förster, als meine Schwester, einen respektablen Baum hinter sich herziehend, des Weges kam. »Ihr verdammten Flüchtlinge ruiniert mir noch meinen ganzen Wald.«

Die Rübenpresse für den Sirup war Wochen vorher bestellt worden. Eingeweckt wurde alles, was man früher verschmäht hätte: halbreife Birnen, matschige Pflaumen, die ich gleich aus dem Rucksack ungewaschen in die Gläser kippte, damit nicht noch mehr von dem kostbaren Saft verlorenging. Als ich die Weckgläser später aus dem Einmachtopf nahm, starrte mich eine Hornisse böse an.

Der gefürchtete Winter kam und das erste Weihnachtsfest nach dem Kriege. Im Gegensatz zu den meisten Flüchtlingen ging es uns gut. Wir hatten dank Erna eine warme Stube, mehr zu essen als manch anderer und sogar einen kleinen Tannenbaum mit drei Kerzen und etwas Lametta. Wir aßen aus Kartoffeln und Mandelöl hergestelltes Marzipan und Pfefferkuchen aus Mehl und Sirup. Dazu tranken wir ein Heißgetränk, ein schauriges Gesöff, das es im Sommer als Kaltgetränk gab und das aus reiner Chemie bestand. Meine Schwester las uns zu unserer Erbauung die ins Flüchtlingsgepäck geratene reichseinheitliche Hochzeitskarte vor. »Die Verteiler haben die Abschnitte der Zusatzlebensmittelkarten für Hochzeiten gegebenenfalls noch nach näherer Weisung der Ernährungsämter zusammen mit den übrigen Bedarfsnachweisen der gleichen Warenart bei den Ernährungsämtern abzurechnen.«

»Immerhin«, sagte meine Schwester, »für zwölf Personen wurden folgende Sonderzuteilungen bewilligt: 150 g Fleisch oder Fleischwaren, 50 g Butter oder Margarine oder 40 g Speiseöl, kein Schweineschlachtfett, 200 g Brot oder 150 g Mehl, 50 g Nährmittel, 100 g Zucker, 25 g Kaffee-Ersatz und ein Ei. Dafür würde ich heute bis München trampen.«

Wir ergingen uns in Erinnerungen an ihre Hochzeit im Herbst '44 in Breslau, zu der noch einmal die gesamte Familie zusammengekommen war und die ihren Abschluss im Luftschutzkeller fand. Wir dachten an unseren Bruder und den Mann meiner Schwester und hofften, dass sie bei den Westalliierten in Gefangenschaft geraten waren. Mein Vater beteiligte sich nicht an dem Gespräch. Er paffte schweigend vor sich hin. Der Gestank des Tabaks war unbeschreiblich. Er übertraf fast noch den erhitzten Lebertran, mit dem im Nebenzimmer gerade jemand Kartoffeln briet.

»An was denkst du?«, fragte ihn meine Mutter.

»Ob die Panzer wohl großen Schaden im Wald angerichtet haben, und ob Nikolai mit allem zurechtkommt.«

Schon von Anfang an hatten beide Männer das Gefühl gehabt, das große Los miteinander gezogen zu haben. Endlich hatte mein Vater jemanden gefunden, auf den er sich verlassen konnte und der in der Lage war, selbstständig zu arbeiten, und Nikolai Kolbatsch war glücklich darüber, wenigstens ein eigenes kleines Häuschen zu bewohnen mit Stallung, Garten und Feld. Die Familie seiner deutschen Frau Olga Mateke, die in Wolhynien ihre Höfe gehabt hatte, war nach dem Stalinpakt in den Warthegau umgesiedelt worden, auf die Höfe der dort enteigneten Polen. Nikolai Kolbatsch hatte in Wolhynien zwar auch einen Hof besessen, aber ihm wurde als Ukrainer von den Deutschen kein Hof zugebilligt. Er musste mit seiner kleinen Familie nach Deutschland in ein Lager, wo sich die Bauern und Gutsbesitzer der Gegend die besten Arbeitskräfte für die Landarbeit herauspickten, unter ihnen auch mein Vater. Er brauchte dringend jemanden, der unsere kleine Landwirtschaft in Gang halten und Pferde und Kühe versorgen konnte. Dem Mann, der das bis dahin getan hatte, musste er kündigen. Als wir ihn schließlich los waren, war das Arbeiterhaus völlig verwanzt und voller leerer Konservenbüchsen. Die Familie Kolbatsch mit Kind und Schwiegermutter gefiel ihm gleich. Er wunderte sich nur, dass niemand sie haben wollte. Der Grund: Sie waren Adventisten. Adventisten arbeiten am Sonnabend nicht und essen kein Schweinefleisch. Für Vater mit seinem Waldgut war das kein Problem. Bis auf das Füttern der Tiere, was die Religion am Sonnabend erlaubte, ließ sich jede Arbeit genauso gut am Sonntag erledigen.

So zog Nikolai Kolbatsch bei uns ein. Ein zweiter Glücksfall war Nikolais Schwiegermutter, Großmutter Mateke. Sie entpuppte sich als exzellente Schneiderin und zauberte für meine Schwester und mich aus Vaters alten Uniformen Röcke, Jacken und Mäntel und aus gefärbten Wappentischtüchern Dirndlkleider und Blusen. Mit meiner Mutter war sie bald ein Herz und eine Seele, trotz ihrer unermüdlichen Bekehrungsversuche. Kurz vor Kriegsende fanden sich dann Maria Matekes Söhne mit ihren Familien, einer nach dem anderen, in Lochow ein.

Näheres über die Lochower erfuhren wir erst im April '46, als eine Kusine uns besuchte. Sie hatte acht Monate in Lochow gelebt, wo sie mit den fünf Kindern einer kranken Freundin, zwischen drei und zehn Jahre alt, nach einer unbeschreiblichen Flucht gelandet war. In Rathenow wollte sie niemand haben, so verdreckt und verlaust, wie sie waren. Sie nahmen ihnen als Erstes die Kleider weg und verpassten ihnen irgendwelche Sachen, die natürlich viel zu klein oder viel zu groß waren.

»Ich wollte einen kleinen Muff als Andenken für die Kinder retten. Aber der bestand praktisch nur noch aus Läusen. In Ferchesar bin ich dann erst mal zu eurer Gutsnachbarin gegangen. Das Schloss hatten sie schon beschlagnahmt. Sie hat es gut gemeint und auf einem Silbertellerchen ein paar kleine Schnittchen gebracht, ganz dünn und ganz fein zurechtgemacht. Die Kinder waren ja halb verhungert, haben getrampelt und geschrien vor Wut. Es war entsetzlich peinlich. Aber ich konnt's auch verstehen.«

Auf der Dorfstraße erkannten glücklicherweise ein paar Ferchesarer meine Kusine von ihren früheren Besuchen in Lochow wieder. Die organisierten dann einen Wagen mit einem Pferd. Vor Lochow mussten sie und die Kinder allerdings aussteigen, sonst hätten die Russen das Pferd konfisziert.

»Im Dorf empfing uns als Erstes der Kommandant und sagte triumphierend zu mir: ›Das hat nun Hitler aus euch deutschen Frauen gemacht.‹ So ausgemergelt und gelb im Gesicht, sah ich ja wirklich aus wie eine ausgepresste Zitrone.«

Wir wollten wissen, wo sie untergekommen war. »Zuerst bei Kolbatschs und bei Gustav Mateke, dem ältesten Sohn von Maria. Wir haben zehn Tage lang gegessen und gegessen und in dieser kurzen Zeit kräftig zugenommen. Aber allmählich wurden wir hungrigen Wölfe dann doch zum Problem. Auch gingen ihre Vorräte zu Ende. Da bin ich einfach erst mal in euer Haus gezogen, das stand ja leer. In dem Zimmer neben der Küche haben wir uns einquartiert. Man wird ja Fatalist, und ich dachte, irgendwie wird's schon weitergehen.«

»Zu sechst in diesem kleinen Raum?«, fragte meine Mutter staunend.

»Ja, wir waren immer zusammen. Die Kinder waren für mich der beste Schutz. Wenn es kritisch mit den Russen wurde, warfen sich die fünf schützend über mich. Dann, eines Tages, kam eins von ihnen in die Küche geschossen und schrie: ›Ein Mann, ein Mann, pass auf, pass auf!‹ Es war mein Schwager Stoffel. Er war noch elender dran als wir und sah auch wirklich zum Erschrecken aus mit seinem struppigen langen Bart. Später sind wir dann nach oben gezogen in eure Betten. Nikolai bekam von den Russen oft Schinken und Speck geschenkt, das hat er an uns weitergegeben. Als Adventisten durften sie ja kein Schweinefleisch essen. Frau Trägenapp hat immer für mich mitgebacken und so getan, als wenn die Brote von mir wären.«

Zur Freude meiner Schwester erfuhren wir auch, dass mein Schwager sich in Norwegen in englischer Kriegsgefangenschaft befand. Im Lochower Wald hatten lauter Briefe an uns herumgelegen, darunter auch einer von ihm aus dem Gefangenenlager.

Meine Kusine erzählte und erzählte und weckte in uns das Heimweh nach unserem Dorf, in dem sie sich wie zu Hause gefühlt hatte, obwohl sie nur ein paar Monate dort gewesen war. Sogar ein Stück Land hatte sie pachten dürfen. »Aber als sie herausbekamen, dass ich mit euch verwandt bin, musste die Pachtung wieder rückgängig gemacht werden.«

Sofort beschloss ich, selbst nach Lochow zu fahren. Wie ich meinen erstaunten Eltern großartig erklärte, wollte ich einmal nach dem Rechten sehen. Wir waren zwar streng erzogen worden, aber meine Eltern versuchten eigentlich nie, uns etwas auszureden. So ließen sie mich ziehen, und vier Wochen später, Mitte Mai, war ich mit meiner Freundin Corri auf dem Weg nach Berlin. Die Reise hatte es in sich. Ich hätte es wissen müssen. Aber Sehnsucht, Neugierde und das starke Bedürfnis, bewundert zu werden, überwogen. Corri, die von Flensburg nach Göttingen gezogen war, um dort ihr Studium fortzusetzen, kam mit, weil sie nach ihrem immer noch vom Staat beschlagnahmten Haus sehen wollte.

Wir starteten, wie bei Unternehmen dieser Art so oft, in strömendem Regen. Wir fuhren mit dem Bus nach Duderstadt, umgingen die Registrierung im Lager und bewegten uns im Schneckentempo mit Hunderten von Menschen auf die Grenze zu, dicht gedrängt zwischen Kinderwagen, Handwagen, mit Stricken umwickelten Koffern und allem, was die Menschen damals sonst noch so mit sich schleppten. Wir warteten und warteten, aber niemand murrte. Nach ein paar Stunden kam endlich Bewegung in die Menge. Der Schlagbaum wurde geöffnet.

Natürlich hatten wir keine Zuzugsgenehmigung für Berlin. Wir hatten einfach auf unser Glück vertraut. Wir waren nicht die Einzigen. Die Anzahl der Grenzgänger, die aussortiert wurden, vermehrte sich zusehends. Niemand regte sich darüber auf. Man stellte sich einfach wieder hinten an, und eine Stunde später war der Schlagbaum zum zweiten Mal erreicht. Diesmal fertigte uns der kontrollierende Russe zu unserem Erstaunen zügig ab. Alles schien gut zu gehen, bis ich ihm dummerweise zusätzlich ein Papier zeigte, das meinen selbst ausgestellten Ausweis angeblich ins Russische übersetzte. Ich hatte es mir auf dem Schwarzmarkt aufschwatzen lassen. Er zerriss das Papier gekränkt. »Du dumm, ich nicht.« Und schon waren wir wieder aus dem Rennen. Also versuchten wir es ein drittes Mal. Diesmal klappte es. Der Nieselregen hatte sich in einen Platzregen verwandelt. Der Russe verkroch sich in sein Schilderhäuschen und ließ einfach jeden durch. Kaum waren wir drüben, gab es ein neues Hindernis. Bewaffnete Russen trieben uns auf ein Sammellager zu. Durch die Menge ging ein Wehklagen: »Nun schicken sie uns nach Sibirien.«

»Was hattest du in Sport?«, fragte ich meine Freundin.

»Eine Fünf.«

Wir schafften es trotzdem. Die Wachtposten schossen zwar in die Luft, verfolgten uns aber nicht. Ungehindert rannten wir über einen Acker, sprangen über einen ziemlich breiten Graben und befanden uns auf der Straße Richtung Leinefelde. Wir liefen bis zum nächsten Dorf, um erst mal zu einer Bahnstation zu gelangen. Dort erfuhren wir, dass der nächste Zug nach Leinefelde erst in drei Stunden gehen sollte. Wir hatten uns gerade im Wartesaal häuslich eingerichtet und rubbelten uns die nassen Haare, da kam ein uniformiertes Bürschchen herein und sagte: »Grenzgänger, was? Wieso sind Sie nicht im Sammellager?«

»Man hat uns entlassen.«

»Ach nee. Na?« Er sah mich aufmunternd an.

»Zehn Mark?«, fragte ich vorsichtig.

Er warf mir einen verächtlichen Blick zu. »Fünfzig sind das Mindeste.«

Ich hatte längst das Feilschen gelernt. Wir einigten uns auf zwanzig. Er durchwühlte enttäuscht unsere Rucksäcke und gab sich damit zufrieden. Er erlaubte uns sogar, eine Fahrkarte nach Berlin ohne Reisebescheinigung zu lösen.

Weiter als bis Leinefelde kamen wir an diesem Tag nicht. Dort mussten wir sehen, wo wir die Nacht verbrachten. Eine alte Frau, der wir auf der Straße begegneten, hatte Mitleid mit uns völlig durchweichten Geschöpfen. Sie nahm uns mit in ihre winzige Wohnung und gab uns zu essen. Sie heizte sogar mit ihrer kostbaren Kohle den kleinen Ofen, damit wir unsere Sachen trocknen konnten.

Den Zug nach Halle als voll zu bezeichnen, wäre untertrieben gewesen. Menschentrauben, wohin man sah, auf den Dächern, auf den Trittbrettern, in den Gängen, in den Klos, auf den Puffern. »Aufs Dach kriegen mich keine zehn Pferde«, sagte Corri. »Das eine Mal, wo einem in der Unterführung der Kopf abgerissen worden ist, hat mir gereicht.«

Ein für damalige Verhältnisse recht beleibter Mann in einem noch durchaus passablen Anzug hörte uns zu. Er lachte uns an. »Wenn mir die Damen folgen wollen.« Wir taten es etwas verblüfft. Mit vorgestrecktem Kopf rammte er sich förmlich durch das Menschenknäuel. Wir schlängelten uns hinter ihm her. Es gab wütende Proteste, aber die meisten der Fahrgäste waren schon zu mürbe, um sich gegen so viel Rücksichtslosigkeit zu wehren. Und so gelang es uns tatsächlich, uns noch in ein Abteil zu zwängen, wo wir, ineinander verkeilt, geduldig warteten, dass sich der Zug endlich in Bewegung setzte. Sofort fand sich eine Autorität, die in diesen verlotterten Haufen Menschen wieder so etwas wie Ordnung brachte. »Sie da, junger Mann am Fensterplatz, stehen jetzt mal auf und lassen die Dame mit dem Kanarienvogel für 'ne Weile sitzen!« Und zu unserem Begleiter: »Ziehen Sie mal gefälligst Ihren Bauch ein! Der braucht ja Platz für zwei.«

»Ich tu mein Bestes«, sagte der Angesprochene fröhlich.

Wir kamen tatsächlich pünktlich in Halle an und erreichten, ein zweites Wunder, sogar den Anschlusszug nach Berlin, wobei wir in dem dichten Gewimmel unseren Begleiter aus den Augen verloren. Nach weiteren zehn Stunden hatten wir die Hauptstadt erreicht.

Schon bei meinem letzten Besuch im Februar '45 war Berlin sehr zerstört gewesen. Aber diese Mondlandschaft, in der wir nun standen, hatte ich dann doch nicht erwartet. Nichts erinnerte mehr an früher, und angesichts der sich kilometerweit erstreckenden Ruinen schaffte es auch die Phantasie nicht mehr, die Erinnerung zu wecken. Nur die Straßen waren vom Schutt geräumt, und überall dort, wo Engländer und Amerikaner auftauchten, folgten ihnen, wenn auch in respektvoller Entfernung, Männer und Kinder, die, wie Spatzen auf Pferdeäpfel, auf weggeworfene Zigarettenkippen warteten.

Wir hatten Mühe, uns zurechtzufinden, aber schließlich landeten wir doch dort, wo wir hinkommen wollten, bei einer Schulfreundin von Corri in Steglitz. Später wechselten wir in Corris Elternhaus in Steglitz über. Dort hatte sich ein amerikanischer Stab bis zur mittleren Etage einquartiert. Die Amis merkten nicht, dass wir uns über den Boden des Nachbarhauses in das obere Stockwerk eingeschlichen hatten, und auch der lässig auf einem Stuhl sitzende Wachtposten vor dem Haus bekam von unserem Treiben nichts mit. Nur zu baden vermieden wir, das Rauschen des Wassers hätte uns verraten. Im Übrigen wurden sämtliche Geräusche von dem Soldatensender überdeckt, dessen Musik durchs ganze Haus schrillte. Seitdem kann ich Country-Musik nicht mehr ausstehen.

Zu essen hatten wir reichlich. Eine junge Frau, die Corri noch von früher kannte und die im Hause gegenüber wohnte, versorgte uns auf großzügigste Weise. Fast täglich kam Trudi über den Boden, um nach uns zu sehen. »Glad to see you«, sagte sie höflich zu mir, und zu Corri: »Damit de mir nich vom Fleisch fällst.« Sie packte uns Konserven, Zigaretten, Eipulver, Milchpulver und Bohnenkaffee auf den Tisch. Wir bedankten uns überströmend. »Ick kann euch Mädels doch nich verhungern lassen.« Und dann, mit fragendem Blick zu mir: »Biste wirklich ne Komtesse? Aussehen tuste grade nich so. Schlechte Zeiten für'n Adel, wa? Na, dann will ick mal wieder. Ick muss zu meinem Bob. See you later.« Sie stöckelte davon.

»Gott erhalte uns diesen Bob noch lange«, sagte ich mit vollem Mund.

»Wenn der's nicht ist, ist's ein anderer«, sagte Corri trocken. »Neulich hat sie mir gestanden, seitdem sie Neger kennt, fasst sie keinen weißen Mann mehr an. Willst du wirklich nach Lochow, in die russische Zone? Ich weiß nicht recht. Außerdem, so schön ist die Gegend bei euch nun auch wieder nicht.«

»Deine Erinnerungen an diesen Ort sind eben etwas getrübt. Es war ja auch Pech mit deinem Koffer.«

Sie lachte. »Sonst war es aber sehr nett bei euch. Ihr spracht immerzu von irgendeiner Kuh, die verkauft werden sollte. Und nachts kam euer Bernhardiner und wollte zu mir ins Bett.«

»Jaja, das einfache Landleben ist nicht jedermanns Geschmack. Weißt du noch, wie uns dein Vater großzügig seine Loge in der Staatsoper für die ›Meistersinger‹ anbot und ganz fassungslos darüber war, dass wir lieber ›Gyges und sein Ring‹ mit Willy Birgel sehen wollten? Den fanden wir damals fabelhaft. Dabei wurden die ›Meistersinger‹ von Karajan dirigiert.«

»Ach, du meine Güte«, sagte meine Freundin, »der Arbeitsdienst hatte uns eben für die Kunst total verdorben.«

Für kurze Zeit versanken wir in Erinnerungen. Im Arbeitsdienst hatten wir uns erst nach ein paar Wochen angefreundet. Corri behauptete, sie hätte mich zu Anfang grässlich gefunden. »Unerträglich, wie du angegeben hast. Was wolltest du eigentlich damit beweisen?« Aber ich war, anders als sie, ein Internatskind gewesen und hatte dort gelernt, mir nicht die Butter vom Brot nehmen zu lassen. Dafür hatte Corri bei der Gutsfrau ihrer ersten Außendienststelle sofort einen Stein im Brett. Endlich mal ein junges Mädchen, mit dem man schöngeistige Gespräche führen konnte. Als ich sie ablöste, war die Enttäuschung groß. Grüße, die meine Mutter der Standesgenossin ausrichten ließ, fielen nicht auf fruchtbaren Boden. Von Lyrik hatte ich wenig Ahnung, Brecht war mir unbekannt. Nur Balladen mochte ich. »Das Grab im Busento« zum Beispiel von Platen. »Und den Fluss hinauf, hinunter / ziehn die Schatten tapf'rer Goten, / die den Alarich beweinen, / ihres Volkes besten Toten.« Das Buch »Ein Kampf um Rom« von Felix Dahn hatte als Kind zu meiner Lieblingslektüre gehört. Aber das interessierte hier weniger. Auch dass ich die Socken der Familie in zu heißem Wasser wusch, so dass sie zu Kindergröße zusammenschrumpften, verzieh man mir nicht. Corri hatte solche niedrige Arbeit nie verrichten müssen, was ich ihr sogleich vorwarf. Sie hörte sich meine Klagen mit einem gewissen Wohlgefallen an, und unsere Rivalität war von da an wie weggeblasen. Sie lud mich sogar nach Berlin ein, und wir verbrachten unseren knappen Urlaub gemeinsam in ihrem Elternhaus. Die melancholische Atmosphäre der weiträumigen Villa mit den dunklen Möbeln und den Ölbildern in schweren Goldrahmen schüchterte mich ein, ebenso die Tischgespräche mit ihrem Vater und dem jüngeren Bruder. Sie wirkten auf mich gezwungen und wurden nur etwas lockerer, wenn die erste Frau des Chirurgen Professor Sauerbruch auftauchte. Sie vertrat an Corri Mutterstelle, und wir mochten sie sehr. Insgeheim fand ich die Familie ein wenig spinnig, obgleich Corris Vater einen trockenen Humor besaß und sich amüsiert anhörte, was wir an Geschichten aus dem Lager von uns gaben.

»Kaum zu glauben, in was für Filme du mich geschleppt hast«, erinnerte sich Corri. »Ich glaube, der eine hieß ›Henker, Frauen und Soldaten‹, aber es kann auch irgend etwas anderes in dieser Richtung gewesen sein. Meinem Vater habe ich das gar nicht erzählt.«

Nach einer durchschwatzten Nacht, in der wir uns dauernd gegenseitig ermahnt hatten, nicht so laut zu sein, suchte ich Onkel Achims ehemaligen Jagdpächter aus Görne auf. Jetzt, im zerstörten Berlin, war Herr Klein Verkehrsdezernent geworden und residierte in einem stattlichen Büro. Er nahm die Sache sogleich in die Hand und erteilte einem Berliner Fahrzeughalter den Fahrbefehl, mich nach Friesack mitzunehmen, wohin die Stadt Berlin Akten ausgelagert hatte. An einem schönen Junimorgen starteten wir. Die Dörfer, durch die wir fuhren, boten einen tristen, verwahrlosten Eindruck, Gutshäuser und Parkanlagen waren verwüstet, die Fensterscheiben eingeschlagen. In Friesack setzte mich der Fahrer ab, und ich machte mich, deprimiert von dem Gesehenen, auf den Weg nach Görne. Als ich an dem Schild des Dorfes Kampehl vorbeikam, schoss mir der letzte Vers des Gedichtes über die Mumie des Ritters Kahlebutz durch den Kopf: »Betet für die arme Seel / des von Kahlebutz Kampehl.«

5

Görne wirkte unzerstört. Niemand ließ sich auf der Straße blicken. Trotzdem beeilte ich mich, das Dorf hinter mir zu lassen. Wie wir inzwischen gehört hatten, wohnten dort bereits mehr Fremde als Einheimische, so dass es unter Umständen gefährlich werden konnte. Dann lag das Luch vor mir. Es war ein schöner Vorsommerabend, windstill und warm. Über den Wiesen jagten sich die Kiebitze. Die Frösche quakten, und die Kronschnepfe war zu hören. Von Mücken umsurrt, lief ich den schmalen Radfahrweg entlang, der einen im Dunkeln so leicht aus der Spur brachte. Keine Menschenseele weit und breit. Für einen Augenblick vergaß ich die Umstände, die mich hierhergeführt hatten, und es schien, als wäre ich wie früher auf dem Rückweg nach einem Besuch bei Tante Gertrud und Onkel Achim in Görne. Erst der Anblick der zerstörten Kornhausbrücke brachte mich in die Wirklichkeit zurück.

Ich lief den Havelländischen Hauptkanal entlang, über die Heubrücke, vorbei an der Feldscheune, kroch durch unseren Koppelzaun und kam wenig später im Dorf an. Alle stürzten aus ihren Häusern, voran Maria Mateke mit Kindern und Enkelkindern. Nach und nach fanden sich auch die anderen in Kolbatschs Haus ein und bedrängten mich mit Fragen. Wir tauschten unsere Erlebnisse aus. Wie viel war doch in diesem einen Jahr geschehen! Auch die Lochower konnten ein trauriges Lied von den letzten Kriegstagen singen. Die Kosaken waren noch die besten gewesen, wenn sie auch als erstes Möpschen erschossen hatten. Der Kommandant hielt auf

Zucht und Ordnung. »Luzika, Luzika, kleines Kind«, hatte der russische Kommandant immer zu Luzie Trägenapp gesagt und ihr Bonbons geschenkt. Die Soldaten kampierten im Wald, und die Pferde liefen frei auf der Wiese. Am Abend spielte einer der Kosaken auf einer Flöte, und sie kamen angetrabt. Das Vergraben des Silbers hatte nicht viel genützt. Mit den Minensuchgeräten war es schnell gefunden. Auch mit den jahrhundertealten Gläsern hatten sie kurzen Prozess gemacht und sie jeweils nach einem Toast an den Bäumen zerschmettert. Als ich am nächsten Morgen durch unseren kleinen Park zum See ging, knirschten die Scherben unter meinen Schuhen.

Erst aber begleiteten mich Kolbatschs und Matekes zu unserem Haus. Es hatte immer seine Stimmungen gehabt. Mal empfing es uns mit ausgebreiteten Armen, bot sich kuschlig und warm und verströmte angenehme Gerüche, mal rammte es uns die Türklinke in die Seite, ließ uns über die Treppe stolpern und goss aus der verstopften Regenrinne einen Wasserschwall anstatt in die Regentonne auf das neben dem Haus friedlich schlafende Möpschen. Jetzt wirkte es gekränkt. Wir, seine Familie, hatten es der Willkür von Barbaren ausgeliefert.

Von außen sah es unverändert aus. Fenster und Türen waren kaum beschädigt. Aber drin empfing mich gähnende Leere. Das meiste war abtransportiert worden. Großvater in Öl stand, von Kugeln durchsiebt, in der Ecke. Auf der sonst kahlen Veranda lehnte der halb zertrümmerte Toilettentisch meiner Mutter, die mir aus dem Bild im Abendkleid freundlich wie immer entgegenblickte. Nikolai und Olga entschuldigten sich für jeden fehlenden Gegenstand, als hätten sie die Verantwortung dafür gehabt. »Tand, Tand ist das Gebilde von Menschenhand«, sagte ich, und sie schauten mich etwas ratlos an. Der trostlose Anblick machte mir mehr zu schaffen, als ich gedacht hatte. Im Allgemeinen fanden wir, wie jede Generation, dass unsere Eltern doch noch recht hinter dem Mond lebten. Geradezu rührend, wie sie am Althergebrachten hingen. Nur wenn es um die Einrichtung unserer Zimmer gegangen war, hatten wir, sehr zum Bedauern meiner Mutter, die durchaus mit der Mode ging, keinerlei Veränderung geduldet. Kaum kamen wir aus den Internaten in den Ferien nach Haus, begannen wir zu meckern. »Wieso steht der Stuhl jetzt hier und nicht dort? Wer hat das Bett umgestellt? Wo ist denn meine alte Waschschüssel? Die neue ist ja scheußlich!« Meine Mutter fügte sich, wenn auch seufzend. »Wenn du meinst, Kind.«

»Nun wollen wir erst mal Abendbrot essen«, holte mich Oma Mateke aus meinen Erinnerungen zurück, und wir gingen zu Nikolais Haus.

Sie hatten mir auf dem Sofa in ihrer guten Stube das Bett gemacht. Aber die Mücken kannten mal wieder kein Erbarmen. Als die Morgendämmerung kam, stand ich auf und schlich mich leise aus dem Haus. Ich ging durch den sogenannten Park, der eigentlich nur eine Baumschule war, zum See. Die Sonne war gerade aufgegangen und stand als ein großer roter Ball über den Eichen am gegenüberliegenden Ufer. Ich setzte mich auf Vaters Lieblingsplatz, eine kleine Bank, wo er sich nach dem Schwimmen gern auszuruhen pflegte. Jeden Morgen, bei Wind und Wetter, nahm er im See ein Bad und stellte das Schwimmen erst ein, wenn der See zugefroren war. Der Kahn lag noch an derselben Stelle, und die Fischernetze hingen, wo sie immer gehangen hatten. Ich wanderte einmal um den See herum. Das frische Laub, die blühenden Sträucher und Bäume, ein Fischreiher, der sich gerade in die Luft hob – die Natur zeigte mir die Heimat von der schönsten Seite. Ich machte einen Rundgang über den Fährberg, und von dort lief ich zum Witzker See. Die Rohrdommeln waren schon von Weitem zu hören und die Lietzen.

Als ich zu Kolbatschs zurückkam, hämmerte Nikolai bereits in seinem Schuppen. Er ging mit mir durch die Ställe und zeigte mir sein dürftiges Vieh. Zwanzig Morgen Land waren ihm zugeteilt worden. »Aber was für welches«, seufzte Nikolai. »Schlechteste Koppeln, die ich erst umbrechen musste. Zu dritt haben wir Siedler ein Gespann. Maschinen gibt es so gut wie überhaupt nicht. Hat man sich mal 'ne neue Kuh angeschafft, wird sie einem gleich wieder geklaut.« Er grinste. »Na ja. Das Schlechte ist schlecht. Doch ohne das Schlechte ist es noch schlechter, sagt der Russe.«

Ich lachte. Nikolai hatte sich nicht verändert. Er war immer noch der etwas schlaksige Bauernjunge mit dem pfiffigen Gesicht, den niemand zu etwas überreden konnte, was er nicht wollte.

Wir gingen frühstücken. Es gab köstliches selbstgebackenes Brot mit frischer Butter und wunderbarem dicken Sirup. Viel zum Grübeln kam ich danach glücklicherweise nicht mehr. Jeder im Dorf nahm mich in Beschlag. Es gab ja so viel zu erzählen! »Stell dir vor«, sagte Ilse Trägenapp, »ihr wart kaum weg, da wimmelte es hier schon von Soldaten, und den Sigmund wollten sie gleich mitnehmen und in eine Uniform stecken.«

Ehe ich mich's versah, kam der Tag, an dem ich wieder nach Berlin zurück musste. Meinen Rucksack packten sie mir voll mit den schönsten Delikatessen. Mit reichlich Stullen und hartgekochten Eiern, Honig und Marmelade machte ich mich auf den Weg nach Ferchesar. Dort nahm mich ein Bauer mit nach Rathenow. Da die Straßen ausschließlich von Angehörigen der Roten Armee bevölkert waren, hielt ich es für sicherer, auf dem Bahnhof zu bleiben.

Der Zug nach Berlin war überfüllt mit Hamsterern, die sich um ihre Beute sorgten. Eine Fahrkarte besaß kaum jemand. Die vielen Schwarzfahrer erschütterten den Schaffner nicht. Er kassierte die vorgeschriebene Strafe, und damit war für ihn der Fall erledigt. Dagegen beäugte er misstrauisch einen Mann, der ihm stolz alle erforderlichen Papiere präsentierte. Nachdenklich blätterte der Schaffner darin herum. »Det is doch hier 'n reiner Arbeiterzug. Mit dem dürfen Se überhaupt nich fahren. Nur mit dem Zug 20 Uhr. Wat is'n nu? Wollen Se zahlen oder auf der nächsten Station wieder raus?«

Wir hatten Glück. In Spandau gab es keinerlei Kontrollen.

Das gelungene Unternehmen hatte mich mutig gemacht. Auf jeden Fall wollte ich noch einmal nach Lochow zurück. Herr Klein erwies sich wiederum als sehr hilfreich. Er organisierte für mich einen Lastwagen. Diesmal sollten aus Görne Möbel von evakuierten Berlinern abgeholt werden. Eine gute Gelegenheit, auch ein paar der von Nikolai für uns aufgehobenen Sachen mitzugeben.

Diesmal nahm ich auch auf der Hinfahrt die Bahn. Am Fahrkartenschalter in Spandau stand bereits die übliche Schlange. Plötzlich griff Unruhe um sich. Ehe wir uns zerstreuen konnten, waren wir von Polizisten und Russen umstellt, die unsere Ausweise verlangten. Die Frau neben mir im üblichen Einheitslook – Trainingshose, darüber ein Kleid und auf dem Kopf einen Turban – stieß mich an. »Sie brauchen wieder Arbeitskräfte für ihre Demontage.«

Einer nach dem anderen wurde aussortiert und zu einem Lastwagen geführt. Der kontrollierende Russe kam näher und näher. Ich konnte nur mit einer gefälschten Kennkarte aus der englischen Zone aufwarten. Davon besaß ich gleich mehrere. Sie waren von mir selbst ausgestellt und mit meinem Passbild und dem kaum noch leserlichen Stempel eines Turnvereins versehen. Bis jetzt war ich damit immer ganz gut durchgekommen. Aber hier im russischen Sektor sah das anders aus.

Der Russe stand vor mir. Ich war an der Reihe. »Kein Ausweis«, erklärte ich mit weichen Knien.

»Kein Ausweis? Nix gut.« Er lachte gutmütig und ging weiter. Ich durfte mich wieder vor dem Fahrkartenschalter anstellen.

In Rathenow nahm mich ein Trecker nach Stechow mit. Unterwegs waren Dutzende von Menschen damit beschäftigt, unter russischer Bewachung ein großes Kabel auszubuddeln. Mein Fahrer fuhr schneller. »Man weeß ja nie, auf was für Gedanken die Brüder kommen.«

Auf dem Weg von Ferchesar nach Lochow begegnete ich keinem Menschen. Die Schäden im Wald wurden durch das dichte Grün verdeckt. Karnickel flitzten über den Weg, und ein Specht bearbeitete eine Eiche. In Lochow hatte Olga bereits einiges Silber eingepackt, das Nikolai für uns gerettet hatte. Sigmund kam mit dem Gehörn eines von meinem Bruder geschossenen Rehbocks angerannt. Das sollte ich unbedingt mitnehmen. Viel Muße, Erinnerungen nachzuhängen, blieb nicht. Die Zeit drängte.

Den Tag darauf fuhr mich Nikolai mit seinen beiden kleinen Stuten nach Görne, wo schon der Lastwagen wartete. Die Rückfahrt nach Berlin verlief glatt. Als ich meiner Freundin von meinem Erlebnis mit dem Ausweis berichtete, schüttelte sie nur den Kopf. »Du musst völlig verrückt geworden sein, so was überhaupt zu riskieren.« Dann überraschte sie mich mit Theaterkarten für den »Snob«, die sie von Gustaf Gründgens bekommen hatte. Er war mit ihrem Vater befreundet gewesen und hatte im Haus verkehrt.

Soviel wir auch an uns herumputzten, viel Staat war mit uns nicht zu machen. Ich trug ein Dirndl aus einem karierten Bettbezug und sie ein zu enges Leinenkostüm mit Knöpfen von unterschiedlicher Größe und Farbe. Das Theater war voller hoher Offiziere der Besatzungsmacht und ihrer Frauen. Sie starrten uns an, als wir unsere Plätze in der ersten Reihe ansteuerten. Gründgens warf meiner Freundin verstohlen eine Kusshand zu. »Er hat dich gegrüßt«, sagte ich ehrfurchtsvoll. »I see«, sagte sie und räkelte sich lässig in ihrem Stuhl. Prompt sprang einer der Knöpfe ab und rollte einem amerikanischen Offizier vor die Füße. Er hob ihn auf und überreichte ihn ihr mit einer Verbeugung. Zeit, ihr einen kleinen Dämpfer zu geben. »Aber ›see you later‹ hat er nicht gesagt«, flüsterte ich ihr zu. Ich prustete los und konnte gar nicht wieder aufhören. Die Anspannung der letzten zwei Wochen war einfach zu groß gewesen.

Im Gegensatz zu dem aufregenden Theaterabend entpuppte sich der Besuch bei der Frau eines englischen Generals, für die man mir ein Empfehlungsschreiben mitgegeben hatte, eher als eine Enttäuschung. Da ich eine üppige Mahlzeit erwartete, verzichtete ich vorher großmütig auf unser mittägliches Standardgericht, »Knümanns Nährspeise«. Sie war die Erfindung eines Studenten gleichen Namens, den wir kennengelernt hatten, und bestand aus Weizenmehl mit etwas Eipulver und Coca-Cola als Treibmittel. Die englische Lady wusste nicht so recht, was sie mit mir anfangen sollte und was der Grund meines Besuches war. Unsere Verständigung erwies sich als recht mühsam, und statt des erwarteten Essens gab es nur einen sehr starken Nescafé und ein paar trockene Kekse. Prompt kippte ich auf der Heimfahrt in der

S-Bahn um. Fürsorglich räumte man mir einen Sitzplatz ein. Ein dicker Mann beugte sich immer wieder besorgt über mich.

»Wat denn, nu machen Se man halblang. Leben tut sie ja noch«, sagte ein anderer missbilligend.

»Det seh ick selber.« Er schnüffelte wieder verzückt. »Aber dieser Kaffeeduft! Da könnt ich ooch direkt schwach werden.«

»Was wolltest du denn von dieser Engländerin überhaupt?«, fragte Corri, als ich ihr davon berichtete.

»Ich dachte, Beziehungen zur Besatzungsmacht könnten immer nützlich sein.«

»Für dich wäre ein russischer General bestimmt vorteilhafter gewesen«, sagte sie.

Mit einer Reisegenehmigung für die Rückfahrt bis zur Grenze hatte es immer noch nicht geklappt. So fuhr ich noch einmal nach Lochow. Student Knümann hatte mir freundlicherweise für drei Tage seine Halbschuhe geborgt. Meine Klapperlatschen fingen an, sich aufzulösen.

Diesmal musste ich von Rathenow nach Ferchesar laufen. Dort traf ich Frau Behrend, unsere Postfrau, die mich gleich in ihr Häuschen schleppte und mir zu essen gab. Von ihr erfuhr ich, dass in Ferchesar vorübergehend ein Seuchenlazarett gewesen war. »Lauter geschlechtskranke Russen. Das war vielleicht was! Innerhalb von zwei Stunden mussten wir aus unseren Häusern raus und ins Fenn ziehen. Allesamt in zwei, drei Häuser, die da standen. Zu vierzehn Mann in einem Zimmer, und nachts aufs Klo konnten wir auch nich, das war auf dem Hof, und während der Sperrzeit durfte ja keiner das Haus verlassen. Ach, Komtess Ilse, was haben die bloß mit uns gemacht! Und Sie wollen wirklich nach Lochow? Da treibt sich doch immer noch 'ne Menge Gesindel rum. Auch desertierte Russen. Ich bring Sie 'n Stück.«

Die Post war bei ihr immer in guten Händen gewesen. Jeden Tag, bei Wind und Wetter, war sie damit nach Lochow gekommen, und das zu Fuß. Trotzdem gelang es ihr spielend, unseren Jagdwagen zu überholen, da Vater manchmal, nur, um meine Mutter zu ärgern, die Pferde im Schneckentempo dahinschleichen ließ. Wenn es das Wetter zu arg trieb oder hoher Schnee lag, schickte uns Vater mit dem Schlitten oder zu Pferde, um Frau Behrend den strapaziösen Weg zu ersparen. Postkarten las sie grundsätzlich. Vor allem Traueranzeigen, um den Betroffenen die schlimme Nachricht schonend beizubringen. So wusste sie auch in unserer schlesischen Familie gut Bescheid. Während sie mich begleitete, schimpfte sie auf den Förster, der den Leuten verboten hatte, sich Holz aus dem Wald zu holen. »›Nu pusten Se sich mal nich so uff‹, hab ich gesagt, ›ich hab ja schon Holz gesammelt, da waren Se noch gar nich auf der Welt.‹«

Als wir Ferchesar hinter uns hatten, blieb sie stehen. »Also, was meine Wenigkeit is, ich kehr wieder um.« Sie überlegte einen Augenblick. »Wir machen das anders. Ich warte hier, und Sie rufen ab und zu ›huhu‹, dann weiß ich, dass alles in Ordnung is.«

Beruhigt lief ich los, obwohl mir mein Verstand sagen musste, dass mein »huhu« einen Überfall wohl kaum hätte verhindern können. »Huhu«, rief ich gehorsam nach einem halben Kilometer, und »huhu« rief sie zurück. Es war fast so tröstlich wie in der Kindheit, wenn man die Tür einen Spalt offenlassen durfte, damit man nicht ganz im Dunkeln lag.

Die Lochower waren über mein Auftauchen teils erfreut, teils beunruhigt. Die Überfälle desertierter Russen häuften sich. Trotz aller Warnungen beschloss ich, diesmal in unserem Haus zu schlafen. Vaters Zimmer im oberen Stockwerk war noch einigermaßen intakt, Bett und Schrank noch vorhanden, wenn auch die Tür nur lose in den Angeln hing. Bevor ich mich hinlegte, horchte ich noch einmal durch das offene Fenster. Hof und Straße lagen still und friedlich im Mondlicht. Wie gewohnt, zog die Himmelsziege über mir ihre Kreise und war Entengeschnatter vom See zu hören. Dann legte ich mich hin. Kolbatschs hatten mir genug Decken gegeben, so dass ich nicht frieren musste. Es war schon ein merkwürdiges Gefühl, in Vaters Bett zu liegen. Er ließ gern das ganze Haus wissen, wenn er aufstand. Die Hauslehrerin, die im Zimmer darunter schlief, wurde immer aus dem Schlaf gerissen, so ein Donnergepolter veranstaltete er.

Endlich schlief ich ein, wurde aber bald durch Männerstimmen geweckt. Jemand ging durchs Haus. Ich nahm Knümanns Halbschuhe und steckte sie in den Ofen, eine reine Reflexbewegung. Nicht auszudenken, wenn man mir die Schuhe weggenommen hätte. Die Stimmen entfernten sich. Ich holte die Schuhe wieder aus dem Ofen, packte meine Siebensachen und rannte zu Kolbatschs. Sie hatten mich schon erwartet und saßen angezogen in der Küche. Nikolai schüttelte missbilligend den Kopf. »Hab ich's nicht gesagt.«

»Hoffentlich kommen sie nicht zu uns«, sagte Olga. Doch wir hatten Glück.

Trotz dieses Schreckens wurden es wieder schöne Tage. Ich stromerte viel in der Gegend herum, wenn auch mit gebotener Vorsicht. Am Witzker See stieß ich auf einen Russen. Er warf gerade eine Handgranate in den See, um auf diese bequeme Weise zu fischen. Die Detonation ließ mich zusammenfahren und machte mir wieder einmal bewusst, dass es nicht mehr dieselbe Heimat war, die ich verlassen hatte.

Der Abschied fiel uns allen schwer. Aber wir waren auch voller Zuversicht. Der naive Kinderglaube, dass alles wieder so werden würde wie früher, war erstaunlicherweise noch immer vorhanden.

In Berlin gelang es mir endlich, die Reisegenehmigung bis zur Grenze zu bekommen, und da ich eine Zuzugsgenehmigung nach Niedersachsen besaß, konnte eigentlich nichts schiefgehen. Diesmal musste ich allein fahren. Corri wollte noch in Berlin bleiben.

Da ab elf Uhr abends keine Verkehrsmittel mehr gingen, verbrachte ich die Zeit von Donnerstag Abend bis Freitag früh um fünf im Wartesaal am Zoo. Das Wort »Wartesaal« ist vielleicht nicht ganz angebracht, denn es handelte sich um einen Bretterverschlag mit einigen Tischen und Stühlen, der vollkommen überfüllt war, weil es Strippen regnete. Aber ich fand dann doch noch ein Plätzchen, wo ich mich ausstrecken konnte. Und schon war ich fest eingeschlafen, ein alltägliches Phänomen in dieser Zeit. Der Schlaf stellte sich ein, wo immer man den Körper in Ruhestellung brachte. Hauptsache, es fand sich etwas zum Sitzen oder zum Anlehnen. Weder Kindergeschrei noch Hundegebell oder andere starke Geräusche nahm man wahr, nicht einmal, wenn einem jemand über die Beine stolperte. Nur wenn einer es auf die Schuhe oder das Gepäck abgesehen hatte, war man sofort hellwach.

Am Freitag früh gegen zwei Uhr erwachte ich erquickt. Der Duft von Bohnenkaffee ließ mich schnuppern. Er wurde am Nebentisch unauffällig in Bouillontassen gereicht. Nicht nur ich starrte, die Lippen leckend, auf einen wohlgenährten Mann, dem zwei Setzeier mit Speck und Bratkartoffeln serviert wurden. Er aß sie ohne Scham, und seinem zufriedenen Gesichtsausdruck war anzusehen, wie gut es ihm schmeckte. Ab und zu erschien ein Russe an der Tür, warf einen kurzen Blick auf die Menschen, die sofort verstummten, und verschwand wieder in der Dunkelheit. Die Luft war zum Schneiden dick und angereichert mit den Ausdünstungen ungelüfteter Kleider, dem süßlichen Duft amerikanischer Zigaretten und nasser Windeln. Aber das störte niemanden. Hauptsache, man hatte ein Dach über dem Kopf.

Der Zug sollte erst um fünf fahren, die meisten waren jedoch bereits unterwegs zum Bahnsteig, und ich schloss mich ihnen an. An der Sperre im Tunnel stand das Wasser fußhoch, und es regnete weiter. Viele wurden schon im Vorfeld aussortiert, weil sie keine Reisegenehmigung hatten. Trotzdem blieben immer noch so viele übrig, dass man sich ausrechnen konnte, wie gering die Chance war, mitzukommen. Dann fuhr der Zug ein. Das Glück meinte es mal wieder gut mit mir. Nicht nur, dass ich einen Platz erwischte, das Abteilfenster hatte sogar Scheiben und war nicht, wie üblich, mit Brettern vernagelt.

Ich stellte meinen Rucksack auf meine Knie, legte den Kopf darauf und war sofort wieder eingeschlafen. Ein heftiger Ruck weckte mich. Der Zug hielt auf freier Strecke. Hilfeschreie waren zu hören. Wir waren überfallen worden. Im Abteil brach Panik aus. Ringe wurden abgezogen und das Abteil nach einem geeigneten Versteck für die paar Wertsachen, die jeder so mit sich schleppte, abgesucht. Aber der Kelch ging noch einmal an uns vorüber: Einen Waggon vor uns sprangen die Plünderer ab. Langsam setzte sich der Zug wieder in Bewegung.

Bereits jetzt hatten wir über zwei Stunden Verspätung. Erst um fünf Uhr nachmittags waren wir in Halle, und von dort sollte erst am nächsten Morgen ein Zug nach Leinefelde gehen. Unmöglich also, den Grenzübertritt noch am Sonnabend zu schaffen. Während ich den Bahnsteig entlanglief, sah ich einen Zug auf dem gegenüberliegenden Gleis einlaufen, und ich las: »Halle – Leinefelde«. Die Lok stand schon unter Dampf. Ich rannte über die Gleise. Ich hätte mir ruhig Zeit nehmen können. Erst drei Stunden später setzte er sich in Bewegung. Ich hatte um zwölf Uhr nachts den Bahnhof Leinefelde erreicht.

Der Wartesaal war bereits proppevoll. Vergeblich suchte ich nach einem freien Plätzchen, bis sich ein Kriegsversehrter meiner erbarmte. »Na, nu kommen Se schon, junge Frau. Ich mach Ihnen Platz. Ich kringle mich mit meinem einen Bein unter die Theke.« Ich bedankte mich herzlich. Als es hell wurde, versuchte ich, mich unter einem Wasserhahn notdürftig zu säubern. Dabei fiel mein Blick auf die lange Schlange, die bereits der Vorkontrolle harrte. Aber ich entdeckte auch noch etwas anderes: einen Bus, der nach Heiligenstadt fuhr, um Arbeiter zu ihrer Arbeitsstelle zu bringen. Wenige Minuten später saß ich zwischen ihnen. Sie betrachteten mich verblüfft. »Na, junge Frau, suchen Sie Ihren Schatz?« Ich murmelte irgend etwas, und sie waren viel zu müde, um der Sache weiter nachzugehen.

In Heiligenstadt beeilte ich mich, ins Lager zu kommen, um unter den Ersten bei der Entlausung zu sein, eine Prozedur, die den dazu angestellten Männern großen Spaß zu machen schien. Sie lachten über unsere wütenden Proteste. Hinterher sah man aus wie mit Mehl bestäubt und nieste pausenlos vor sich hin.

Zu meiner Enttäuschung hieß es erst mal wieder warten. Es war immer dasselbe bei all diesen Unternehmungen. Entweder musste man warten oder rennen, um noch rechtzeitig irgendwo hereingelassen, abgefertigt oder mit einem Stempel bedient zu werden. So auch diesmal. Es war kurz vor zwölf, und der Mensch, der mir eine Bescheinigung über die Entlausung auszustellen hatte, schloss gerade sein Zimmer ab, um Mittagspause zu machen. »Kommen Sie in einer Stunde wieder«, sagte er herzlos, ohne auf mein Bitten und Betteln zu reagieren. Dabei wusste auch er, dass dann erst einmal die Grenze wieder dichtgemacht und die beiden in der ganzen Gegend als besonders großzügig bekannten russischen Wachtposten abgelöst wurden. So etwas sprach sich schnell herum. Was tun? Der Kriegsdienst bei der Reit- und Fahrschule hatte mich viel Nützliches gelehrt, so zum Beispiel auch, dass Männer nichts mehr fürchten als Hysterie. Ich atmete tief durch und legte los. Der Beamte zögerte nicht lange. Er drückte mir den verlangten Wisch in die Hand und verschwand.

Jetzt musste ich mich ranhalten, aber das letzte Stück zur Grenze nahm mich Gott sei Dank ein Lastwagen mit. Als ich ankam, war es Viertel vor eins. Hunderte von Menschen jagten wie aufgescheuchte Hühner der Grenze zu. Die russischen Wachtposten hatten ihren Spaß daran. Zwei Minuten vor eins hatte ich die englische Seite erreicht. Hinter mir schloss sich auf der russischen Seite der Schlagbaum, ungeachtet der flehentlichen Bitten der Zurückgebliebenen.

In Friedland begann alles wieder von vorn, Registrieren, Entlausen, Gutschein für einen Teller Suppe. Es gelang mir nicht, noch an diesem Abend das Lager wieder zu verlassen. So musste ich mir einen Schlafplatz suchen. Die Baracken waren wie üblich überfüllt, und es regnete. Ratlos irrte ich von einer Unterkunft zur anderen, wo man bereits dicht an dicht lag. Schließlich machten mir zwei Männer zwischen sich Platz. Während der eine an mir herumzupfte, um zu prüfen, wie weit ich bereit war, ihm entgegenzukommen, flüsterte mir der andere sein Unglück ins Ohr. Er hatte gerade erst erfahren, dass seine ganze Familie bei einem Bombenangriff umgekommen war. Ich schlief tief und fest.

Am Montag durfte ich dann weiter nach Hannover fahren. Zufrieden mit mir, machte ich mich auf den Heimweg. Die Familie würde staunen. Auch das letzte Stück, das ich per Anhalter zurücklegte, schien glatt zu verlaufen. Zu spät bemerkte ich, dass mit dem Fahrer des Wagens etwas nicht stimmte. Zunächst behauptete er, er wäre Adjutant bei Himmler gewesen, und dann, er sei mit Hermann Göring verwandt. Seine Geschichten wurden immer verworrener. Wie ein Verrückter fuchtelte er in der Luft herum, so dass das Auto auf der Gott sei Dank leeren Straße hin und her torkelte, bis wir in einem Graben landeten. Ich stieg aus und machte, dass ich wegkam.

Die Familie war unter der großen Eiche am Schlossgraben, von Vater der Balzplatz genannt, versammelt. Mein unerwartetes Auftauchen nach immerhin sechs Wochen löste nicht die Reaktion aus, die ich mir ausgemalt hatte. Ein anderes Ereignis war mir zuvorgekommen: Mein Schwager war aus der Kriegsgefangenschaft entlassen worden. Er hatte sich aus Bayern gemeldet und bestimmte alle Gespräche. So war Buschi, unser geliebter Münsterländer, der Einzige, der mich mit begeistertem Gebell begrüßte. Er nahm zärtlich mein Handgelenk in die Schnauze, wie es seine Art war, und begleitete mich ins Schloss. Ich war etwas gekränkt, erinnerte mich aber daran, wie es meiner Schwester nach ihrer Verlobung ergangen war. Meine Mutter und ich standen im Esszimmer, und während meine Mutter sich sorgenvoll darüber ausließ, dass Vater wieder eingezogen werden könnte, redete ich wie aufgezogen von der Wehrkreis-Reit- und -Fahrschule, bei der ich mich melden musste. Meine Schwester kam überhaupt nicht zu Wort und rief schließlich ganz unglücklich: »Ich habe mich verlobt, und keiner hört zu!«

Im Schloss kam mir ein Kind plärrend entgegen. Der Spitz der Dame vom leichten Gewerbe bellte. Eine der alten Damen reichte mir hoheitsvoll ihre Hand zum Kuss. Ihr Lodenrock hätte dringend der Reinigung bedurft. Das einzige Klo war wie immer besetzt, und in der Küche versuchte sich meine angeheiratete Kusine, die nicht gerade als perfekte Hausfrau galt, an einem Kuchen aus Roggenmehl und Sirup. Ein Onkel saß daneben und naschte verstohlen vom Teig. Auch ich hatte Hunger. Mein Reiseproviant aus Lochow war noch nicht ganz aufgebraucht. Ich pellte mir ein hartes Ei mit großer Sorgfalt, damit auch nicht ein winziger Rest vom Eiweiß in der Schale haften blieb. Sie sahen mir dabei zu. »Ein Ei«, sagte meine Kusine andachtsvoll. Ich steckte es schnell in den Mund. Dass sich in meinem Rucksack sogar eine Schlackwurst befand, verschwieg ich.

»Wer, verdammt noch mal, hat schon wieder meine Brotreste aufgegessen?«, rief eine unwillige Stimme im Flur. »Jetzt kann ich heute Abend keine Brotsuppe kochen!«

6

Es war das übliche Hickhack. Der Flüchtlingsalltag hatte mich wieder.

Bald darauf erschien mein Schwager, um meine Schwester abzuholen. Er hatte auf dem Gut eines Bankiers, der entfernt mit uns verwandt war, eine Stellung als Verwalter bekommen. So musste ich vorübergehend die blaue Gruft, in die meine Schwester und ich inzwischen wieder zurückgekehrt waren, räumen. Mein Schwager wirkte noch sehr mitgenommen und zog sich am liebsten in den Park zurück, um vor dem Menschengewimmel im Schloss seine Ruhe zu haben. Vorbei war es nun mit dem Vagabundenleben für meine Schwester. Erna und mir fiel der Abschied von Buschi, der mit nach Bayern reiste, schwer. »Den scheint ihr mehr als mich zu vermissen«, sagte meine Schwester leicht gekränkt.

Auch Irmchen verließ uns. Ihr Freund, der herzliebe Rudi, wie sie ihn nannte, hatte ihr gedroht, sich eine andere zu nehmen, wenn sie nicht in die Ostzone zurückkomme, was er dann sowieso tat.

Die Post funktionierte in dieser Zeit erstaunlich gut. Briefe gingen hin und her. Aus Lochow hörten wir von einem großen Missionsfest der Adventisten mit Orchester und Taufe im Witzker See. Sogar vier Russen hatten sich taufen lassen. Und Maria Mateke, die Stammesmutter, schrieb, mit Gottes Gnade würden wir uns sicher bald wiedersehen. Ernas Eltern in Witzke beklagten sich wiederum, dass so unheimlich gestohlen würde, Gänse, Hühner, Kartoffeln, einfach alles.

Und Erna? Erna hatte sich verliebt. Der junge Mann, der

sich in ihr Herz geschlichen hatte, war ebenfalls ein Flüchtling, ein Bauernsohn aus Schlesien. Aber Liebe hin, Liebe her, auf der Nase herumtanzen ließ sie sich deswegen noch lange nicht. Als ihr Heinz es wagte, in der ersten Zeit ihrer Bekanntschaft auch einem anderen Mädchen schöne Augen zu machen, ließ sie ihn lange zappeln, bis sie ihm diesen Seitenblick verzieh. Ich sehe sie noch in ihrer Kammer beim Bauern am Fenster stehen und auf die Straße blicken, wo ihr Heinz im strömenden Regen wartet und bettelt: »Nun mach schon auf, sei kein Frosch!« Ich war gerade bei ihr zu Besuch, und er tat mir leid.

»Der braucht Ihnen nich leid zu tun.« Erna zog mit grimmigem Gesicht die Gardine zu. Sie ließ ihn buchstäblich im Regen stehen, und auch die nächsten Wochenenden war sie unerbittlich.

Sie ließ sich viel Zeit mit der Verlobung und schrieb an meine Schwester nach Bayern, am liebsten würde sie auch »dorthin machen«. Sie würde auch gern mal was anderes sehen. Ja, wenn der Heinz nicht wäre! »Mit so etwas Verrücktem wie mit Männern sollte man erst gar nicht anfangen. Dann ist es mit der Ruhe dahin.« Und dann wollte sie wissen, wie meine Schwester darüber denke, ob es wirklich so viel besser sei, verheiratet zu sein. »Ich sage immer, was man hat, das weiß man, was man kriegt, das weiß man nicht.« Ja, Erna hatte ihren Kopf für sich und grollte meiner Schwester lange, weil sie Buschi mitgenommen hatte. Buschi stand in ihrem Herzen an erster Stelle, vor allem, seit er nach der Flucht ganz bei ihr gelebt hatte. Auf dem Bauernhof war es nicht schwierig gewesen, ihn mit durchzufüttern.

Im November '46 bekam ich einen Brief von einer alten Schulfreundin, Eva Janicke aus Ferchesar. Mit ihr hatte ich in Rathenow das Lyzeum besucht, und sie hatte mir im Kriege sehr geholfen, weil sie beim Fernamt kriegsdienstverpflichtet war. Sie vermittelte mir in kürzester Zeit Gespräche, auf die ich normalerweise einen Tag lang hätte warten müssen. Wenn ihr nach dem 20. Juli meine Gespräche mit Corri, deren Vater in das Attentat auf Hitler verwickelt war, zu gefährlich erschienen, räusperte sie sich warnend.

Evas Vater hatte einen Hof besessen, der zehn Hektar größer war, als man einem Bauern zugestand. Er war als Erster enteignet worden. Nach der Enteignung musste die Familie zu Verwandten nach Witzke ziehen, und Eva berichtete jetzt in verschlüsselter Form über den schlechten Wahlausgang der SED. Sie schrieb, in Ferchesar seien bereits mehrere Bauern »verreist«, und der Rest würde die Reise wohl auch noch antreten, wenn vielleicht auch ein wenig später.

Meine Schwester hatte sich in Bayern schnell eingelebt. Sie wollte unbedingt, dass wir bei ihr Weihnachten feierten, und so machten wir uns auf die Reise. Die Fahrt nach München und dann weiter nach Landshut war in der üblichen Weise strapaziös. Mein Vater bekam als Kriegsversehrter sofort einen Sitzplatz, aber auch meine Mutter musste erstaunlicherweise nicht lange im Gang stehen. Ein freundlicher Herr winkte sie in ein halbleeres Abteil. Als meine Mutter sich darüber wunderte, bedeutete man ihr mit gesenkter Stimme, man sei mit einem Sonderauftrag unterwegs. Meine arglose Mutter nahm das Angebot, Platz zu nehmen, dankbar an. Den Verlust ihrer goldenen Armbanduhr und ihrer Brosche bemerkte sie erst, als wir bei meiner Schwester angekommen waren.

Von dem neuen Zuhause meiner Schwester waren wir begeistert. Sie hatte eine eigene, wenn auch winzige Zweizimmerwohnung über der Remise, musste allerdings die Küche mit einer Flüchtlingsfrau teilen. Das Barockschlösschen, von dem aus man einen weiten Blick über eine hügelige Landschaft hatte, gefiel uns sehr.

Buschi geriet ganz außer sich vor Freude bei unserer Ankunft. Er apportierte alles, was er fand, vom Handfeger bis zum Kartoffelsack, den er knurrend hinter sich herzog. Als wir ihn jedoch auf einen im Drahtzaun hängengebliebenen Hasen hetzten, verweigerte er uns den Gehorsam, obwohl es für ihn ein Leichtes gewesen wäre, dem armen Tier den Garaus zu machen. Er biss zwar einmal lustlos zu, ließ aber gleich wieder los, als der Hase zu quäken anfing. Schuldbewusst sah unser Liebling uns an. Vater streichelte ihn. »Du bist eben ein erstklassiger Jagdhund und tust so etwas nicht.« Dem Hasen gelang es übrigens dann doch, sich zu befreien. Am nächsten Tag war er aber schon wieder da. Er schien gemerkt zu haben, dass ihm von Buschi keine Gefahr drohte.

Als Ersatz für den auf diese Weise entgangenen Weihnachtsbraten bekamen wir von den Lochowern eine Gans. Sie roch zwar schon von Weitem, weil sie so lange unterwegs gewesen war, aber sie schmeckte, wie wir fanden, noch tadellos.

Es wurde der härteste Winter der Nachkriegszeit. Die Schreckensmeldungen häuften sich. Die Stromversorgung in den Großstädten brach zusammen. Familien erfroren in ihren undichten Nissenhütten, in den Krankenhäusern konnte wegen der Stromsperre nicht operiert werden, Menschen brachen vor Erschöpfung auf der Straße zusammen. In der Dunkelheit wurden Passanten überfallen und ihrer Kleidung beraubt. Und wir, die vom Schicksal Gestreichelten, saßen mal wieder im Warmen, auch wenn es mächtig durch die breiten Ritzen des Fußbodens zog. Aber das Kanonenöfchen war dank des Organisationstalents meines Schwagers gut gefüttert, und meine Eltern waren im Schloss untergebracht, wo die Zentralheizung sogar noch funktionierte. Von den

Männern aus der engeren Familie fehlten zwei. Der Bruder meines Schwagers war in russischer Kriegsgefangenschaft, mein Bruder in französischer. Aber von beiden hatten wir inzwischen Nachricht.

Zwischen Weihnachten und Neujahr bekamen wir überraschenderweise einen Brief von Erna aus Witzke. Erna hatte schon seit Längerem davon geredet, ihr Heimatdorf zu besuchen. Was ich fertiggebracht hatte, konnte sie schon lange. Aber um diese Jahreszeit, in dieser Kälte! Wie sie schrieb, war sie ohne große Schwierigkeit über die grüne Grenze gekommen. Aber drüben hatten die Russen schon auf sie gewartet. »Wir mussten alle rein in ein Haus. Da haben sie uns in einen großen Saal gesperrt. So was von Kälte! Zum Verrücktwerden! Die ganze Nacht sind wir wie die Zirkuspferde im Kreis herumgetrabt. Am nächsten Tag hat man uns dann in einen Keller gebracht und stundenlang verhört. Dann ging's unter Bewachung zum Bahnhof, und man hat uns allesamt in einen Waggon gesteckt. Wir sahen uns schon in Sibirien. Aber dann fuhr der Zug doch nur bis Gardelegen. Dort wiederholte sich das ganze Theater mit den Verhören. Am nächsten Tag haben sie uns dann kommentarlos entlassen. Als ich endlich in Witzke war, sah ich selbst aus wie so ein Russe. Schlief bis Sonntag mittag zum Essen. Wollte ja eigentlich gleich nach Lochow, aber ich konnte keinen Schritt laufen. Hatte Wasser in beiden Füßen. Fragten mich natürlich nach Herrn Grafen und seiner Familie aus. Und Nikolai hat mir versprochen, ein paar Pantinen zu machen. Ich soll von allen sehr grüßen. Am 28. Dezember geht's wieder retour. So schön es war, mal alle wiederzusehen und zu Hause zu sein, so schnell werde ich bestimmt nicht wieder eine Reise in das sozialistische Paradies antreten. Viele Glück- und Segenswünsche für 1947. Was macht Buschi-Junge?«

Nachdem meine Schwester den Brief vorgelesen hatte, verfielen wir in Schweigen.

Angesichts von weniger als tausend Kalorien Nahrungszuteilung pro Tag, der zunehmenden Wohnungsnot und emsig betriebener Demontage der Industrie fielen die Prognosen für '47 nicht gerade rosig aus.

»Nach der Statistik bekommt im Augenblick jeder männliche Deutsche alle zwanzig Jahre ein neues Hemd, alle dreißig Jahre neue Unterwäsche und alle hundert Jahre einen neuen Anzug, habe ich irgendwo gelesen«, sagte meine Schwester.

»Alle hundert Jahre einen neuen Anzug?«, wiederholte meine Mutter. »Das wäre ganz im Sinne eures Vaters. Der trug ja auch immer noch am liebsten den Frack seines Großvaters und fand ihn tadellos in Ordnung.«

»War er ja auch«, sagte mein Vater trotzig. »Ich verstehe bis heute nicht, warum du jedes Mal Theater gemacht hast, wenn ich ihn anziehen wollte.«

Wir blieben länger als geplant. In diesem harten Winter war jede Reise riskant. Stundenlange Verspätungen waren an der Tagesordnung, und weder in den Abteilen noch auf den Bahnsteigen konnte man sich gegen die bittere Kälte schützen.

Als wir nach Wochen wieder nach Niedersachsen zurückkehrten, zog es mich als Erstes zu Erna. Sie empfing mich etwas maulig. »Höchste Zeit, dass sich Komtess mal wieder blicken lassen.«

Aber ich wusste, womit ich sie versöhnen konnte: mit Geschichten von Buschi. »Er entwickelt sich zu einem lukrativen Geschäft.«

»Versteh ick nich.«

Ich erzählte ihr, dass die Hundebesitzer von weither kamen, um ihre Hündinnen von diesem Prachtexemplar von

Rüden decken zu lassen. »Und die bezahlen die Gebühr natürlich in Naturalien. Unserem Buschi ist seine Beliebtheit ganz schön zu Kopf gestiegen. Im Schloss legt er sich am liebsten auf die Fliesen vor dem Esszimmer. Jedes Mal muss der Diener beim Servieren mit den schweren Platten über ihn wegsteigen. Ihn wegzuscheuchen, traut er sich nicht.«

Das erfreute Erna. »Ja, unser Buschi, der hat Klasse.«

Ich musste ihr auch von Weihnachten berichten, von der Wohnung meiner Schwester, von meinem Schwager und wie es meinen Eltern ergangen war. Als ich ihr die Geschichte von Muttis Uhr und Brosche erzählte, hörte sie gar nicht auf zu lachen. »Nee, nee, so was aber auch! Frau Gräfin ist einfach zu harmlos. Könnte direkt aus Witzke stammen. Die haben immer die ausgebuddelten Kartoffeln über Nacht auf dem Feld gelassen, damit sich die Fuhre lohnt. Und dann waren die natürlich geklaut.«

»Jetzt sind Sie dran«, sagte ich. »Wie war denn Ihre Rückreise bei dieser Kälte?«

»Fast so schlimm wie die Hinfahrt. Um halb sieben früh, im Stockdunkeln, hat mich mein Bruder Helmut erst mal nach Hohenauen gebracht. Eine Glätte zum Verzweifeln!«

»Hatte denn das Pferd keine Stollen?«, fragte ich.

»Das war's ja eben. Dummerweise nicht.« In Hohenauen musste sie dann erfahren, dass der Zug nach Berlin an diesem Tag nicht fuhr. »Also wir nach Rathenow. Da hatte der Zug zum Glück neunzig Minuten Verspätung, sonst hätten wir es nicht geschafft.«

Wie bei der Kälte vorauszusehen war, hatte der Zug alle Augenblicke auf freier Strecke gehalten. Die Kälte in dem ungeheizten Zug sei unbeschreiblich gewesen. »Komtess machen sich keinen Begriff. In Berlin wollte mich ja meine Freundin abholen. Aber Pustekuchen. Die Fahrkarten waren nach allen Richtungen ausverkauft. Erst am Sonntag um sieben gab es wieder welche für Montag früh. Nette Aussichten, wenn man niemanden in Berlin kennt.«

»Was haben Sie denn in der Zwischenzeit bloß gemacht?«, fragte ich.

»Ich bin in den Bunker am Schlesischen Bahnhof rein. Da bin ich mit einem Ingenieur aus Berleburg ins Gespräch gekommen. Und der war so nett und hat mich in ein Hotel mitgenommen.«

»So, so, in ein Hotel. Ist denn das gutgegangen?«, fragte ich interessiert.

Sie grinste mich an. »Na ja, es gab nachts natürlich das übliche Gezerre. Aber mit mir doch nich.« Am Sonntag früh hatten sie prompt die Zeit verschlafen, weil die Fenster mit Brettern vernagelt waren. Erst für den Zug abends um zehn bekamen sie Fahrkarten. »Die Zeit bis dahin mussten wir ja irgendwie rumkriegen. Und überall diese Wahnsinnskälte! Höchstens mal 'n rauchender Ofen, an dem man sich wärmen konnte. Zweimal sind wir ins Kino gegangen. So 'n russischer Film, ›Peter der Erste‹, so was von 'nem Mist. Im Zug hat sich dann alles zusammengefunden, was über die Grenze wollte. Gemeinsam sind wir dann losgepilgert. Das Wetter dazu war ja erstklassig. Ein Nebel, man konnte keine zehn Meter weit sehen. Aber ein Weg! So was von Glätte habe ich selten erlebt. Ich bin bestimmt sechsmal hingeflogen. Ein Glück, dass ich Wolle in meinem Rucksack hatte und hinten drauf noch 'n Paket. Sonst wär mir bestimmt meine Schnapsflasche kaputtgegangen. So ungefähr fünf Kilometer hatten wir zu schwitzen, bis wir endlich drüben waren.« Sie sah mich an. »Man muss schon 'n festet Herze haben, einfach is das nich.«

»Wem sagen Sie das«, sagte ich.

74

»Eine Oma von sechzig wär uns beinah weggeblieben. Der Rest der Reise war dann 'n Klacks.« Sie warf mir einen verschmitzten Blick zu. »Die haben mich zu Haus halb verrückt gemacht von wegen Heinz und so. Als ob man unbedingt gleich heiraten müsste. Verrücktes Volk. Na, abwarten. Den Winter über bleib ich sowieso noch hier. Dann muss man weitersehen. Komtess will ja auch nich so schnell heiraten.«

»Sie haben eben mehr Angebote, Erna. Daran wird's liegen.«

»Wissen Se, was ich glaube? Ich glaube, Komtess sind ein stilles Wasser.«

»Schön wär's«, sagte ich. Wir lachten.

»Feiern tun Se ja genug. Im Kavaliershaus soll es ja oft hoch hergehen, erzählt man sich im Dorf.«

Das stimmte. Es fanden sich immer genug junge Leute zusammen, um Spaß zu haben. Das kostete nicht viel. Schnaps und etwas zu essen brachten die Gäste mit, ebenso Grammophonplatten. »Komm, wir machen eine Reise in das Land der Illusion.« Und zum Fasching war ich auf einem Nachbargut eingeladen.

»Das müssen ausgerechnet Sie sagen, wo Sie jedes Wochenende mit Ihrem Heinz auf dem Schwoof sind.«

Die Bäuerin steckte den Kopf zur Küchentür herein. »Zeit zum Melken.«

Erna stand auf. »Mook wi.«

Zu Ernas Geburtstag im Februar waren meine Mutter und ich eingeladen. Die Bäuerin ließ sich nicht lumpen. Sie spendierte reichlich Kuchen und sogar Kaffee. »Nu bin ich schon sechsundzwanzig«, seufzte Erna. »Bald kann man mich zum alten Eisen zählen.«

Meine Mutter kam gleich zur Sache. »Sind Sie sich denn jetzt mit Ihrem Heinz einig?«

Erna rutschte verlegen auf ihrem Stuhl herum. »Nur nichts überstürzen. Erst mal in Ruhe alles ranschaffen. Die Hochzeit läuft uns nicht weg. Heinz is ja auf dem Kien und hat schon eine Küche und ein Schlafzimmer in Aussicht.«

Danach kamen wir auf meine Schwester zu sprechen und das Baby, das sie im Frühjahr '47 erwartete. Erna tippte auf einen Jungen. Es wurde ein Mädchen. Das erste Wort, das es sprach, war »nein«.

Im März '47 starb Onkel Achim aus Görne. Er war nach dem Krieg Nachtportier in einer Fabrik in Tornesch gewesen und bei den Arbeitern äußerst beliebt, denn mit ihrer Pünktlichkeit nahm er es nicht sehr genau. Ich hatte ihn zuletzt im Herbst '46 besucht. Er steckte wie immer voller Geschichten, und Tante Gertrud, seine Frau, sagte wie immer jedes Mal: »Aber Achim.«

»Gott ist mein Zeuge«, pflegte er zu sagen oder, wie der alte Förster Leisegang: »Die Erde soll mich verschlingen, wenn ich lüge.«

»Bitte, bitte, nicht schon wieder die Geschichte mit der Butter«, hatte ihn meine Tante beschworen. »Das ist doch nun fast ein Jahr her.«

Es nützte nichts. Er musste sie mal wieder loswerden. »Also, stell dir vor, Ilse, eure herzensgute Tante nimmt unsere letzte Butter und packt sie ein. Schon sehr misstrauisch, sage ich: ›Wohin willst du damit?‹

›Du weißt doch, zu diesen netten Leuten in Blankenese, die dir deinen Anzug geschenkt haben.‹« Er zupfte an seiner Jacke und sah mich an. »Ich würde sagen, in diesem Anzug hat wahrscheinlich der Vater des Hausherrn noch die Kaffeesäcke eigenhändig auf den Speicher getragen. Woher kannten wir diesen Herrn überhaupt?«

»Aber Achim. Er war doch ein paarmal bei uns zur Jagd. Erinnerst du dich nicht mehr?«

»Durchaus möglich. Ich muss wirklich nur noch Krethi und Plethi eingeladen haben.«

Meine Tante seufzte. »Aber Achim.«

»Also, eure Tante fährt zu diesem Herrn, läutet an der Haustür einer respektablen Villa und wird sogleich von einem Hausmädchen im schwarzen Kleid mit weißer Schürze in Empfang genommen.

›Die Herrschaften sind gerade beim Abendbrot. Kann ich was ausrichten?‹

Eure Tante erklärt den Grund ihres Besuches, wird in den Salon geführt, eiskalt natürlich, und gebeten, Platz zu nehmen. Dann löscht das Hausmädchen das Licht und verlässt das Zimmer. Und eure Tante sieht durch die halb geöffnete Schiebetür zu, wie es sich die Familie im Esszimmer schmecken lässt. Als sie fertig sind, kommt der Hausherr herein, knipst das Licht wieder an und nimmt mit huldvollen Worten das kostbare Geschenk entgegen.«

»Ich geb's auf«, sagte meine Tante. »Mit eurem Onkel ist nicht zu reden. Man muss sich doch auch mal revanchieren, wenn einem die Leute so nett helfen. Siehst du das nicht ein?«

Onkel Achim guckte immer noch gekränkt. »Deshalb muss man meine Frau noch lange nicht im Dunkeln sitzen lassen.«

7

Im Juni '47 zog es mich wieder nach Lochow. Diesmal reiste ich sehr bequem: Ich hatte mir eine Fahrkarte für den englischen Militärzug erschwindelt, der von Hannover nach Berlin durchging und von den Russen nicht kontrolliert werden durfte. Wie ich das anstellen musste, hatte mir ein Journalist verraten. Es gab da einen Passus bei den Engländern: Wer nachweisen konnte, dass ein Elternteil in Berlin verstorben war, durfte einen Antrag stellen. Also ließ ich meine Freundin Corri ein Telegramm mit der traurigen Botschaft an mich schicken. Ich stellte meinen Antrag, und die Militärbehörde in Hannover fand nichts daran zu beanstanden. So konnte ich mir die Sondergenehmigung für den Militärzug abholen. Hinter mir in der Schlange stand ein Mann mittleren Alters. Er lüftete kurz den Hut und flüsterte mir zu: »Derselbe traurige Fall auch bei mir.« Auf der Genehmigung hieß es: »For compassionate reasons.«

Bevor die Reise losging, wurde uns auf dem Bahnsteig von den Engländern erst einmal beigebracht, wie sich zivilisierte Menschen zu benehmen haben. Der Zug fuhr ein, und das Häuflein Deutsche stürmte die Abteile, als ginge es ums Leben, obwohl die Sitzplätze nummeriert waren. Prompt ließen uns die Engländer wieder aussteigen und erst mal eine halbe Stunde lang auf dem Bahnsteig herumstehen. Dann eine knappe Handbewegung zu uns Frauen: Ladies first. Die Männer mussten warten, bis wir uns unserer Rucksäcke entledigt und Platz genommen hatten. Etwas kleinlaut betraten sie die Abteile. Auch sonst wurden die »Ladies« bevorzugt. Jede von uns bekam eine Apfelsine, die wir aber großzügig mit den Herren teilten. Einer von ihnen war ganz erschüttert darüber, wie man mit ihm umgesprungen war. In was für einer Zeit lebten wir bloß!

Es war die Zeit, in der Wörter wie organisieren, kompensieren, okay, dawai und zapzerap zur Alltagssprache gehörten und die auf den Behörden am meisten gebrauchten Sätze: »Dafür sind wir nicht zuständig«, »Sind Sie angemeldet?«, »Sind Sie vorgemerkt?«, »Kommen Sie später wieder?« waren; in der Erna sang: »Wenn abends die Heide träumt, / erfasst mich ein Sehnen, / und ich denke unter Tränen, / schön war die Zeit!«, und man einen Badeanzug nach einem Atoll benannte, von dem man die Bewohner evakuiert hatte, um dort Atombomben zu testen.

Kurz vor der Zonengrenze postierten sich an den Ausgangstüren des Zuges Wachtposten mit umgehängter Maschinenpistole. Ohne anzuhalten, aber in sehr langsamer Fahrt, passierten wir die Grenze, und wir waren sehr dankbar, die russischen Verbündeten nur durch das geschlossene Fenster zu sehen.

Zu meinem Bedauern war Corri gerade in dieser Zeit nicht in Berlin. Ich hatte mich daher nach einem anderen Quartier umsehen müssen. Zu meiner großen Erleichterung war jedoch der Verkehrsdezernent noch in Amt und Würden und versprach mir, wieder zu helfen.

Die Freude der Lochower über meinen Besuch war wie immer mit Sorge gemischt, denn man war dauernd auf der Suche nach ehemaligen Gutsbesitzern und Konterrevolutionären. Kolbatschs hatten inzwischen unser Haus bezogen, das ihnen zugewiesen worden war. Nikolai hatte vorher an meinen Vater geschrieben. »Wir wollten aber erst um Erlaubnis fragen, ob wir dort einziehen dürfen. Das liebe Haus sah ganz furchtbar aus. Aber die kleinere Hälfte haben wir schon in Ordnung gebracht.«

Und wirklich: Das Haus wirkte nun nicht mehr ganz so missmutig. Sie hatten mir mein altes Zimmer zurechtgemacht. Ein merkwürdiges Gefühl. Außer dem Bett war nicht mehr viel vorhanden, aber im Dunkeln wurde es von meiner Phantasie mühelos wieder möbliert. Viele Möbel waren bei den schrägen Wänden sowieso nicht unterzubringen gewesen: ein Sekretär, ein Sofa, ein Stuhl und das Jugendstilbett, in dem ich lag. Mein Radio wurde noch mit Batterie betrieben. Das Unglück war groß, als es seinen Geist aufgab. Mein Bruder machte sich voll Freude darüber her und reparierte es, nur waren merkwürdigerweise hinterher vier Schrauben übrig. Aber es funktionierte, bis auf den Schalter. Man musste ein Messer hineinhängen, damit sich beim Einschalten die beiden Pole berührten. Das Radio war mir unentbehrlich. »Frag ich mein beklommen Herz«, dabei lesen und Katzenzungen essen, was für ein Genuss! Den Vater gern zerstörte. Er fand, ich sollte lieber etwas Nützliches tun, Unkraut jäten zum Beispiel. In kalten Wintern fror das Wasser im Waschkrug. Gnade uns, wenn wir vergaßen, das Waschwasser auszugießen, und es den Mädchen überließen. Im Flur stand der Kleiderschrank, daneben eine Truhe mit der Inschrift: »Nimm nicht mit, was mein ist, und lass nicht da, was dein ist.«

Wir saßen am Frühstückstisch, als es an der Haustür klopfte. In der Küche erschienen drei Männer, darunter ein Russe. Ich verschluckte mich fast an der wunderbaren Milchsuppe, die ich gerade löffelte. Nikolai blieb die Ruhe selbst. Einer der Deutschen zeigte auf mich. »Wer ist das denn?«

»Eine Kusine meiner Frau.«

Sie nahmen es zur Kenntnis. »Wie lebt es sich denn so im Haus vom Grafen?«, wollte einer von ihnen wissen.

»Na ja«, sagte Nikolai, »wie soll es sich schon leben.«

»Der olle Graf hätte auch nich wegmachen müssen«, sagte der andere, »wer hätte dem schon was getan. Der war doch 'n bisschen malle.«

»Na ja«, sagte Nikolai, »das war eben so ein Mensch.« Er begann mit dem Soldaten ein Gespräch auf Russisch, der sichtlich erfreut war, seine Muttersprache zu hören. Sie blieben höchstens eine halbe Stunde. Mir kam sie wie eine Ewigkeit vor.

Am nächsten Tag bekamen wir wieder Besuch, diesmal in anderer Besetzung. Es gelang mir gerade noch rechtzeitig, in den Park zu entwischen. Der aufheulende Motor des festgefahrenen Autos hatte mich vorzeitig gewarnt. Ein Lob den märkischen Sandkuhlen! Ich hörte die Stimme meines Vaters: »Wieder einer festgebuttert. Ja, ja, Eile mit Weile.«

Beim dritten Mal hätten sie mich dann doch fast erwischt. Ich konnte im letzten Augenblick in unser Plumpsklo flüchten, da waren sie schon auf dem Flur, und ich hörte eine Männerstimme zu Nikolais Sohn August sagen: »Hast du vielleicht hier irgendwo eine fremde Frau gesehen?«

»Hab ich«, sagte August.

Keine Chance mehr. Ergeben setzte ich mich auf die Klobrille. Jeden Augenblick würden sie an der Tür rütteln. Stattdessen klappte die Haustür. Ich schlich mich zum Küchenfenster und sah sie mit August die Dorfstraße entlanggehen. Als sie verschwunden waren, fragte ich Nikolai: »Was hat denn August denen bloß gezeigt?«

»Wahrscheinlich eine alte Flüchtlingsfrau aus Ferchesar, die hier gelegentlich Holz sammelt.«

Dann sahen wir das Auto zurückkommen und am Haus vorbeifahren. Als das Motorengeräusch erstarb, wurde Nikolai unruhig. »Schnell, schnell in den Park! Sie kommen be-

stimmt noch mal zurück, zu Fuß. Das machen sie immer so.«
Und so war es auch. Aber da hatte ich mich bereits zwischen
den Tannen im Park versteckt.

Mit seinen beiden Pferden und zwei Plattenkoffern, gefüllt
mit Wertsachen, die sie für uns aufgehoben hatten, brachte
mich Nikolai nach Ferchesar. Zum Abschied hatten sie sich
alle um den Wagen versammelt, Trägenapps mit Luzie und
Ilse, Oma Mateke mit dreien ihrer Söhne und deren Frauen
und Kindern und Kolbatschs. Jeder gab mir etwas zu essen
mit. »Ich komme bestimmt bald wieder«, versprach ich, wie
beim letzten Mal. Es sollte fünfundvierzig Jahre dauern.

Nikolai ließ die beiden kleinen Stuten traben. »Sind Sie
nicht froh, nun wieder was Eigenes zu haben?«, fragte ich.

Er schüttelte den Kopf. »Mir gehört's ja nicht. Ich bin nur
der Verwalter vom Herrn Grafen.«

In Ferchesar erwartete mich vor der Perle des Westhavellandes ein junger Mann mit einem dreirädrigen Wagen. Das
Verkehrsdezernat hatte ihm den Auftrag gegeben, mich abzuholen. »Wurzeln wollen wir ja hier wohl nicht schlagen«,
sagte er ungeduldig, weil sich einige Ferchesarer eingefunden hatten, um mich zu begrüßen. Auch ich hatte es eilig. Die
Angst, von der Straße weg verhaftet zu werden, war zu groß,
und außer den alten Bekannten gab es viele fremde Gesich-
ter.

Während wir mit dem klapprigen Gefährt über die Land-
straßen hoppelten, schimpfte der junge Mann laut vor sich
hin: »Unsereins will sich 'ne Existenz aufbauen, und denn
muss ick mit meinem kostbaren Gemüsewagen Adlige durch
die Gegend karren. Wat is denn überhaupt in den Koffern
drin?« Ich ließ diese Frage unbeantwortet und gab ihm einen
Teil meiner geschenkten Butter, was die Stimmung sehr ver-
besserte. »Wir sind ja schließlich alle Deutsche und müssen

zusammenhalten gegen die Russen, dieset Kroppzeug. Bin froh, det ick in der amerikanischen Zone lebe. Ach, du meine Fresse, da sind se ja schon wieder, unsere Befreier.« Er deutete auf fünf bewaffnete Russen, die die Fahrzeuge kontrollierten. Sie gaben uns ein Zeichen anzuhalten. »Na, die können mir doch mal«, tröstete er sich selbst. »Ick hab 'n astreinen Fahrbefehl. Und wie sieht's bei Ihnen aus? Irgendwas werden Sie ja wohl bei sich haben.«

»Einen gefälschten Ausweis aus Niedersachsen«, sagte ich.

»Ach, du kriegst de Motten. Det kann ja heiter werden.«

Die Russen musterten mich stumm, als ich auf die Frage nach Papieren nur die Achseln zuckte. Doch der Fahrer meisterte diese verzwickte Situation mit Bravour. Er legte den Arm um mich und zog mich an sich. »Det Meechen hat in der Uffregung seine Papiere vergessen. Kann doch mal vorkommen. So is det nu mal mit de Liebe.« Er gab mir einen Kuss. »Ein kleiner Ausflug mit det Fräulein Braut ins Grüne wird doch wohl noch gestattet sein.« Obwohl sie sicher nur die Hälfte verstanden, nickten sie lachend. Einer setzte sich neben den Fahrer. Mich schickten sie nach hinten. Eskortiert von den beiden anderen, hoppelten wir davon. Die beiden jungen Russen saßen vergnügt neben mir auf dem Plattenkoffer mit der Grafenkrone, aßen Kirschen aus einer Tüte und spuckten die Kerne haarscharf an meinem Gesicht vorbei. Kurz vor Berlin verabschiedeten sie sich. »Doswidanja!«

»Mann«, sagte der Fahrer aufatmend. »Det war ja vielleicht 'n Schreck in de Mittagsstunde. Wie geht's denn meine Braut so?«

»Was Ihre Braut ist«, sagte ich, »die könnte Ihnen jetzt direkt einen Kuss geben.«

Er musterte mich kurz. »Zigaretten wär'n ooch nich schlecht.«

»Bedaure«, sagte ich.

»Macht ja nischt«, sagte er galant. »Nu kommen Se mal wieder an meine grüne Seite. Wo soll ick Ihnen denn absetzen?«

»Bestimmt nicht im russischen Sektor.«

In Berlin musste ich mir die Genehmigung für die Rückfahrt im Militärzug bei einer englischen Dienststelle holen. Der zuständige englische Korporal brachte erst mal Ordnung in die verknäulte Schlange vor seinem Schreibtisch. Energisch schlug er mit einer Reitpeitsche auf den Tisch. Ein Mann mit einer Baskenmütze stürmte an der Schlange vorbei nach vorn. »Nun seht euch diesen Heini an!«, murrte ein Mann. »Kommt sich wohl als ganz was Besonderes vor. Sicher ein Schauspieler oder so.« Kultur lag den Besatzern sehr am Herzen. Aber nicht nur ihnen. Jede Rumpelbude, in der Theater gespielt wurde, hatte Hochkonjunktur, und die Kulturschaffenden hatten es immer eilig. Der Engländer deutete nur stumm mit seiner eleganten Reitpeitsche auf das Ende der Schlange und verharrte so lange in dieser Pose, bis der Zurechtgewiesene gehorchte. »Und wer's zum Korporal erst hat gebracht, der steht auf der Leiter zur höchsten Macht.«

Die Rückreise verlief ebenso bequem wie die Hinfahrt. Auf dem Hof des Wasserschlosses lief mir als Erstes die Frau unseres Gastgebers über den Weg. Sie war vor ein paar Monaten aus der Schweiz gekommen und mit ihren beiden Söhnen eingezogen. Uns erschien die Tochter von John Knittel wie eine Märchenprinzessin: mit ihrem gepflegten blonden Haar, dem man ansah, dass es nicht wie üblich mit Kernseife oder Waschpulver gewaschen wurde, in ihrem hellblauen Angora-Twinset und den hochhackigen Schuhen. Die unteren Räume waren inzwischen von Flüchtlingen geräumt und von ihr mit viel Geschmack eingerichtet worden. Antiquitäten standen, wenn auch etwas ramponiert, genug im Schloss herum, und die kostbaren Möbel kamen endlich zur Geltung. Die Vasen waren mit Blumen gefüllt und die altmodischen dunklen Vorhänge luftigen Gardinen gewichen. Beneideten wir sie darum? Ich glaube nicht. Wir krochen gern aus unseren ärmlichen Höhlen, um gelegentlich die Atmosphäre dort zu schnuppern. Auch war sie eine gute Pianistin, so dass in das Wasserschloss ein wenig »Kultura« einzog. Ihre Eltern kamen regelmäßig zu Besuch. John Knittel war ein großzügiger, stattlicher Mann, der durch seine unkonventionelle, wenn manchmal auch ein wenig exzentrische Art schnell unsere Herzen gewann. Mit seiner Frau ging es uns nicht anders. Sie hielt ihm viel vom Hals und kümmerte sich auch um Verlagsdinge.

Doch lange hielt ich es nicht bei meinen Eltern aus.

»Eine Unruhe hat das Kind«, sagte mein Vater, der sich inzwischen ein Stück Gartenland bei der Gemeinde erkämpft hatte und darin herumwurstelte, kaum dass er von der Arbeit im Wald zurück war.

»Wird ihm denn das nicht zu viel?«, fragte ich meine Mutter besorgt.

»Du kennst ihn ja. Wald und Garten, das ist nun mal sein höchstes Vergnügen. Davon wirst du ihn nicht abbringen.« Meine Mutter hasste Gartenarbeit und weigerte sich in Lochow strikt, sich damit zu beschäftigen, so hartnäckig auch Vater ihr zuredete. »Macht es dir denn gar keinen Spaß, wenigstens die Blumen?«

»Nein«, sagte meine Mutter fest. »Zumindest nicht, sie zu hacken und zu gießen. In der Vase schon.« Und dabei blieb es dann auch.

Diesmal ging die Reise zu meiner Schwester. Im Mai war ihre Tochter Gabriele geboren, die musste ich unbedingt besichtigen. Die Fahrt verlief normal, wenn man davon absieht, dass ich die meiste Zeit stehen musste und mir dauernd jemand seinen Rucksack in den Rücken rammte. Auch mussten wir, wie üblich, in Eichenberg, wo die Grenze zwischen der amerikanischen und englischen Zone verlief, den Zug verlassen, um den Amerikanern sozusagen übergeben zu werden. Nach der üblichen Kontrolle durften wir in die Abteile zurück. Wer einigermaßen Bescheid wusste, verließ den Zug möglichst zuletzt, so dass er in der vorderen Reihe stand und als Erster wieder einsteigen konnte. Auf diese Weise wechselten viele Plätze ihre Besitzer. Den Unmut darüber nahm man gelassen hin, wenn man einen Sitzplatz ergattert hatte.

Den Rest des Weges marschierte ich zu Fuß. Diesmal regnete es ausnahmsweise nicht, wie sonst meist auf meinen Fahrten. Die Isar glitzerte in der Sonne, die Lerchen sangen, die Kühe in den Koppeln drehten die Köpfe nach mir. Ein Jeep hüllte mich in eine Staubwolke, und der Fahrer warf mir quasi als Entschuldigung ein Täfelchen Cadbury-Schokolade zu. Der Weg zog sich hin, aber das machte mir nichts aus. Kein Krieg, keine Tiefflieger, kein mulmiges Gefühl in der Magengegend, ich könnte plötzlich verhaftet werden … Ich fühlte mich rundherum wohl und allen Schwierigkeiten gewachsen. Ich pfiff den Tiger Rag vor mich hin.

Auf dem Schlosshof kam mir meine Schwester mit dem Kinderwagen entgegen, und ich bewunderte meine erste Nichte. Dann kam Buschi um die Ecke gesaust. Er führte einen wahren Freudentanz auf. Ich ging in die Knie und umarmte ihn. Die Mamsell im Schloss hatte ihren großzügigen Tag. Sie servierte mir eine Riesenportion Grießbrei mit Kirschkompott, und ein Bad nehmen durfte ich auch. Das Glück war vollkommen.

8

Auf der Rückfahrt nach Niedersachsen nahm ich mir vor, nun endlich mit meinen guten Vorsätzen Ernst zu machen und mir einen Beruf aufzubauen. Ich war inzwischen Mitte zwanzig. Als Erstes wollte ich mein Englisch aufpolieren, das ich nur sehr mangelhaft beherrschte. Housekeeper wurden damals von der Besatzungsmacht sehr gesucht. So ließ ich mich von einem höheren englischen Marineoffizier, Mr Edmundsen, anheuern. Das Ehepaar war gerade von Hannover nach Kiel übergesiedelt und vorübergehend in einem Hotel untergebracht, da die beschlagnahmte Villa in einem Kieler Vorort erst noch nach ihrem Geschmack hergerichtet werden musste. Das Gehalt war nicht üppig, aber die Naturalien in Form von Zigaretten, Kaffee und Fett, die mir zusätzlich versprochen wurden, lockten mich. Ein kleiner Vorrat zum Tauschen würde den Eltern und mir von Nutzen sein, und totarbeiten würde ich mich sicherlich nicht. Leider hatte ich mich geirrt. Die Freude darüber, jemanden ordentlich herumkommandieren zu können, leuchtete aus Mrs Edmundsens blauen Augen, als sie mich im Schlafzimmer empfing, wo sie gerade ihre Nägel lackierte, während ihre Tochter, die vierjährige Jane, den Inhalt einer Puderdose gleichmäßig über die Möbel verteilte und das Baby auf dem Teppich einer spitzen Schere entgegenzappelte. Mrs Edmundsen war nur ein paar Jahre älter als ich und sehr hübsch. Das einzig Sympathische an ihr war, dass sie jede Zigarette nur anrauchte. So erntete ich reichlich Kippen, sehr zum Verdruss des Zimmermädchens, das bis zu meiner Ankunft dieses Vorrecht genossen hatte.

Meine neue Arbeitgeberin und ich hatten schnell heraus, uns das Leben so unangenehm wie möglich zu machen. So liebte sie es beispielsweise, mitten in der Nacht in meinem Zimmer, das ich mit den Kindern teilte, zu erscheinen und so lange im Schrank herumzukramen, in dem sie ihre Sachen hatte, bis das Baby erwachte und mir die Ohren vollschrie. Ich rächte mich und schickte dem Ehepaar »little Jane«, die bereits seit fünf Uhr »tell me a story« quengelte, über den Hotelflur und lauschte voller Genuss Mrs Edmundsens Flüchen. Dafür jagte sie mich bei Wind und Wetter mit dem Baby auf die Straße. Gefolgt von der heulenden Jane, trabte ich durch Kiel. Der vorsintflutliche Kinderwagen, in dem mühelos Drillinge Platz gefunden hätten, weckte das Interesse der Schwarzmarkthändler.

Kiel war windig. Dass ich eine Ohrenentzündung bekam, rührte meine Chefin wenig. Erst als ich, halb taub, ihre Befehle nicht mehr verstand und ihr mein ständiges »Pardon« auf die Nerven ging, durfte ich zum Ohrenarzt.

Die Nachmittage verbrachte ich meist in dem zukünftigen Heim mit Saubermachen. Die früheren Besitzer lauerten schon an der Gartenpforte, in der stillen Hoffnung, ich würde irgendwann auftauchen und sie hereinlassen, was natürlich streng verboten war. Aber ich hielt mich nicht daran. Es gefiel mir, die Gönnerin zu spielen. Und so schleppten sie unter vielen Dankesworten noch heraus, was nicht allzu sehr auffiel.

Gelegentlich besuchte mich eine Kollegin vom Nachbarhaus, wie ich Housekeeper bei einer englischen Familie und sehr viel erfahrener in diesem Beruf. »Haben sie denn nichts zum Trinken dagelassen, keinen Gin oder wenigstens Nescafé?«, fragte sie. »Dir keine Zigaretten mitgegeben?« Ich schüttelte den Kopf. »Du hast wirklich die geizigste Person aus dem ganzen Offizierscorps erwischt.« Sie sah mich mitleidig an und erzählte mir, was in der englischen Kolonie geklatscht wurde. Wie disgusting die anderen Offiziersfrauen meine Chefin mit ihrer blonden Entwarnungsfrisur (alles nach oben) und den knappen Röcken fänden und dass sie poor Edmundsen nach Strich und Faden betrüge.

Dann zeigte sie mir, wie man saubermacht. »Hauptsache, der Fußboden ist ordentlich nass, wenn sie dich kontrollieren kommt. Der muss richtig schwimmen. Bloß nicht zu sehr in die Ecken gehen, da gucken sie sowieso nicht hin. Die Fenster müssen immer offen sein. Die Engländer sind nämlich die reinsten Frischluftfanatiker, musst du wissen.« Nach diesen wohlmeinenden Ratschlägen verließ sie mich, und ich machte mich ans Schrubben.

Während ich Bettgestelle und Türen abseifte und Schränke mit Papier auslegte, eilten meine Gedanken bereits dem üppigen Abendbrot entgegen, das mich dank Mr Webster erwartete. Ich hatte die Bekanntschaft des englischen Feldwebels am zweiten Tag meines Dienstantritts bei den Edmundsens gemacht. Am ersten Tag hatte ich meine Mahlzeiten noch mit dem übrigen deutschen Personal in der Waschküche einnehmen müssen und wie die anderen zu Mittag eine dünne Kohlsuppe mit viel Kümmel geschlürft. Am nächsten Tag sprach mich auf dem Weg dorthin der Leiter der Küche, ein stattlicher Engländer in der Uniform eines Feldwebels, an. »You are the countess?«, fragte er.

Ich bejahte verdutzt. Woher kannte mich der Mensch?

Er führte mich in einen Nebenraum der Küche, in dem Engländer und Displaced Persons ihre Mahlzeit einnahmen. Die englischen Soldaten am Tisch rückten gutmütig beiseite, um mir Platz zu machen. Aber zwei der Displaced Persons gebärdeten sich wie Hühner, auf deren Stange man einen

Habicht gesetzt hat. Die beschwichtigenden Worte des Feldwebels, ich sei ein Flüchtling, konnten sie nicht beruhigen. So wurde ein Extratischchen für mich bereitgestellt, selbstverständlich mit einem Tischtuch versehen, und von Mr Webster persönlich überwacht, servierte mir ein Küchenjunge bereits zum Frühstück Porridge mit Sahne und Ham and Eggs. Ich hatte es mir längst abgewöhnt, mir allzu viel Gedanken über irgend etwas zu machen. Ein Flüchtling nimmt's, wie's kommt. Weder meine Verwunderung über das Verhalten des englischen Feldwebels – woher kannte er meinen Namen? – noch die bösen Blicke vom Nachbartisch raubten mir den Appetit. Erst vom Zimmermädchen erfuhr ich, was es mit ihm auf sich hatte. Im Zivilberuf war er der Butler eines Herzogs und mit seiner Lordschaft vor dem Krieg viel in Deutschland gereist. Vielleicht war er damals mit einem Mitglied meiner Familie zusammengetroffen.

Mein Glück schien nur von kurzer Dauer. Mr Webster war dienstlich unterwegs, und ich landete wieder in der Waschküche. Meine Landsleute begrüßten mich nicht ohne Schadenfreude. »Na, wieder daheeme?«, fragte mich eine Schlesierin. Doch wie sich herausstellte, war ich nur vorübergehend verbannt. Während des Abendbrotes stieß mich meine Tischnachbarin an. »Da ist dein boyfriend wieder.« Ich blickte von meinem Teller Roter Bete auf und sah Mr Webster in der Tür stehen. Er gab mir ein Zeichen. Meine Gier war stärker als mein Stolz. Eilfertig erhob ich mich und kehrte mit ihm in den Raum für das englische Personal zurück. Trotz meines Widerstrebens schob mich der Feldwebel zu dem Tisch, an dem Engländer und ehemalige Zwangsarbeiter bereits Platz genommen hatten. Auf alles gefasst, blieb ich neben ihm stehen. Aber die Stimmung war umgeschlagen. Einer der Sergeanten sprang sogar auf, um mir den Stuhl zurechtzurücken, und auch die Displaced Persons lächelten mir freundlich zu. Gütig reichten sie mir die vollen Schüsseln. »Mr Webster hat uns erzählt, dass Sie seinem französischen Schwager zur Flucht verholfen haben«, sagte eine Tschechin mit hartem deutschen Akzent. Ich sah Mr Webster an. Er verzog keine Miene. Mich stach der Hafer. »Ich hoffe, es geht Ihrem Schwager gut«, sagte ich in meinem holprigen Englisch. »Excellent.« Mr Webster goss mir eigenhändig den Tee ein.

Meine Chefin machte dieser Idylle schnell ein Ende. Ich musste nun ganz in die Villa übersiedeln, um nachts das Umzugsgut zu bewachen. Es gab bereits die ersten Nachtfröste. Die Villa war dementsprechend kalt, die Decken waren knapp. So stellte ich mir mein Bett in der Küche auf den riesigen Küchentisch und ließ die ganze Nacht den Gasherd brennen.

Gelegentlich schaute Mrs Edmundsen herein, um die Handwerker zu kontrollieren, deutsche Kriegsgefangene, die man zu diesem Zweck aus dem Lager geholt hatte. Sie ging sehr herrisch mit ihnen um, so dass sich die Arbeit auf ein Schneckentempo verlangsamte. Auch mit dem Chauffeur, einem deutschsprechenden, sehr eleganten Polen, kam sie nicht zurande. Obgleich er ihr zu ihrem Entzücken chevaleresk die Hand küsste, war er nie da, wenn sie ihn brauchte, aber um Ausreden nicht verlegen. Einmal sollte ich für das Baby eine Milchflasche besorgen. Sie wollte so lange in der Villa auf uns warten, damit die Handwerker nicht unbeaufsichtigt blieben. Der Kauf der Milchflasche war in zehn Minuten erledigt. Doch der Chauffeur dachte gar nicht daran, zurückzufahren. Wir machten einen hübschen kleinen Stadtbummel, aßen ein ziemlich wässriges Eis und waren erst nach zwei Stunden wieder zurück. »Sorry«, sagte der Chauffeur in respektvollem Ton zu der unglücklichen Engländerin, die schon wie auf Kohlen stand. »Es war in der ganzen Stadt keine Milchflasche aufzutreiben. Glücklicherweise hab ich dann noch einen Tipp bekommen.«

Das Haus wurde immer unwirtlicher. Die Handwerker kamen nicht mehr von der Stelle, und der Umzug rückte in weite Ferne. Da begann Mrs Edmundsen zu weinen. Sie war mit den Nerven am Ende. Ich tröstete sie. »Lassen Sie mich mal machen. Ich krieg das schon hin.« Und sie verschwand mit dankbarem Blick.

Die Handwerker waren gerade bei der fünften Zigarettenpause, als ich mit einem Karton unter dem Arm bei ihnen erschien und wortlos Zigaretten, Schokolade und Kaffee verteilte. Ich hatte ungefragt einen kühnen Griff in die Vorratskiste getan. Es war wie bei den Heinzelmännchen, in kürzester Zeit erstrahlte die Villa in neuer Pracht. Mrs Edmundsen war hoch zufrieden. Ihre Drohung, die Kriegsgefangenen ablösen zu lassen, wenn sie weiter so bummelten, hatte in ihren Augen offensichtlich gewirkt. Nachdem sie gegangen war, tippte sich der Pole vielsagend an die Stirn. Die Handwerker waren nun mal eine Sorte für sich, und ich musste an den wandernden Malergesellen Blumenthal denken. Wenn er nach Lochow kam, wurde er von uns wie ein rohes Ei behandelt, denn sobald ihm irgend etwas nicht passte, ließ er uns mit dem halb fertigen Zimmer sitzen und verschwand.

Acht Wochen später verließ ich die englische Familie und kehrte, reichlich versorgt mit Handelsware, zu meinen Eltern zurück.

Inzwischen war mein Bruder aus der französischen Kriegsgefangenschaft, wo er im Bergwerk unter Tage hatte arbeiten müssen, entlassen worden. Meine Schwester versuchte, aus einem halben Gespenst wieder so etwas wie einen Menschen zu machen. Es musste ihr mit Unterstützung der Mamsell im

Schloss schnell gelungen sein, denn schon bald verliebte sich mein Bruder heftig in ein junges Mädchen, das er gleich nach seiner Rückkehr aus der Gefangenschaft kennengelernt hatte. Wie meine Schwester schrieb, sei das an sich eine erfreuliche Tatsache. Nur, dass sie sich seitdem die Grammophonplatte »Du kleiner Liebesvogel, du« von früh bis spät anhören müssten, sei etwas quälend.

Ich hatte mich beim Kartoffelstoppeln erkältet, und mein Husten brachte die Zimmernachbarn zur Verzweiflung. Meine Mutter zwang mich schließlich, zum Arzt zu gehen. Das Einzige, was er sagte, war: »Ängstliche Mutter.« Einige Zeit später kam ich keine Treppe mehr hinauf und konnte, um überhaupt Luft zu bekommen, nur noch aufrecht im Bett sitzen. Diesmal stellte der Doktor eine leichte Bronchitis fest. Als mir das Wasser fast aus dem Mund lief, brachte man mich nach Hildesheim ins Krankenhaus. Es war ein ehemaliges Lazarett und nicht gerade komfortabel. Sie behielten mich gleich da. »Na ja, es wird nicht ewig dauern«, tröstete ich mich. Der Arzt sah mich freundlich an. »Wenn Sie Glück haben, ein halbes Jahr.« Ich hatte keins. Es wurden sechs.

9

Das ehemalige Lazarett besaß den Charme einer Turnhalle und roch auch so. Mit Lysol ging man früher großzügig um. Es war sozusagen das Parfüm, mit dem man den Krankenhausmief überdeckte und dessen stechender Geruch einem ständig in die Nase drang. Wie fast alles damals waren auch die Krankenzimmer in einem desolaten Zustand. Wer nach der Schwester klingeln wollte, musste unter seinem Bett zwei Drähte zusammenführen. Die Funken sprühten, und die Glocke auf dem Flur schrillte. Einen Klingelkasten mit Nummern gab es nicht. So rannte die Schwester von Zimmer zu Zimmer, riss die Tür auf und fragte: »Waren Sie's?«, was zwangsläufig sehr viel Unruhe mit sich brachte. Das winzige Zimmer, in das man mich steckte, besaß weder einen Schrank noch Gardinen, und es kostete die Schwester große Mühe, für mich eine zweite Wolldecke aufzutreiben. Auch an eine Nachttischlampe war nicht zu denken. Immerhin hatte es ein Waschbecken, fast ein Luxus. Das Krankenhaus war noch überwiegend mit Kriegsversehrten belegt, und wenn ich zum Punktieren in den Behandlungsraum ging, rutschten sie auf den an ihren Stümpfen angebrachten Rollbrettern die Flure entlang und demonstrierten mir, dass es Schlimmeres gab.

Die Tuberkulose hielt sich nicht lange in meiner Lunge auf. Sie begann sich im Körper auszubreiten. Medikamente gegen diese Krankheit gab es nicht. Aber man bekam eine bessere Verpflegung und hin und wieder sogar einen Bückling, auf den die Nachtschwester besonders scharf war. Meist blieb er übrig, denn mein Appetit war wegen des hohen Fiebers und der Schmerzen sehr gering. Die Schwester erschien dann nachts alle Augenblicke in meinem Zimmer und glättete mir so lange das Kopfkissen, bis ich ihn ihr schenkte. Danach ließ sie mich in Ruhe.

Nicht nur sie wusste diese Sonderration zu schätzen. Zur Mittagszeit fanden sich erstaunlich viele Besucher ein, maßen sich gegenseitig mit scheelen Blicken – »ihr kennt euch?« – und zählten mir jeden Bissen in den Mund. Während ihre Zungen langsam über die Lippen wanderten, beteuerten sie mir immer wieder, wie wichtig es in meinem Zustand sei, ordentlich zu essen. »Diese Bratwurst, da läuft einem ja das Wasser im Mund zusammen! Nun zwing dich mal ein bisschen.« Wenn ich ihnen dann meinen vollen Teller zuschob, zierten sie sich nur kurz. Der Abschied war dann meist eher hastig. »Du brauchst jetzt unbedingt deine Mittagsruhe.« Die Hilfsschwester blickte beim Aufräumen enttäuscht auf die leeren Schüsseln. »Zu schmecken scheint's Ihnen ja wieder«, sagte sie säuerlich. Ich selbst war überwältigt von der starken Anteilnahme, die man mir entgegenbrachte. Was musste ich für ein netter Mensch sein! Nach der Währungsreform allerdings flaute das Interesse ab, und nur ältere, entfernt mit uns verwandte Damen schauten gelegentlich herein und versuchten, mich mit ihren eigenen Leidensgeschichten aufzumuntern.

So blieb mir reichlich Zeit für ein kontemplatives Dasein. Zuerst begann ich, über mein Leben nachzudenken. Es gab kaum etwas darin zu finden, was die Sache wert schien. So nutzte ich die in meiner Familie besonders ausgeprägte Fähigkeit, sich Tagträumen hinzugeben. Das passierte oft genug zu Hause bei Tisch und wurde auch nicht durch die üblichen Aufforderungen »Gib mir bitte mal die Butter«, »Nein, nicht diesen Käse, den anderen« unterbrochen. Manchmal war nur einer von uns davon betroffen, manchmal fielen wir gemeinsam in abruptes Schweigen, was Besucher sehr irritierte, besonders, wenn wir ebenso abrupt wieder zu sprechen begannen, und zwar jeder von etwas anderem, so dass die Unterhaltung fast etwas Surrealistisches bekam und der ratlose Gast sich vergeblich mühte, unseren Gedankensprüngen zu folgen. Meist war es erst unser Bernhardiner Möpschen, der das Gespräch in eine gemeinsame Richtung brachte. Er erschien wie immer mit triefenden Lefzen, und die Familie sagte fast einstimmig: »Mein Gott, was sabbert dieser Hund bloß wieder.«

Bis auf meine Mutter, die als junges Mädchen Gedichte deklamieren musste, um sich das Nuscheln abzugewöhnen, und uns gern Mörikes Feuerreiter zitierte – »Feuerreiter, wie so kühle / reitest du in deinem Grab / husch, da fällt's in Asche ab / Ruhe wohl, ruhe wohl, drunten in der Mühle« – und die ihre Eltern zur Erweiterung ihres geistigen Horizontes vier Wochen nach Paris geschickt hatten, hielt sich unsere Bildung sehr in Grenzen. Aber in der Abgeschiedenheit, in der wir lebten, hatte sich die Phantasie stark entwickelt. Sie tröstete mich jetzt und war mir behilflich, die schönsten Geschichten zu erfinden und sie in meinen Träumen fortzusetzen. Wenn man mich weckte, war ich in der Lage, mich zu waschen, mir die Zähne zu putzen und die Haare zu kämmen, in meinem Lodenmantel – einen Bademantel besaß ich nicht – über den Flur zum Klo zu schlurfen, ein paar flotte Sprüche mit den männlichen Patienten zu wechseln und, kaum wieder in meinem Bett, sofort in den unterbrochenen Traum zurückzukehren.

Bei der Visite sprachen die Ärzte halblaut miteinander, sagten ein paar freundliche Worte und verließen achselzuckend das Zimmer.

Das Frühjahr '48 kam und mit ihm königlicher Besuch. Die Tochter des letzten Kaisers, Viktoria Luise, und ihre Söhne hatten sich angesagt. Die Aufregung war groß. Das letzte Stück Kernseife, der letzte Fetzen eines Scheuerlappens wurden verbraucht, und mein Zimmer füllte sich mit Schwestern, die von mir in aller Eile den Hofknicks lernen wollten. Wie redete man die Herzogin überhaupt an? »Am besten gar nicht«, sagte ich mürrisch, weil man mich in meiner Mittagsruhe gestört hatte. Als ich allerdings erfuhr, dass auch ich zu den Auserwählten gehörte, die die Herzogin besuchen würde, ließ ich mich von der allgemeinen Aufregung anstecken und verlangte energisch nach frischer Bettwäsche.

Ihre Königliche Hoheit, in einen buntbedruckten Plisseerock gekleidet, auf dem Kopf einen kleinen Hut aus Stoffblumen, setzte sich ungeniert auf mein Bett und begann ein lebhaftes Gespräch mit mir. Sie fragte mich nach meinem Onkel aus, dem Bruder meiner Mutter, der, wie der Herzog, Zietenhusar in Rathenow gewesen war. Was die Herzogin über ihn zum Besten gab, hätte meine Familie sehr erstaunt. Sie beugte sich zu mir herunter. »Ein Teufelskerl und für jeden Spaß zu haben«, sagte sie, und ihre Augen glänzten. Allerdings wohl nicht nur in der Erinnerung an vergangene schöne Zeiten, denn der leichte Duft, den ich nun wahrnahm, ließ auf eine gewisse Vorliebe für bestimmte Getränke schließen.

Bald darauf besuchte mich meine Schwester mit meiner zukünftigen Schwägerin, einem hübschen Mädchen in einem flotten geblümten Kleid, mit der wir ernst sprachen, wie früher mit den Neuen im Internat. Hatte sie sich das auch alles gut überlegt? Sie hatte. Wovon wollten sie überhaupt leben? Es gab doch da vieles zu bedenken. Zum Beispiel, dass mein Bruder erst eine Ausbildung haben musste. Wir redeten mit ihr wie mit einem unmündigen Kind. Dabei war sie Krankenschwester und hatte im Krieg im Lazarett gearbeitet. Dass sie aus einer guten Familie stammte, war ja schon mal eine Beruhigung.

Im April '48 wurde ich als hoffnungsloser Fall entlassen. Nun hatte die Familie ihre Last mit mir. Sie mühte sich redlich, wenn auch mit wachsender Verzweiflung. Vielleicht würde mir ein Klimawechsel guttun. So wurde ich nach Bayern zu meiner Schwester gebracht. Einen Schlafwagen gab es natürlich nicht, aber einen Gepäckwagen, der für Notfälle wie mich mit Betten ausgestattet worden war. Man brauchte dafür eine Sondergenehmigung. Wie das aber nun mal im Leben ist, profitierten davon nur zur Hälfte die Kranken. Die Dame im Bett über mir gestand, dass sie in die Berge zum Skifahren wollte. Ich fand das erstaunlich. Irgendwo unterwegs bremste der Zug so stark, dass sie aus dem Bett fiel und sich das Bein brach. Der Gerechtigkeit war Genüge getan.

Das Barockschlösschen und das kleine Dorf in Bayern hatten sich in den letzten Monaten mehr und mehr mit Vertriebenen gefüllt, die aus den Durchgangslagern zugewiesen worden waren, darunter auch Angehörige meines Schwagers aus Schlesien. Sie waren, bis auf die üblichen Plünderungen, die drangvolle Enge in den Zügen, in die man die Ausgewiesenen gesteckt hatte, und die ständigen Bedrohungen, denen sie zuvor in den Dörfern ausgesetzt waren, vom Schlimmsten verschont geblieben, wobei ihnen die aufflammende Feindseligkeit zwischen Polen und Russen zugute gekommen war. Wenn es kritisch wurde, hatten ihnen die Polen gegen die Russen geholfen und die Russen wiederum gegen die Polen.

Ich wurde im Wohnzimmer meiner Schwester einquartiert und verbrachte meine Tage und Nächte auf einem ziemlich kurzen Sofa. Natürlich musste dieses Zimmer von der Familie mitbenutzt werden. So herrschte lebhafter Betrieb, was anstrengend, aber auch wieder unterhaltsam war.

Ähnlich wie im Krankenhaus, begann der Tag für mich früh. Zwischen fünf und sechs Uhr morgens verdichteten sich die Geräusche auf dem langen Flur des Seitenflügels, an dem in jedem Zimmer eine Flüchtlingsfamilie wohnte. Türen klappten, Kinder heulten, und die Männer, soweit überhaupt vorhanden, herrschten ihre Frauen an: »Wo ist mein Frühstücksbrot? Wo ist meine Mütze?«, und drohend zu dem zahlreichen Nachwuchs: »Dass ihr mir nicht wieder vergesst, Holz zu holen.«

Unter mir in der Remise rumorten die Karnickel, deren Ställe sich bis zur Decke stapelten. Buschi, der bei mir schlief, streckte sich, sprang auf die Klinke und verließ das Zimmer.

Noch bevor mir meine Schwester das Frühstück brachte, erschien eines der Flüchtlingskinder, ein Mädchen von vielleicht fünf Jahren. Es zog sich einen Stuhl heran und starrte mich an. Vergeblich versuchte ich, ein Gespräch mit ihm anzuknüpfen. Das Kind reagierte nicht. Es saß nur schweigend da und beobachtete mich mit kaltem Wissensdrang. Nur einmal unterbrach es sein Schweigen. »Wann stirbst du denn nun endlich?«, fragte es, und nach einer Weile: »Die Oma lebt auch immer noch.«

Der Oma ging es wie mir. Auch in ihrem Zimmer quirlte das Leben, tobten die Kinder, die das Bett der Kranken gern als Versteck benutzten. Als sie nach Monaten endlich eine Kammer für sich bekam, rief sie oft mit klagender Stimme: »Immer alleene!«

Pünktlich um zwölf stellten sich befreundete oder verwandte Flüchtlinge von außerhalb ein. »Wir wollten nur mal vorbeischauen, wie es euch so geht.« Sie bewunderten pflichtschuldig Gabriele, die ihnen zornig entgegenbrüllte, sogen sehnsüchtig den Duft des auf dem Herde dampfenden Sauerkrauts ein und meinten, ohne sich vom Stuhl zu rühren: »Wir hoffen, wir fallen euch nicht gerade ins Essen.« Dankbar löffelten sie dann die Erbsensuppe, die meine Schwester wohl oder übel mit Wasser strecken musste.

Am Abend füllte sich der Raum mit Kartenspielern. Zwischendurch erhitzten sich die Gemüter über die politische Lage. Man rätselte, ob es eine Währungsreform geben würde, oder schmiedete Zukunftspläne, wobei auch der größte Schwachsinn, wie zum Beispiel die Zucht von Chinchillas oder Nerzen, die sagenhafte Einnahmen verhieß, ernsthaft diskutiert wurde. An meinen Zustand hatte sich jedermann gewöhnt.

Der kleine Liebesvogel war, zur Erleichterung meines Schwagers, verstummt. Mein Bruder war zu seiner Braut nach Berlin gezogen, wo im Juni geheiratet wurde. Außer einer Kusine konnte niemand von uns an der Hochzeit teilnehmen, weil es Schwierigkeiten gab, rechtzeitig eine Erlaubnis für den Interzonenzug zu bekommen. Wir trösteten uns mit dem Brief der Kusine, die uns von dieser wundervollen Hochzeit vorschwärmte, auf der es reichlich zu essen und zu trinken gab und die Ansprache des Pastors so prachtvoll und zu Herzen gehend war, dass sie gar nicht aufhören konnte zu weinen.

Die Währungsreform machte mich durch das zusätzliche Krankengeld, das ich nun bekam, zum Krösus der Familie. Es traf eben immer die Falschen. Ich wollte mir unbedingt von dem neuen Geld ein Paar Schuhe kaufen, und so brachte mir meine Schwester einige Paar zur Auswahl mit. Ein Paar hellbraune Halbschuhe, deren Sohlen wie Speck aussahen, stachen mir sofort ins Auge. »Die nehm ich«, sagte ich und betrachtete sie wohlgefällig, wie sie, viel zu klobig wirkend, an meinen spindeldürren Beinen hingen. »Wann willst du die denn anziehen?«, fragte meine Schwester.

»Nur keinen Neid«, sagte ich, »ich kann sie dir ja mal borgen.« Und schon war ich, ehe sie auf das großzügige Angebot reagieren konnte, wieder in meinen Fieberrausch weggetaucht.

Mein Zustand verschlechterte sich, und der Arzt stellte eine Bauchfellvereiterung fest. Meine Schwester brachte mich ins Krankenhaus. Ich musste operiert werden, ausgerechnet an meinem sechsundzwanzigsten Geburtstag. An meinem Zustand änderte sich dadurch nichts, und so wurde ich bald wieder entlassen. Der Hausarzt ließ sich nur noch selten blicken. Schwerkranke Patienten hatte er zu Dutzenden zu versorgen, und bei den anderen war wenigstens noch etwas Hoffnung.

Der Tod hatte sich eingenistet, aber niemand störte sich daran. Die meiste Zeit nahm ich die Familie nur noch als Geräuschkulisse wahr, wenn sie redeten, stritten, lachten, pfeifend ins Zimmer kamen oder einander etwas zuriefen. Wenn der Schmerz abebbte, wichen die Wände des Zimmers, und die Fieberträume versetzten mich mal in fremde Länder, als wären Märchen und Sagen wahr geworden, mal in die Lieblingsecken meiner Kindheit. Ich lief durch die Laake, durchs Luch oder die Schonung, die meinen Namen trug. Wir spielten Versteck im Dunkeln, Himmel und Erde und Länderverteilen. »Guten Tag, guten Tag, Fräulein Hopsasa, was macht denn Fräulein Tralala. Ich danke schön, ich danke schön, ich werd mich gleich erkundigen gehn«, murmelte ich vor mich hin. Die plötzliche Stille im Zimmer brachte mich in die Wirklichkeit zurück. Sie starrten mich an. »Wir haben kein Morphium mehr«, sagte mein gutherziger Schwager ganz verstört. Und Buschi leckte mir die Hand.

Jedes Medikament, das Hoffnung versprach, wurde ausprobiert, von Arsen – büschelweise fielen mir die Haare aus – bis zur Schmierseife, und zu guter Letzt stand sogar ein Wunderheiler zur Diskussion. Glücklicherweise wurde er rechtzeitig eingesperrt, und wir sparten viel Geld.

Im Herbst kehrte ich nach Niedersachsen und in die blaue Gruft zurück. Das von Nikolai Kolbatsch gehütete und von mir über die Grenze geschmuggelte Silber schmolz dahin. Morphium und Transport hatten ihren Preis. Diesmal war in einen Waggon ein einziges Bett gestellt worden und ein bequemer Stuhl für eine Rote-Kreuz-Schwester, die mir meine Spritzen geben sollte. Sie war selig. »Endlich komm ich mal wieder nach Hannover. Und das auf eine so bequeme Weise.« Sie schlief die meiste Zeit und hielt nur auf den Bahnhöfen die Reisenden zurück, die unbedingt einsteigen wollten. »Ein ganzer Waggon für eine Person! Fängt das schon wieder an? Es ist doch überall das Gleiche mit den Bonzen!«, erregten sie sich.

Die Gruft empfing mich mit eisigem Hauch, der sich im Winter in glitzernden Kristallen an der Wand niederschlug. Meine Mutter und die Nachbarn pflegten mich. Dass ich nicht essen wollte, machte sie grimmig, wo sie sich doch solche Mühe gaben. Einfach undankbar, so ein Kranker!

Ich hatte mir schon ein Jahr davor auf dem Schwarzmarkt ein Gerät gekauft, das noch aus Wehrmachtsbeständen stammte und mit dem man gleichzeitig empfangen und senden konnte. Es war ein riesiger Kasten mit zwei Lautsprechern. Wenn ich nicht schlafen konnte, spielte ich daran herum. Die geheimnisvollen Stimmen, die in verschlüsselter Form Schwarzmarktpreise durch den Äther raunten, waren zwar nach der Währungsreform verstummt, dafür gab es am 12. November '48 in den Westzonen einen eintägigen Generalstreik. Über neun Millionen legten die Arbeit nieder. Eine Sensation für uns. Gleichwohl interessierte mich diese Nachricht weniger als die Sendung »Kleine Feste, frohe Gäste«. Auch den Suchdienst des Roten Kreuzes hörte ich mir täglich an. »Gesucht wird … das letzte Mal gesehen.«

Mein Fieber war jetzt nicht mehr ganz so hoch, und ich las wieder alles, was man mir auf die Bettdecke legte. Viel Raunendes noch aus der großdeutschen Zeit, in der die Frauen edel und keusch waren. Viele Bücher kamen vom Krüger-Verlag in Berlin, bei dem John Knittel seine Bücher verlegte und die mir seine Tochter zur Zerstreuung brachte. Zu den deutschen Autoren gesellten sich später Hemingway, Steinbeck, Saroyan und andere, die sich auf den Anmarsch in die deutschen Bücherschränke gemacht hatten.

Zu Weihnachten brachten sie mich vorübergehend in eine Heilstätte in Hannover, damit sich meine Mutter bei meiner Schwester von der Pflege erholen konnte. Es war nicht leicht gewesen, sie dazu zu überreden.

In dieser Zeit war es schwierig, gute Ärzte zu finden. Entweder waren sie noch in Gefangenschaft, zu alt oder politisch belastet. Doch unter den Belasteten gab es sehr Tüchtige, und einem Patienten ist es egal, wie viel Dreck am Stecken ein Chirurg hat. Hauptsache, er versteht etwas von seinem Handwerk. Ein Problem, das nicht nur die Medizin betraf.

Ich bekam ein Einzelzimmer zum Park hinaus, was mir normalerweise sehr behagt hätte. Aber die Atmosphäre des Krankenhauses war so düster, dass ich es mit der Angst bekam. Die lauwarmen Mahlzeiten wurden einem in einer Art Hundenapf hingeknallt und die kalte Verpflegung nicht weniger lieblos. Ein Patient im Nachbarzimmer rief die ganze Nacht: »Schwester, Schwester, machen Sie doch bitte Licht! Ich will nicht im Dunkeln sterben!« Statt ihn zu trösten, herrschte sie ihn an: »Nun nehmen Sie sich mal ein bisschen zusammen!« Das Licht blieb aus.

Ich ließ mich nach einigen Tagen auf eigenes Risiko entlassen, was damals sehr viel schwieriger war als heute. Immerhin bestellten sie gnädig einen Krankenwagen für mich. Ungerührt sah mir die Stationsschwester zu, wie ich mit meinem Handgepäck den Flur entlangkeuchte. Der Fahrer des Krankenwagens war ganz außer sich, als er sah, in was für einem Zustand ich mich befand – »Bei Adolf hätt's so was nicht gegeben«, ein beliebter Satz damals –, und als ich schwer atmend neben ihm Platz genommen hatte, bot er mir mitleidig eine Stulle mit Blutwurst an. Ich dankte schaudernd.

Die Wohnung im Kavaliershaus, die ich mir mit anderen Flüchtlingen teilte, war verlassen und mein Zimmer so ausgekühlt, dass die Eisblumen nicht nur am Fenster funkelten. Ich versuchte, den kleinen eisernen Ofen in Gang zu bringen, was mir nur mühsam gelang. Erschöpft ließ ich mich auf einen Stuhl fallen, nicht mehr in der Lage, mich auszuziehen und ins Bett zu kriechen. Im Hause war es totenstill. Ich saß und starrte in die Flammen, die sich langsam durch die Holzscheite fraßen. Zum ersten Mal weinte ich.

Das Frühjahr '49 war vergangen, die Berliner Blockade beendet. Corri schrieb, es sei eine ganz schön happige Zeit gewesen. Auch den Sommer verbrachte ich in der Gruft. Nur gelegentlich, wenn es mir besser ging, schlurfte ich auf die Veranda der Nachbarin, blinzelte ins Sonnenlicht und freute mich an dem Weizenfeld hinter dem Park, über das der Sommerwind strich. Ich sah zu, wie es langsam reifte und abgeerntet wurde, während ringsherum alle über die ersten Wahlen des Deutschen Bundestags redeten, die am 14. August stattfinden sollten, und rätselten, ob Konrad Adenauer wohl das Rennen machen würde. Viele schwankten, ob sie statt der CDU nicht lieber die Partei der Heimatvertriebenen wählen sollten. Die wussten wenigstens, wie einem Flüchtling zumute war, und pochten auf das Recht an der alten Heimat. Dieser Adenauer war zwar ein cleverer Bursche, aber doch sehr katholisch. Und dann auch noch Rheinländer!

Mich interessierten die Briefe von zu Hause mehr. Erna hatte inzwischen ihren Heinz geheiratet und war nach Wassersuppe gezogen, wo sie einen kleinen Hof auf Leibrente erworben hatten. Auch von Eva Janicke erhielt ich einen Brief. Sie durfte als Enteignete nicht einmal mehr bei ihren Verwandten in Witzke bleiben. Auf Anordnung der Behörde musste die gesamte Familie nach Wittenberge übersiedeln, wo sie eine Wohnung zugewiesen bekam. »Stell Dir vor, als wir da ankamen, war nichts organisiert, kein Dach über dem Kopf, ja, nicht mal ein Bett. Das Ganze dauerte so drei Tage, in denen wir praktisch auf der Straße kampiert haben. Aber dann, wie die Möbel herbekommen! Eine Rennerei! Und immer wieder musst du dich mit einem Nein begnügen. Zwei Wochen hat es gedauert. Wir schliefen auf der blanken Erde und mussten solange Säcke vor die Fenster hängen. Es war ein schwerer Anfang und ein schweres Eingewöhnen. Doch wenn hinter einem ein ›Du musst‹ steht, dann geht es auch. In Ferchesar auf unserem Hof war ich schon lange nicht mehr. Ach, es ist nun mal so furchtbar schwer. So hat jeder sein Päckchen zu tragen.«

Im Herbst verschlechterte sich mein Befinden zusehends, und ich musste nach Hildesheim in ein katholisches Krankenhaus. Dort war ich das Hätschelkind der Nonnen, weil ich im Gegensatz zu den anderen Patienten nicht die üblichen drei Wochen, sondern gleich drei Monate blieb. Sie gaben mir ein Einzelzimmer und verwöhnten mich bereits zum Frühstück mit Bohnenkaffee und sogar einem weichen Ei. Die Stationsschwester zweigte beides unbekümmert von dem ihr zur Aufbewahrung gegebenen Vorrat einer Bäuerin ab. Hin und wieder legte sie auch eine ordentliche Scheibe Schinken dazu. Die Bäuerin, fand sie, war sowieso zu dick.

Mein schmales Zimmer mit der hohen Decke wurde bald Zufluchtsort für herumgehetzte, erschöpfte Schwesternschülerinnen. Das Wischtuch in der Hand, saßen sie sprungbereit auf dem Stuhl und machten ein kurzes Nickerchen. Die Ärzte wiederum betrachteten den Raum mehr als eine Art Kasino. Man traf sich zu einem kleinen Plausch, rauchte seine Zigarette, machte die Beine lang und diskutierte über das Für und Wider einer eigenen Praxis, die Schwierigkeit, mit der wohlhabenden Schwiegermutter umzugehen, die leider, leider das Sagen hatte, und wie man endlich zu einer eigenen Wohnung kommen könne.

Die Nonnen erregten sich über die Schwesternschülerinnen, weil sie den Fahrstuhl benutzten, anstatt, wie es sich für so junge Dinger gehörte, die Treppe, und tuschelten auch über die angeblich koketten Blicke, die sie den Ärzten zuwarfen, fanden aber andererseits, dass der liebe Gott den Menschen für die Liebe geschaffen habe, und begannen, sich in dieser Hinsicht Sorgen über mich zu machen. Ließen sich denn bei dieser Patientin überhaupt keine Herren blicken? Mein einziger Verehrer war ein Blutspender, der sich in der Tür geirrt hatte, ein junger, schmächtiger Mann mit brennenden Augen. Er besuchte mich täglich, und wann immer ich aus meinem Fieberschlaf erwachte, saß er neben meinem Bett und starrte mich an. Die frommen Schwestern waren entzückt, missbilligten aber meinen amerikanischen Armeepullover, den ich im Bett trug. Sie brachten mir ein selbstge-

häkeltes hellblaues Bettjäckchen, in dem ich wie ein Kaffee-
wärmer aussah, und kämmten mir immer wieder die Haare.
Mir wurde mein fast stummer Verehrer unheimlich. Was
glotzte der Mensch so sinn- und zwecklos? Ab und zu versuchte ich, ein Gespräch in Gang zu bringen, aber es war aus
ihm nichts herauszuholen. Ich wusste weder, woher er kam,
noch, was er tat. Ich muckte auf und ließ ihn wissen, ich
würde auch gern mal wieder allein sein. Meine Bitte ließ ihn
ungerührt. »Ich störe Sie ja nicht«, sagte er, »ich will Sie ja
nur ansehen.« Tagtäglich kam er mit den gleichen Blumen,
einem kleinen Sträußchen Usambaraveilchen. Ich schenkte
sie an die Nonnen weiter, die damit den kleinen Altar am
Flurende schmückten.

Schließlich bat ich den Stationsarzt um ein anderes Zimmer. Betrübt befolgten die Nonnen seine Anweisung, den
jungen Mann auf keinen Fall über meine Verlegung zu informieren. Kaum war ich umgezogen, hörte ich meinen sonst so
friedlichen Freund auf dem Flur randalieren. Der Stationsarzt
musste den verängstigten Nonnen zu Hilfe kommen. Seine
Erklärung, man habe mich in ein anderes Krankenhaus verlegt, wollte der Junge nicht glauben. Vielleicht hatten sie
mich ja umgebracht. Unter wüsten Verwünschungen verließ
er schließlich die Station. Ein Halbverrückter. Das war nun
alles, was das Leben mir noch zu bieten hatte. Bedauerlich,
aber anscheinend nicht zu ändern.

Große Aufregung gab es bei den Ärzten, als von der Krankenkasse eine Anfrage kam, ob sich der medizinische Auf-
wand bei mir überhaupt noch lohne. In den Nachkriegsjah-
ren ging man mit Kranken nicht allzu zimperlich um, und in
dem Fragebogen für die Wohlfahrt stand: »Sind Sie asozial?
Wenn ja, warum?« Die Mitteilung an Tbc-Kranke, wann und
wo sie die Kur anzutreten hatten, glich mehr einem Gestel-

lungsbefehl, mit dem Vermerk: »Nichtbefolgung zieht Zwangs-maßnahmen nach sich.«

Aber es ging aufwärts mit mir. Die Röntgenbestrahlung zeigte erfreuliche Wirkung. Ich nahm zehn Pfund zu, die Blutwerte besserten sich, und die Schmerzen wurden erträglich. Ich sah der Zukunft wieder optimistisch entgegen und hörte mir den Schwestern zuliebe geduldig die Andacht an. Bisher hatte ich den Lautsprecher über der Tür, durch den sie aus der Kapelle übertragen wurde, häufig abgestellt, was die Nonnen betrübte. Sie drohten mir dann jedes Mal ein wenig mit dem Finger und stellten den Lautsprecher wieder an. Sie gaben sich wirklich viel Mühe, die Guten, und bereiteten mir ein üppiges Weihnachtsfest mit einem Tannenbäumchen, selbstgebackenen Keksen, einem Stück Seife und zwei Hand-tüchern, die ich, man sollte es kaum glauben, noch heute benutze. Unter der Weihnachtspost waren auch Briefe aus Lochow und Ferchesar. Ilse und Luzie Trägenapp waren Adventisten geworden, und Frau Behrend, unsere langjährige Postfrau und Patentante meiner Nichte Gabriele, schrieb: »Vergesst Eure alte Heimat nicht und denkt daran, wie's daheim war, wo die Wiege stand.«

10

Im Januar '50 kehrte ich in meine Gruft zurück, nur ungern, denn ich hatte mich an das Leben im Krankenhaus gewöhnt. Auf der Fahrt durch Hannover war ich beeindruckt von den hellerleuchteten Schaufenstern und den Straßenlampen. Auch sonst hatte sich vieles verändert. Der Aufbau war in vollem Gang.

Der Chefarzt in Hildesheim hatte für mich einen Aufenthalt im Gebirge empfohlen. Die Höhenluft würde meinen Körper kräftigen und die Gesundheit stabilisieren.

Meine Mutter machte eine Spezialklinik im Allgäu ausfindig, und die LVA war bereit, einen Teil der Kosten zu übernehmen. Den Rest mussten die Eltern über einen Kredit finanzieren. Dafür brauchten sie einen Bürgen. Einen Bürgen in dieser Zeit – der war fast so schwer zu finden wie die berühmte Stecknadel im Heuhaufen. Ausgerechnet ein hoher, gerade aus amerikanischer Kriegsgefangenschaft entlassener ehemaliger SS-Führer, der von unserer Lage gehört hatte, bot sich uns als Einziger an.

»Was machen wir denn nun?«, sagte Vater.

»Wir nehmen's an«, sagte Mutter.

Im Frühjahr brachte sie mich in die Allgäu-Klinik, die schon von außen in der Berglandschaft sehr schmuck aussah. Das Krankenzimmer, in das man mich einwies, glich eher einem Salon. Die Schwester zeigte sich beflissen. »Der Herr Chefarzt werden gleich zu Ihnen kommen, Frau Gräfin.«

Meine Mutter ließ sich auf einen Biedermeiersessel fallen.

»Mein Gott, die denken, du bist Privatpatientin! Das ist ja furchtbar! Wie sollen wir das bezahlen?« Meine sonst so couragierte Mutter wäre fast in Tränen ausgebrochen.

Es klopfte an der Tür. Der Chefarzt erschien, ein kleiner, wieseliger Mann von unpersönlicher Freundlichkeit. Er begrüßte mich mit gütigem Blick, küsste meiner Mutter die Hand und sagte zu ihr, so, als wäre ich gerade siebzehn: »Wir werden Ihr Töchterchen schon wieder in Ordnung bringen.«

Meine Mutter verfärbte sich. Dieser peinlichen Situation war sie nicht gewachsen. Ich ergriff die Initiative. »Ich bin nur für die dritte Klasse vorgesehen, Herr Doktor«, sagte ich, »das muss eine Verwechslung sein.«

Sein Lächeln verschwand. So interessant war Uradel nun auch wieder nicht. »Ich werde mich kümmern.« Er nickte uns kurz zu und hatte das Zimmer bereits verlassen, ehe wir uns von dem Schreck erholen konnten.

Im Handumdrehn lag ich in einem Dreibettzimmer. Auch von dort hatte ich einen herrlichen Blick auf die Berge, und das Zimmer war durchaus komfortabel. Meine beiden Leidensgenossinnen lagen seit Monaten im Gips. Sie hatten wie fast alle Patienten dieser Klinik eine Knochentuberkulose. Sie durften nur auf dem Rücken liegen und konnten nur mit Hilfe eines Spiegels die Mahlzeiten zu sich nehmen. Sie lagen im Schnitt ein halbes Jahr und länger in dem harten, unbequemen Gips und durften sich kaum bewegen. Wenn der Gips entfernt wurde und sie zum ersten Mal auf dem Bettrand saßen, weinten sie vor Schmerzen, wenn das Blut in die Beine schoss.

Ich wurde von ihnen heftig beneidet. »Sie haben es gut, Sie können herumlaufen.« Darüber hatte ich noch gar nicht nachgedacht. Ich schämte mich.

Als der Kredit aufgebraucht war, verließ ich die Klinik.

Meine Schwester holte mich aus der Klinik ab, und ich verbrachte den Sommer '50 in Bayern. Die Frau, mit der sie bisher die Wohnung geteilt hatte, war ausgezogen, so dass Gabrielchen nicht mehr bei den Eltern schlafen musste. Sie war inzwischen zu einer niedlichen Dreijährigen herangewachsen und sagte, als ihre Mutter sie aufforderte, mich zu begrüßen, ihr vertrautes »Nein!«. Buschi dagegen konnte sich vor Freude wieder mal nicht lassen. Er tobte den Flur entlang und nahm mein Handgelenk so fest in seine Schnauze, dass ich Mühe hatte, wieder von ihm loszukommen.

Ich hatte diesmal eine kleine Kammer für mich. Die alte kranke Frau – »Immer alleene!« – war gestorben. Gabrielchen überwand ihre Schüchternheit und zeigte mir die Geburtstagsgeschenke ihrer Patentante Behrend aus Ferchesar: zwei Holzpferdchen und zwei Kühe und, von Vater Behrend ebenfalls geschnitzt, ein Püppchen. Auch im Pferdestall konnte man seine Geschicklichkeit in Form von Holzschaufeln und Schwingen für das Futter bewundern.

Meine Schwester hatte die Briefe von zu Hause für mich aufgehoben, darunter auch einen Brief von Maria Mateke. »Meine liebe und teure Gräfin! Unser aller Wunsch ist es, wenn Ihr uns besuchen möchtet und alles selbst beschauen könntet. Ich fühle mit Ihnen im Unglück. Das Land ist entheiligt von seinen Einwohnern, denn sie übertreten das Gesetz und ändern die Gebote.«

Auch von Agnes, unserer früheren Waldarbeiterin aus Witzke, war ein langer Brief an meine Schwester gekommen. Sie beschwerte sich darüber, was man mit ihrem Päckchen gemacht hatte. »Es kam so zerrissen an, dass kaum noch die Adresse zu lesen war. Kakao, Mehl, Pudding, alles aufgeschnitten und nicht wieder zugeklebt und vieles verschüttet.« Aber noch mehr regte sie sich darüber auf, dass sie aus ihrem

Haus ausziehen sollte. »Stellen Sie sich vor, Frau Baronin, das Wohnungsamt war hier. Ich sollte irgendwo in eine Bodenstube. Ich hab gesagt, lebendig kriegt ihr mich nicht raus.« Nach Lochow komme sie nur noch selten. »Otto Trägenapp hat mir gesagt: ›Holz wird es in diesem Jahr wohl auch nicht geben.‹ Er kriegt selber bloß zwei Meter angewiesen, weil er sein Soll noch nicht gedeckt hat. Das kann ja noch was werden nächsten Winter! Es wird ja auch alles nicht so angelegt wie beim Herrn Grafen. Ich könnt noch viel schreiben, aber ich glaube, Sie interessieren sich ja wohl nicht für all den Spuk. Bitte, wenn gelesen, gleich verbrennen. Viele freundliche Grüße, hochachtungsvoll, Ihre alte Arbeiterin Agnes Heidepriem.«

Agnes Heidepriem gehörte in Lochow sozusagen zum Inventar. Jeden Tag kam sie über den See gerudert, um im Wald zu arbeiten oder in der Waschküche bei der großen Wäsche zu helfen. Ich kann mich nicht entsinnen, dass sie einmal gefehlt hätte. Sie war für Vater ebenso unentbehrlich wie Nikolai. Wenn sie zum Mittagessen in die Küche kam, taten wir Kinder uns gern vor ihr wichtig. Sie glaubte all das wirre Zeug, das wir nach Kinderart von uns gaben, und staunte: »Nee, nee. Wat allens so gift!« Jahraus, jahrein trug sie ein langes Kleid mit einer langen Warbschürze und im Sommer einen Schutenhut gegen die Sonne. Mit dem Wald war sie genauso verbunden wie Vater und in der Pflege von Bäumen fast so versiert wie ein Förster.

Es ging mir zwar besser, aber die Tuberkulose mit ihren Begleiterscheinungen flackerte immer wieder auf. So kehrte ich im Herbst nach Niedersachsen zurück und kurz darauf in mein Krankenhaus nach Hildesheim, wo man eine neue Therapie mit mir versuchen wollte. Ärzte und Schwestern waren erfreut, mich wiederzusehen, denn auf der Entbindungsstation, auf der ich diesmal lag, spielte sich für sie sonst nur tagtäglich dasselbe ab. Als Begrüßungstrunk brachte mir die Nachtschwester statt des gewohnten langweiligen Tees eisgekühlten Apfelsaft aus eigener Apfelernte des Klosters. Ich trank ihn gierig fast mit einem Zug und fand mich ein paar Minuten später mit einer schweren Nierenkolik neben dem Bett liegend wieder. Der Chefarzt verpasste mir eine Spritze, nahm es aber nicht tragisch. »Um Ihre Nieren kümmern wir uns erst mal nicht. Da hab ich ganz andere Sorgen.«

Ein neues Medikament war auf den Markt gekommen, und das stellte mich überraschend schnell wieder auf die Beine, so dass ich im Frühjahr '51 entlassen werden konnte.

Mir ging es so gut, dass ich wieder ganz unternehmungslustig wurde. Ich beschloss daher, zu Corri nach Berlin zu fahren, diesmal mit dem Bus über Helmstedt-Marienborn. An der Grenze erlaubte man uns gnädig, sitzen zu bleiben, und der Fahrer verschwand mit den Personalausweisen in der Kontrollbaracke. Aufgeregt kam er wieder zurück. »Wer von euch ist adlig?« Ich meldete mich. »Komm' Se raus, komm' Se raus. Die Vopos wollen Ihnen sehen. Machen Se mir bloß keenen Ärger! Beeilung, Beeilung, die Herrschaften warten nicht gern.«

Mir war ziemlich mulmig, als ich ausstieg und der Baracke zustrebte. Einer der Volkspolizisten, anscheinend ein höherer Dienstgrad, nahm mich am Arm und zog mich beiseite. Dann blieb er stehen und vertiefte sich in meine Papiere. Er sah mich lange an und fragte mich dann: »Kennen Sie das Buch ›Die Hosen des Herrn von Bredow‹?«

Darauf war ich nicht vorbereitet. Ich nickte verstört.

»Sind Sie vielleicht mit dem Herrn verwandt?«

»Durchaus möglich«, sagte ich ausweichend.

»Aha.« Er machte eine Handbewegung. »Dann gehen Sie mal wieder zurück zu Ihrem Bus. Gute Fahrt.«

Der Busfahrer nahm mich an der Tür in Empfang. »Wat wollte denn det Staatsorgan von Ihnen?«

»Er hat mich nach einem Buch gefragt«, erklärte ich. Der Busfahrer sah mich ungläubig an. »Nach 'm Buch?«

»Ja, nach einem Buch, ›Die Hosen des Herrn von Bredow‹.«

Er blickte misstrauisch. »Wollen Se mir auf'n Arm nehmen?«

»Aber nicht doch«, sagte ich.

Er seufzte. »Det wird doch hier immer verrückter.« Sein Blick schweifte über seine Schäfchen, die stumm und geduckt auf ihren Sitzen saßen. »Hier fehlt doch jemand.«

»Ja«, bestätigte man, »'ne alte Frau ist ausgestiegen und nicht wieder zurückgekommen.«

»Mann, mir fällt der Mond auf'n Dutt!« Der Busfahrer geriet außer sich. »Wenn die Zahl nicht stimmt, komm ich in Teufels Küche!« Er stürzte davon. Nach ziemlich langer Zeit kam er mit der alten Frau im Schlepptau wieder. Er hatte sie gerade noch daran hindern können, mit dem falschen Bus davonzufahren.

Er ließ sich von mir überreden, einen Umweg zu machen und mich direkt vor der Haustür meiner Freundin abzusetzen. Corri hatte jetzt eine kleine Wohnung in Lichterfelde, und ihr Elternhaus, das ihr zusammen mit dem Bruder gehörte, war vermietet worden. Meine Freundin öffnete mir die Haustür.

»Da bin ich«, sagte ich.

»Das sehe ich«, sagte sie, und dann mussten wir beide lachen.

Corri und ihre Freunde waren rührend um die Rekonvaleszentin bemüht. Dauernd sollte ich irgend etwas essen. »Nu iss doch mal!« Auch spazieren sollte ich gehen. »Frische Luft ist immer gut.«

Tagsüber war ich meist allein, weil sich meine Freundin auf ihr Staatsexamen vorbereiten musste. Aber am Abend herrschte dafür umso mehr Betrieb. Während ihrer Abwesenheit leistete mir ein siamesischer Kater Gesellschaft, ein außerordentlich dickes Tier, das es liebte, an dem schweren Vorhang, der die beiden Zimmer trennte, zu schaukeln und seine Krallen an den geretteten kostbaren Stühlen zu wetzen. Wir mochten einander, und er zeigte mir seine Kunststücke. Eins davon war, sich bei der Aufforderung »Spiel toter Mann« auf den Rücken zu legen und regungslos liegenzubleiben. Sein Schnurren, eher ein lautes Schnarchen, war nachts ziemlich störend, und auch seine Beute, die er uns brachte und ausgerechnet beim Abendbrot stolz vor die Füße legte, gefiel uns nicht. Angewidert starrten wir auf das tote Karnickel. Meine Freundin schrie, und der Kater kroch beleidigt unters Sofa.

Als Nächstes erschreckte uns ein junger Mann, der plötzlich in der Küche stand. Er hieß Rainer Hildebrandt, war Mitbegründer der »Kampfgruppe gegen Unmenschlichkeit« und liebte es, unbemerkt durch das offene Fenster einzusteigen, was Corri jedes Mal aufs Neue aufregte. Um sie zu beruhigen, las er uns beiden aus der Hand. Meinen Handlinien entnahm er, dass bei mir eine gewisse Kreativität vorhanden wäre. Er tippte auf Handarbeit. Dabei bricht mir heute noch jede Nadel ab, wenn ich versuche, sie durch die Löcher eines Knopfes zu zwängen. Rainer Hildebrandt war ein hilfsbereiter, wenn auch etwas pathetischer Mensch, der nicht das eigene Risiko scheute, wenn es galt, Verfolgten in der Sowjetzone zu helfen.

Corris Freundeskreis war bunt gemischt. Zu ihm gehörte auch Gisela, eine junge Redakteurin, die mächtig in die Politik strebte und sich zu diesem Zweck die CDU ausgesucht hatte, für mich etwas ganz Neues. Bisher war ich nach dem Krieg unter meinen Freunden noch nie dem Mitglied irgendeiner Partei begegnet. Sie ist dann übrigens geblieben, was sie war, und sollte später für mich noch wichtig werden.

Meine Freundin gefiel mir nicht. Ihre Fröhlichkeit wirkte forciert, und nachts geisterte sie oft durch die Wohnung, anstatt zu schlafen. »Was ist los?«, fragte ich. »Hast du Liebeskummer?« Nein, den hatte sie nicht. Ich gab mich zufrieden.

Der Ausbruch kam dann ganz unerwartet. In der Küche passierte irgend etwas mit dem Wasserhahn, so dass das Wasser mit Wucht in die Küche spritzte. Ich rannte zum Hausmeister, der den Haupthahn abstellte, und kehrte in die Wohnung zurück. »Er kommt gleich und bringt die Sache in Ordnung«, versprach ich. »Wo bist du denn?«

Ich fand sie schluchzend auf ihrem Bett liegen. Eine lange Nacht begann, in der sie sich alles von der Seele redete, die jahrelange Angst um ihren Vater, von dessen Plänen sie wusste, seine Verhaftung, die Ungewissheit, die Bittgänge in die Prinz-Albrecht-Straße, um die Erlaubnis zu bekommen, dem Inhaftierten etwas zu bringen, seine Hinrichtung noch kurz vor Ende des Krieges und den Tod ihres Bruders. Sie setzte sich plötzlich auf und funkelte mich an: »Und dann gebe ich dir unsere wertvollsten Gläser mit, und du lässt sie von den Russen an die Wand knallen!«

»Für deine dussligen Gläser«, sagte ich gekränkt auflachend, »habe ich mein Leben riskiert. Ich bin auf der Rückfahrt nach Lochow vor Nauen in einen Angriff geraten. Die halbe Nacht hab ich im Splittergraben gelegen.«

»Recht geschieht dir«, sagte sie, und ich war erleichtert, dass sie sich wieder beruhigt hatte.

Wir sahen uns an, fingen an zu kichern und erinnerten uns

an die Nächte, die wir nach der Verhaftung ihres Vaters gemeinsam mit einem fransigen, aber wertvollen Angorakater im Luftschutzkeller verbracht hatten. Jedes Mal, wenn das Haus von den Einschlägen zu zittern anfing, wendete sich der auf einer Konsole sitzende Kater uns hoheitsvoll zu und sah uns vorwurfsvoll an. Einmal waren zwei Männer von der Gestapo in ihrem Elternhaus erschienen, um die beschlagnahmten Wertgegenstände zu registrieren. Sie waren ein wenig verunsichert, weil Corris Vetter, ein ansehnlicher Mensch in der Uniform eines Panzerregiments mit Ritterkreuz, zufällig anwesend war. Er führte sie höflich durchs Haus und machte sie auf eine Büste des Führers aufmerksam, ein Geschenk des Herrn Reichsmarschalls. Der junge Mann brachte etwas Ablenkung in diese trüben Tage und las uns im Luftschutzkeller seine Kurzgeschichten vor. Ein Ritterkreuzträger und ein Dichter, sozusagen ein zweiter Ernst Jünger. Ich war überwältigt.

Jetzt, nach dem Krieg, bewunderte ich meine Freundin, dass sie trotz allem, was hinter ihr lag, nie eine Bitte abschlug, wenn es galt, Leuten bei der Entnazifizierung zu helfen. Auch dort nicht, wo ein Denkzettel angebracht gewesen wäre. Wie ich überhaupt die Erfahrung machte, dass die Opfer des Regimes sich oft erstaunlich großmütig zeigten. So hatte ich im Krankenhaus eine junge Frau getroffen, die von ihrem eigenen Onkel denunziert worden war und ins KZ musste. Auch sie hatte auf jede Rache verzichtet.

Von Berlin und seinen vielen »Kultura« bekam ich leider so gut wie nichts zu sehen, denn das Fieber und die Schmerzen waren zurückgekehrt. Nicht mal ins Kino konnte ich. Ich musste mich mit Corris Schilderungen der jeweiligen Handlung zufriedengeben und konnte nur aus zweiter Hand über den als Frau verkleideten Cary Grant in dem Film »Ich war eine männliche Kriegsbraut« lachen. »Warum gehst du nicht in ›Quo vadis‹? Ustinov als Nero und dann das brennende Rom! Das wär doch mal was.«

»Gebrannt hat's ja nun auch bei uns genug«, sagte Corri und rechnete ihre Ausgaben zusammen. »In der nächsten Zeit wird's ein bisschen knapp. Na ja, irgendwie kommen wir schon hin.«

Wenn es mir wieder etwas besser ging, besuchte ich meinen Bruder, der mit seiner Familie ein paar Straßen weiter bei den Schwiegereltern wohnte.

Meine Schwägerin erwartete ihr zweites Kind und musste während der Schwangerschaft fest liegen. Auch ihnen ging es wirtschaftlich nicht gerade rosig. Mein Bruder war eine Zeit lang arbeitslos gewesen und hatte sich damit über Wasser gehalten, dass er in der Nachbarschaft sämtliche Uhren und Lampen reparierte.

Corri hatte den Plan, mit Gisela, der in die Politik strebenden Redakteurin, drei Wochen nach Langeoog zu fahren. Aber in meinem Zustand wollte sie mich nicht allein lassen. Ich musste ihr lange zureden, bis sie schließlich doch fuhr. Ich kam tatsächlich auch gut allein zurecht. Nur, die Jalousie in meinem Zimmer hochzuziehen, gelang mir nicht. Doch dieses Problem löste sich bereits nach einem Tag. Es klingelte an der Wohnungstür, und eine Frau in Lockenwicklern stand vor mir. »Wat is denn nu mit Ihrer Jalousie? Klemmt se?« Als ich ihr den Umstand erklärte, sah sie mich mitleidig an. »So is det. Na, wenn weiter nischt is. Wenn Se aufstehn, klopfen Se einfach an die Wand. Dann komm ick rüber und zieh se Ihnen hoch.« Das tat sie auch und noch andere nützliche Dinge dazu, brachte meine Wäsche zur Wäscherei und bezog mir sogar mein Bett.

Nach drei Wochen kehrte meine Freundin gut erholt aus

Langeoog zurück, und wir beratschlagten, wie es mit mir weitergehen sollte. Der Arzt, zu dem sie mich schließlich schleppte, konnte uns auch nicht weiterhelfen. Er schlug das Übliche vor: einen Klimawechsel oder eine Kur. Eine Kur wollte ich auf keinen Fall. Die vierzehn Tage in der Heilstätte in Hannover hatten mir gereicht. Meine Mutter trieb eine Verwandte auf, die ein Häuschen auf Sylt besaß und sich anbot, mich für ein paar Wochen aufzunehmen. Natürlich nicht umsonst. Sie bestritt schließlich mit Sommergästen ihren Lebensunterhalt.

Meine Freundin kaufte hinter meinem Rücken ein Flugticket nach Hamburg. Ich war sprachlos. »Bist du verrückt? Du hast doch selbst kein Geld!« Aber sie bestand darauf. Es war der erste Flug meines Lebens. Die zweimotorige Propellermaschine brachte meinen Magen in Wallung. Die Stewardess konnte gar nicht so viele Tüten auftreiben. Der Herr neben mir umsorgte mich wie ein Vater. »Durch die Nase atmen«, riet er mir. Und dann brachte er mich auf den Hamburger Hauptbahnhof und setzte mich in den Zug nach Westerland.

Die Insel empfing mich mit Regen. Der Ziegenstall, den mir die barmherzige Verwandte als Quartier angewiesen hatte, erwies sich als nicht wetterfest. So war das Bettzeug klamm, und auch die Ziegen meckerten unglücklich über ihre feuchte Behausung. Nach zehn Tagen sah meine Wirtin ein, dass das Quartier wohl nicht ganz das Richtige für mich sei. So zog ich in das Hauptgebäude um zu den anderen Gästen, die fast alle der »Moralischen Aufrüstung« angehörten. Diese Bewegung war in jenen Jahren sehr in Mode. Als internationaler Tagungsort der Gesellschaft diente ein pompöses Hotel am Genfer See, wo Mädchen aus gutem Hause voller Eifer für die Sache umsonst die Stiefel der Tagungsteilnehmer putzten, Kartoffeln schälten und das Essen servierten. Schließlich wollte man die vier Forderungen der Bewegung – absolute Ehrlichkeit, absolute Reinheit, absolute Selbstlosigkeit, absolute Liebe – überzeugend erfüllen.

Ich teilte mit einer anderen Dame das Zimmer, und das Unglück dieser etwas neurotischen Person bestand darin, dass es ihr anscheinend noch nicht gelungen war, jemanden für die »Moralische Aufrüstung« zu werben. Etwas verdutzt erlebte ich, wie viel Hauen und Stechen es unter den Gästen gab bei ihren Bemühungen, gute Menschen zu sein, und wie schnell in so einem Kreis Hysterie entsteht. Unter ihnen war auch ein ehemaliger Kommunist, der gerade seine Bekehrung zu den wahren Werten in bewegenden Worten geschildert hatte. Aber irgend etwas brachte ihn in Wut, wahrscheinlich das kärgliche Mittagessen, jedenfalls stand er plötzlich auf und sagte, nun sei ihm die endgültige Erleuchtung gekommen, dass er mit diesen Schwachsinnigen hier nichts gemein habe. Er sei doch von der »Moralischen Aufrüstung« sehr, sehr enttäuscht. Aber da hatte er bereits als Hätschelkind der Reichen acht sorgenfreie, kalorienreiche Wochen in der Schweiz hinter sich.

Der Chefarzt der Nordseeklinik auf der Insel, zu dem mich das inzwischen weiter steigende Fieber und die starken Schmerzen trieben, war fraglos ein wirklich guter Mensch. Ich schilderte ihm meine Situation, und er handelte sofort. Er behielt mich gleich da, organisierte die nötige Überweisung ins Krankenhaus und verschaffte mir ein gemütliches Doppelzimmer. Die meisten Patienten auf der Station hatten dieselbe Tuberkulose wie ich, wenn auch nicht so heftig. Es waren Fabrikarbeiterinnen aus dem Rheinland, und in ihren Gesprächen ging es ebenso wenig zimperlich zu wie im Waschraum, wo man sich an einer langen Rinne waschen musste, denn die Klinik war früher ein Lazarett gewesen. Es gab nur einen Hahn für warmes Wasser. Der Kampf darum artete oft in Handgreiflichkeiten aus, wobei sie sich die Handtücher um die Ohren schlugen. Als sie merkten, wie krank ich war, schleppten sie mir sämtliche Mahlzeiten vom Esssaal ans Bett, obwohl das nicht gern gesehen wurde. Für die Liegekur besorgten sie mir von der Privatstation eine richtige Liege. Sie war viel bequemer als die amerikanischen Feldbetten, die uns zur Verfügung standen. Als einer der männlichen Patienten sie sich aneignete, gab es einen Riesenaufstand. Drei oder vier Frauen bauten sich vor ihm auf und erklärten dem erschrockenen Mann, wohin sie ihn treten würden, wenn er die Liege nicht auf der Stelle wiederbringe.

Sie waren nur wenig älter als ich, aber sie nannten mich »Kind«: »Kind, wie du rumläufst, wirst du nie einen abkriegen.« Sie wuschen mir die Haare, schleppten mich über die Dünen an den Strand, was mich den letzten Rest meiner Kraft kostete, und kümmerten sich sogar um meine Wäsche. Ihre Lebensgeschichten waren beeindruckend. Die Verheirateten unter ihnen waren durch die Bombenangriffe und die Nachkriegszeit weit über ihre Kräfte beansprucht und erschöpft worden. Sie machten sich Sorgen um die Kinder – »Sie haben sich doch das Stromern so angewöhnt beim Kohlenklauen und Holzsammeln in den Ruinen! Da kriegt man einfach keine Ordnung mehr rein« – und hatten es mit ihren Männern schwer: »Mein Mann, seitdem der in Gefangenschaft war, ist doch mit ihm nichts mehr anzufangen! Der redet dauernd nur von Verrat und so 'n Quatsch, und dass unter Adolf alles sehr viel besser gewesen ist.«

Doch trotz der eher abschreckenden Schilderungen des Familienlebens waren die Unverheirateten nicht davon abzubringen, intensiv nach einem Ehemann zu suchen. »Und wenn ich ihn im Handwagen hinter mir herziehen müsste«, seufzte eine. Familie musste nun mal sein. In der Familie lag das Glück und das Heil. Da konnten die Verheirateten noch soviel unken. Sie hatten eben Pech gehabt.

»Und wie ist es bei dir?«, wollten sie wissen.

Ich zuckte die Achseln. Ich fühlte mich zu elend, um darüber nachzudenken.

»Komm, komm«, sagten sie, »tu bloß nicht so.« Eine zeigte stolz ihren stattlichen, schaumgummigepolsterten Büstenhalter, wie sie gerade in Mode gekommen waren, und wurde angefeuert: »Nu mal ran an den Feind!«

Von den moralisch Aufgerüsteten meiner Tante ließ sich niemand blicken. Ich vermisste sie nicht.

Nach zwei Monaten entließ man mich. Meine Mitpatienten bestellten mir gemeinsam ein Taxi und gaben mir so viel Obst, Schokolade und Brot als Proviant mit, dass ich acht Tage davon hätte leben können. »Mach's gut, Kind! Bleib sauber!«, riefen sie mir zu. Und ich, inzwischen neunundzwanzig Jahre, versprach es.

11

Bei meinen Eltern warteten bereits zwei Briefe auf mich. Der eine war von der Landesversicherung. Sie drohte mir an, nicht mehr für die Kosten aufzukommen, wenn ich noch einmal ohne ihre vorherige Einwilligung ein Krankenhaus aufsuchte. Der zweite war von meiner Freundin Corri und sehr viel erfreulicher. Sie hatte mit Hilfe von Frau Sauerbruch erreicht, dass mir in einem deutschen Sanatorium in Davos ein halber Freiplatz bewilligt worden war.

Meine Mutter fuhr nach Hannover, um bei der Landesversicherung nachzufragen, ob sie bereit wäre, den in der Bundesrepublik üblichen Satz zu übernehmen. Da auch die Wohlfahrtsverbände des Landkreises gelegentlich Patienten nach Davos überwiesen, sahen wir keine Schwierigkeiten. Doch der Beamte fühlte sich bemüßigt, meine Mutter zu deckeln. »Wenn Sie eine Arbeiterfrau wären, würden Sie nicht solche Ansprüche für Ihre Tochter stellen!«

Also trat ich selbst in Aktion. Trotz meines Fiebers ließ mich der zuständige Sachbearbeiter drei Stunden auf dem Flur schmoren, ehe er mich in sein Büro winkte.

Als Kinder waren wir sehr schüchtern gewesen, waren wir doch, abgesehen von den üblichen Verwandtenbesuchen, kaum aus unserem Dorf herausgekommen. Auf unseren Fahrten ins Internat zögerten wir, ein Zugabteil zu betreten, und standen auf dem Gang herum, bis der Schaffner sich erbarmte und uns ohne viel Federlesens auf einen Sitz schob.

Mit dreizehn hatte mir bei einer dieser Fahrten ein Exhibitionist gegenübergesessen. Anstatt das Abteil zu verlassen, starrte ich angestrengt aus dem Fenster, bis der Mann von sich aus das Abteil wechselte. Doch so ein Seelchen war ich schon längst nicht mehr. Das, was ich von mir gab, hatte dieser Beamte sicher noch nie von einer Arbeiterfrau zu hören bekommen. Endlich schwieg ich erschöpft. Er sah mich völlig entgeistert an und schob mir wortlos den bewilligten Antrag über den Schreibtisch.

Im Januar '52 fuhr ich in die Schweiz, zum ersten Mal in meinem Leben in einem Schlafwagen, und hatte sogar das Dreibettabteil für mich allein. Der französische Schlafwagenschaffner war voller Mitleid mit mir und hatte sich anscheinend vorgenommen, mich glücklich zu machen, indem er mir seine Liebesdienste anbot. In meinem Fall, wie er mir versicherte, umsonst. Ein sehr großzügiges Angebot, normalerweise würde er dafür hoch bezahlt. Ich sah ihn ungläubig an, ich kannte nur den umgekehrten Fall. »Aber ja, Mademoiselle, ich werde es Ihnen gleich beweisen! Ich klopfe an Ihr Abteil, Sie warten zehn Minuten und gehen dann den Gang entlang bis zum Ende des Schlafwagens. Da werden Sie schon sehen. Ein Schlafwagenschaffner verdient nicht viel. Wenn es nun mal die Damen so wollen ... Man ist ja gern gefällig. Manche fahren diese Strecke sogar drei- bis viermal im Monat meinetwegen.«

Nach einer halben Stunde klopfte es diskret. Ich wartete ab und schlich dann neugierig den Gang entlang. Sämtliche Abteiltüren waren geschlossen, niemand ließ sich blicken. Nur die Tür des Schaffnerabteils stand einen Spalt offen. Ein Blick genügte. Er hatte tatsächlich nicht geflunkert. Ich war beeindruckt. »Mon Dieu«, dachte ich, der für meine Begriffe ungemein französischen Situation angemessen. Das glaubt mir ja wieder kein Mensch! Den Korb, den ich ihm dann höflich gab, nahm er mit einem liebenswürdigen Lächeln entgegen, servierte mir aber dafür, sozusagen als Ersatz für seine Liebesdienste, am nächsten Morgen kostenlos ein üppiges Frühstück.

Als ich nach anderthalb Jahren mit dem gleichen Zug in die Bundesrepublik zurückkehrte, traf ich ihn wieder. Diesmal war ich nicht allein im Abteil. Er erkannte mich tatsächlich. Nachdem er mich aufs Herzlichste begrüßt hatte, zog er mich auf den Gang. »Haben Sie etwas zu verzollen?«, fragte er leise.

»Im Prinzip ja«, sagte ich. Er nickte verständnisvoll. »Aber man hat uns gesagt, um das Gepäck der Fahrgäste mit dem Davoser Stempel im Pass machen die Zöllner einen großen Bogen. Sie reimen sich zusammen, dass wir aus einer Heilstätte kommen, und haben Angst, sich womöglich anzustecken.«

Der Schaffner sah mich skeptisch an. »Da wäre ich mir nicht so sicher. Aber lassen Sie nur. Ich mach das schon.«

Er sollte recht behalten. Während bei den beiden anderen Damen trotz ihres Davoser Stempels jede Tasche umgedreht wurde, ließ man mich ungeschoren. Als ich meinen schweren Koffer mit den vielen Mitbringseln in Form von Kaffee und andern zollpflichtigen Waren in Hannover über den Bahnsteig schleifte, dachte ich voller Dankbarkeit an meinen französischen Kavalier. Vive la France!

Aber jetzt stand ich erst einmal mit meinem in einer Tauschzentrale erworbenen Pelzmantel aus Kaninchenfell und einem bayrischen Trachtenhut auf dem kleinen Bahnhof in Davos. Das Taxi des Sanatoriums erwartete mich bereits. »In diesem Land können Sie Ihren Koffer auf den Bahnsteig stellen, und wenn Sie nach ein paar Tagen wiederkommen, steht er immer noch da«, hatte mir eine Mitreisende erzählt. Ein Märchenland. Für elf Franken pro Tag, alles inklusive, öffnete sich für mich die Tür zum Paradies. Frühstück ans Bett mit Bohnenkaffee, frischen Brötchen, Marmelade, Honig und Käse, nochmals Bohnenkaffee und Kuchen zur Vesper, dazu ein nicht minder üppiges Mittagessen und Abendbrot, geräumige Zimmer mit Blick auf die Berge, freundliche Schwestern – es war überwältigend! Das hinderte mich nicht daran, schon nach drei Wochen, wie die anderen Patienten, reichlich Haare in dieser üppigen Suppe zu finden. Die Gans, zum Beispiel, schmeckte sie nicht wirklich ein wenig tranig? Und wann wurde eigentlich hier die Bettwäsche gewechselt? Nie ließ sich ein Arzt sehen, wenn man ihn brauchte. (Er kam zweimal am Tag.) Und dass man selbst die Fieberkurve führen musste, war ja eigentlich eine Zumutung.

Da kein Patient unter einem Vierteljahr dort blieb, die meisten aber sehr viel länger, richteten sie sich in ihren Ein- oder Zweibettzimmern wohnlich ein, wobei im Laufe der Wochen und Monate die Moden wechselten. Eine Zeit lang war es chic, überall Grünpflanzen zu drapieren. Sie rankten sich an den Wänden entlang und verfingen sich in den Haaren der Betten machenden Schwestern. Wir überboten uns gegenseitig mit diesem Dschungel-Look und tauschten Ableger aus. Es folgten Kakteen, die jeder haben musste. Kakteen waren bei den Mahlzeiten im Speisesaal das beliebteste Gesprächsthema. Wir gaben uns gegenseitig Ratschläge, wie man sie zum Blühen bringen könne, was sie zu unserem Kummer nur selten taten. Eine wahre Leidenschaft wurde die Herstellung von Bilderrahmen, wozu statt Glas aussortierte Röntgenfilme herhalten mussten. Sie wurden ins Wasser gelegt, und schon waren Kavernen und Infiltrate gelöscht.

Es gab deutsche Patienten, die vom Krieg in Davos überrascht worden und seitdem nicht in ihrer Heimat gewesen waren. Einige von ihnen hatten ihr Zuhause durch Bomben oder Vertreibung verloren und zitterten vor dem Augenblick, wo man sie wieder nach Deutschland zurückschicken würde. Ein Ehepaar aus dem benachbarten Sanatorium sprang aus Angst vor einer ungewissen Zukunft gemeinsam vom Dach. Aber auch wer noch eine Heimat und Angehörige besaß, fürchtete sich vor den beengten Verhältnissen seiner Familie. Es gab Patienten, die zu Hause gleich wieder erkrankten und zurückgeschickt wurden. Sie weinten vor Glück darüber.

Das Publikum war international und sehr gemischt. Die übliche Abgrenzung zwischen privaten und Kassenpatienten gab es nicht. Wer ein Einzelzimmer haben wollte, zahlte lediglich einen Aufschlag, die ärztliche Betreuung blieb die gleiche. Der Chefarzt war Angestellter des Sanatoriums und nicht mehr. Im Übrigen ging es fast so zu wie bei Preußens. Wer gegen die Kurordnung verstieß, flog, egal, wie reich oder prominent er war. Fast gab es deswegen diplomatische Verwicklungen. Der Sohn eines fremden Potentaten, mit dem die Schweizer Regierung in enger wirtschaftlicher Beziehung stand, tat nicht gut und wurde entlassen. Der Arzt blieb unerbittlich, obwohl ihm die Botschaft diskret nahelegte, hier vielleicht einmal eine Ausnahme gelten zu lassen. Dem Direktor eines Werkes in Deutschland ging es nicht anders. Er hatte, beschwingt vom Alkohol, seiner Nachbarin auf der Liegeterrasse zu stürmisch den Hof gemacht, wobei die Patientin hinterher zu bedauern schien, so lautstark dagegen protestiert zu haben.

Während sich die deutschen Versicherungen wenig um ihre Patienten kümmerten und eher als gottgewollt hinnahmen, was die Ärzte mit ihnen anstellten, wurden Schotten und Engländer von ihren zuständigen Stellen intensiv betreut. Die Schotten hatten sogar einen weiblichen Vertrauensmann, der ihre Interessen gegenüber dem Sanatorium vertrat und bei Schwierigkeiten der Versicherung Meldung machte. Regelmäßig kamen schottische Ärzte, um sich über den Zustand ihrer Patienten zu informieren und die Röntgenbilder zu begutachten. Schotten wie Engländer zeigten weit mehr Zivilcourage als wir Deutschen. Während wir uns vor der Autorität des Chefarztes duckten, ließen sie sich nichts gefallen und waren eher amüsiert, wenn er sie andonnerte.

Nicht anders als in deutschen Krankenhäusern, wurde die wöchentliche Chefvisite zu einem ehrfurchtgebietenden Ritual. Die Vorbereitungen ähnelten denen eines Staatsbesuches. Die Schwestern stopften die Decken so fest, dass wir uns auf unseren Liegen nicht rühren konnten und wie eine Reihe von Brotlaiben dalagen, die auf den Bäcker warteten. Fieberkurven wurden zurechtgerückt, missbilligende Blicke auf Rätselhefte und Bücher geworfen, die zugegebenermaßen nicht ganz zur hohen Literatur zählten. »So was sieht der Herr Chefarzt hier gar nicht gern!« So übten wir freiwillig Selbstzensur und tauschten unsere Herz-Schmerz-Lektüre und die blutigen Kriminalromane gegen »Götter, Gräber und Gelehrte« oder »Der Kardinal« aus.

Lange vor der Visite herrschte auf den Veranden bereits völliges Schweigen. Nur das Keckern der Eichhörnchen, die, in der Erwartung, mit Nüssen gefüttert zu werden, zwischen den Liegestühlen hin und her flitzten, und das übliche Hüsteln waren zu hören. Dann vernahmen wir das Schwyzerdütsch des Chefarztes, der irgend etwas sagte, was von den Assistenten und Kranken beflissen belacht wurde. Jetzt war er im ersten Stock, jetzt im zweiten und nun bei uns. Die deutsche Ärztin neben mir wurde sichtlich nervös, als er sich vor ihrem Fußende aufbaute, ihre Kurve studierte und sein Gesicht einen gekränkten Ausdruck annahm. »Wieso hat sie noch eine so hohe Blutsenkung?«, fragte er über ihren Kopf hinweg den Stationsarzt, und, zu der Ärztin gewandt: »Sie füttern wohl mit den teuren Medikamenten die Eichhörnchen.« Sie stotterte etwas, und er ging, ohne sie weiter zu beachten, zum nächsten Bett. Wie viele Ärzte nahm er es den Patienten persönlich übel, wenn seine sorgsam ausgetüftelte Therapie nicht den erwünschten Erfolg brachte. Auch die nächste Patientin bekam ihr Fett ab. Sie war zwei Tage im Bett geblieben, anstatt ihre Liegekur zu absolvieren. Tuberkulose war hier ein Zustand und keine Krankheit. Der Krankenschwester aus London dagegen konnte er mit seinem Gehabe nicht imponieren. Als er sie schweigend durch seine große Sonnenbrille musterte, fuhr sie ihn an: »Nehmen Sie bitte das Ding ab, wenn Sie mit mir reden!« Er tat es, total perplex. Die kleine Engländerin, die mit mir das Zimmer teilte, behauptete, er habe etwas Dämonisches. Und mit dieser Meinung stand sie nicht allein. Als mir neulich durch einen Zufall ein Bild von ihm und seinem Stab in die Hände fiel, musste ich lachen, so bieder und gutmütig sah der junge Mann von damals aus.

Einmal im Monat operierte man die leichteren Fälle im Sanatorium. Ein Spezialist kam dafür aus Zürich. Es gab nur eine Lokalanästhesie, so dass die Patienten von der Operation selbst nichts spürten, aber es war doch qualvoll, sechs bis sieben Stunden unbeweglich auf einer Seite liegen zu müssen, das Knacken der Rippen zu hören und das ganze Drum und Dran mitzubekommen. Auch das Röntgen danach war eine Tortur. In diesen Tagen und Nächten zeigte sich das Sanatorium von seiner vorbildlichen Seite. Den Operierten wurde jeder Essenswunsch erfüllt, und der Koch kam persönlich und stellte ihnen nach ihrer Wahl ein Menü zusammen. Sogar der Chefarzt fand unerwartet trostreiche Worte und sah in der Nacht mehrmals nach ihnen. Meiner Engländerin mussten mehrere Rippen entfernt werden. Als sie wieder zu mir zurückkehrte und ich sie deshalb bedauerte, zuckte sie nur die Achseln. »You can't have everything.« Dann fragte sie mich, als sei nichts geschehen, wie immer Vokabeln ab, denn mit ihrer Hilfe versuchte ich, mein immer noch mangelhaftes Englisch aufzubessern, während sie auf meine Sprache weniger Wert legte. Sie war ein selbstsicheres, fröhliches Geschöpf, das über uns Deutsche oft den Kopf schüttelte. Zum Beispiel, dass der Doktortitel bei uns so eine große Rolle spielte und der Beruf des Vaters. Als Erstes habe man sie gefragt: »Was ist denn Ihr Vater?«

Besuch bekamen nur die wenigsten. Damals war die Reise für die Angehörigen zu teuer und zu weit. Aber wir hatten uns damit abgefunden und waren ganz in unsere kleine Welt verstrickt. Was außerhalb davon passierte, interessierte uns nur noch am Rande und hörte bereits bei Davos-Dorf auf. Die meist harmlosen Liebesaffären versuchte der Chefarzt mit allen Mitteln zu unterbinden. Nie erlaubte er einem Pärchen den Ausgang nach Davos gemeinsam. Wer für ein, zwei Stunden Urlaub haben wollte, musste sich einen Tag vorher in ein Buch eintragen, und wenn der Chefarzt Amouren witterte, strich er einen Namen durch. »Schlimmer als in einem Mädchenpensionat«, murrte ein Professor für Kunstgeschichte, der sich einen Kurschatten zugelegt hatte. Und der Oberarzt meinte lachend, nun sei er wirklich urlaubsreif: Er habe sich dabei ertappt, wie er im Garten über eine männliche und eine weibliche Fußspur im Schnee ins Grübeln gekommen sei.

Trotzdem blieben Tragödien nicht aus. Ehefrauen fielen aus allen Wolken, weil sich der Mann plötzlich scheiden lassen wollte. Die Freundin, Schwester oder Haushaltshilfe, die während der Abwesenheit der Ehefrau die Familie versorgte, hatte ihre Betreuung etwas zu weit getrieben.

Viele der Patientinnen verdienten sich etwas Geld, indem sie für Schweizer Firmen Gobelins stickten. Zu ihnen gehörte auch ein Mädchen, das damit dem Freund ein Medizinstudium in der Schweiz ermöglichte. Jedes Wochenende kam er sie besuchen, um sich das Geld abzuholen. Sein Examen bestand er mit Auszeichnung, und eine Stelle als Assistenzarzt hatte er auch bereits in der Tasche. Wir gratulierten ihr. »Nun hat die Schinderei endlich ein Ende. Wann soll's denn losgehen mit der Hochzeit?«

Sie lachte selig. »Nächste Woche wollen wir uns erst mal offiziell verloben. Ich werde ja in einem Monat entlassen. Dann sehen wir weiter.«

Doch der Freund ließ sich nicht mehr blicken. Dafür schrieb er einen langen Brief. Er hatte sich umverliebt, in die Tochter seines zukünftigen Chefs. Und Liebe war nun mal eine Himmelsmacht. Nur ihre Krankheit habe ihn daran gehindert, es ihr eher mitzuteilen. Jetzt sei sie ja Gott sei Dank gesund und würde sicher Verständnis dafür haben. Es war wie in einem Lore-Roman oder in jener Moritat, die meine Mutter gerne sang und die von einem Gardeleutnant und seinem sitzen gelassenen Mädchen handelte: »In Stücke wollt' sie sich zerreißen, / ins tiefe Wasser wollt' sie gehn. / Doch, ach, der Fluss war zugefroren, / und keine Öffnung war zu sehn.« Ins Wasser ging die Patientin nicht, aber sie bekam prompt einen Rückfall. Darüber war der Chefarzt so aufgebracht, dass er dem jungen Mann sein neues Glück versalzte und einen aufklärenden Brief an dessen zukünftigen Schwiegervater und Chef schrieb.

Geklagt wurde wenig, auch nicht von denen, die wirklich Grund dazu gehabt hätten. Krankenhauserfahrungen hatten die meisten reichlich, nicht immer positive. Die Ärzte, darüber waren sich alle einig, setzten einen gern unter Druck, wenn sie etwas durchsetzen wollten. Subtil natürlich. Wer eine Operation verweigerte oder ein Medikament, wurde links liegen gelassen und bei der Visite kaum beachtet. Erst wenn man sich der väterlichen Autorität des Arztes beugte, war man wieder lieb Kind.

Die Gespräche auf den Liegeterrassen tröpfelten so dahin. Außer dem üblichen Sanatoriumsklatsch, der immer noch am meisten hergab, ging es ums Essen und ums Wetter. Das Panorama der Alpen wurde kaum noch wahrgenommen. Im Herbst und Frühjahr hüllte es sich oft tagelang in Nebel. Schnee lag reichlich und lange. Lawinen belebten die Unterhaltung. »Habt ihr das gehört? Ein ganzes Dorf soll verschüttet sein!«

Politik war zwar kein Thema, aber Reibereien blieben nicht aus. Zwei Schweizerinnen weigerten sich, mit einer Deutschen am Tisch zu sitzen. Der Grund war wohl eher, weil diese ebenfalls ein Auge auf den schönsten Mann des Sanatoriums geworfen hatte. Die Engländerinnen mokierten sich über die Entrüstung der Schweizerinnen. »Habt ihr vielleicht die Bomben auf den Kopf bekommen oder wir?«

Dass in Davos nach der Währungsreform die Schilder an den Geschäften, »Deutsche unerwünscht«, sofort verschwanden und im Krieg gewisse Nazigrößen in den Sanatorien willkommene Urlaubsgäste waren, wurde von den Deutschen mit Vorliebe in die Diskussion geworfen. Diese Sticheleien belebten die Langeweile des Kuralltags.

Gelegentlich versuchte man, uns mit künstlerischen Darbietungen aus der geistigen Lethargie zu reißen. Eine altjüngferliche Sängerin trällerte Schuberts »Forelle«. Es stimmte uns traurig. In der Adventszeit erfreute uns eine Schulklasse mit Weihnachtsliedern, und ein unbekannter Pianist quälte uns mit Chopin. Zweimal im Monat gab es eine Filmvorführung. Um ja noch einen guten Platz zu ergattern, harrten wir gern bis zum Beginn der Vorstellung eine halbe Stunde auf den harten Stühlen aus. Die Filme waren ziemlich willkürlich ausgesucht worden. Tarzanfilme wechselten mit Western und Lustspielklamotten mit Rührstücken. Gut erinnere ich mich noch an einen herzzerreißenden Film um das Leben und den Tod einer Nonne. Sie starb an Tuberkulose.

Eine große Rolle spielte das Radio. An jedem Bett waren Kopfhörer angebracht. Was gesendet wurde, entschied die Zentrale. Vor allem die Hörspiele hatten es uns angetan. Es gab welche mit endlosen Fortsetzungen, denen wir förmlich entgegenfieberten. Einmal fiel an der spannendsten Stelle der Strom aus, und es gab fast einen Aufstand gegen die Zentrale.

Wenn das ewige Einerlei mit seinen unangenehmen Begleiterscheinungen wie heftiger Übelkeit durch Medikamente, Entzündungen durch Infusionen und anderen Beschwerden uns trotz sonst durchaus vorhandenem Optimismus hin und wieder resignieren ließ, waren es die »Heimkehrer«, die uns klarmachten, in was für einem Paradies wir doch lebten. Die schweren Fälle wurden nämlich im Kantonsspital in Zürich operiert und kehrten anschließend zur Nachkur ins Sanatorium »heim«. Die Geschichten, die wir von ihnen zu hören bekamen, erzeugten ein angenehmes Gruseln, obwohl wir ahnten, dass auch hier Dichtung und Wahrheit sich mischten. Angeblich gab es dort im Spital riesige Säle, und durch die Kellerräume huschten Ratten. Auch ging es zu wie in einer preußischen Kaserne. Die wenigen mitgebrachten Habseligkeiten der Patienten mussten in einer Kiste verstaut und unter das Bett geschoben werden. Und während der Visite hatte jeder Patient, soweit er dazu imstande war, im Nachthemd neben dem Bett zu stehen.

Als eine unserer »Heimkehrerinnen« unter dem Sauerstoffzelt aus ihrer Narkose erwachte, glaubte sie einen Augenblick, Platzregen prassele auf ihr Zelt. Aber wie sie später herausfand, war es nur Polizist Wäckerli gewesen, dessen kehliges Schwyzerdütsch aus den Kopfhörern ihrer Bettnachbarin krächzte. Polizist Wäckerli – Held eines Hörspiels mit ebenfalls vielen Fortsetzungen – war im Spital eine Art Kultfigur. Über vieles durfte gemeckert werden, aber nicht über Polizist Wäckerli.

»Und wie war der Chirurg?«, wollten wir wissen. Die Patientin verdrehte die Augen. »Einmalig. Nicht nur vom Können her, auch sonst. Direkt zum Schwärmen. Aber die Stationsschwester – ein Satansweib, sage ich euch. Eine Sadistin, die die Frischoperierten gern zappeln ließ, bevor sie ihnen gnädig die schmerzstillende Spritze verabreichte. Meine Bettnachbarin, die es vor Schmerzen nicht aushielt, hat sie angefleht, und diese Hexe hat nur gesagt: ›Eine Stunde müssen Sie mindestens noch durchhalten. Vorher gibt's keine neue Spritze.‹ Kurz darauf war der Chirurg erschienen, um nach der Frischoperierten zu sehen. ›Sie brauchen nicht zu weinen, es sieht alles sehr gut aus‹, versuchte er sie zu beruhigen. Die Patientin schluchzte: ›Aber die Schmerzen – ich halte es nicht aus!‹ – ›Ja, warum klingeln Sie dann nicht?‹, fragte der Professor. ›Schmerzen muss hier niemand haben.‹ – ›Hab ich ja! Die Schwester hat gesagt, vor einer Stunde gibt es nichts. Und ich soll nicht so ein Theater machen.‹«

»Wie hat denn der Professor darauf reagiert?«, fragten wir neugierig.

»Er ist ganz ruhig geblieben. Er hat die Schwester nur angesehen und in seiner melancholischen Art gesagt: ›Sechs Stunden haben wir operiert und uns um das Leben dieser jungen Frau bemüht. Und dann halten Sie es nicht einmal für nötig, den Stationsarzt zu informieren und ihm die Entscheidung zu überlassen.‹«

Diese und ähnliche Schauergeschichten hörten wir voller Behagen und waren für die nächsten Tage sehr zufriedene, folgsame Patienten.

In Vorträgen und Gesprächen mit den Ärzten versuchte man, uns klarzumachen, wie wichtig auch für einen Kranken eine Aufgabe sei. Vor allem aber sollten wir uns mehr um unseren Nächsten kümmern. In einem Fall taten wir das tatsächlich und ganz aus freien Stücken: Annelie aus Bayern war gerade sechzehn Jahre und stammte von einem Einödhof. Zu ihrer Lungenerkrankung hatte sie noch eine tuberkulöse Meningitis bekommen und musste jeden zweiten Tag punktiert werden. Dabei wurde Rückenmarksflüssigkeit entzogen und durch Streptomycin ersetzt, zunächst nur ein unangenehmes, aber keineswegs übermäßig schmerzhaftes Verfahren. Doch im Laufe der Wochen hatten die Ärzte wegen der entstandenen Verklebungen immer größere Schwierigkeiten, die richtige Stelle zu finden, und daher wurde das Ganze zu einer furchtbaren Prozedur, vor der die Ärzte genauso zitterten wie die Patientin. So gut es ging, versuchten wir sie vor dieser Tortur abzulenken. Viel Gesprächsstoff fand sich allerdings nicht. Das Einzige, was Annelie interessierte, war ihre Ziege Sophie. Bald war uns dieses Tier vertrauter als unsere eigenen Familienangehörigen. Die Ziege besaß fast menschliche Eigenschaften und hatte eines Nachts durch ihr heftiges Meckern sogar den Hof davor bewahrt, abzubrennen. Melken ließ sie sich nur von Annelie, und der Hund des Bauern hatte größten Respekt vor ihr, nachdem sie ihn zweimal mit einem kräftigen Stoß in die Jauche befördert hatte. Darüber lachte Annelie jedes Mal wieder herzlich. Sogar die Ärzte hatten es sich angewöhnt, nach dieser Wunderziege zu fragen. Wenn dann die Schritte des Chefarztes auf dem Flur zu hören waren, die sich ihrer Zimmertür näherten, brach auf der Station lautlose Hysterie aus, denn bald darauf begann das furchtbare Schreien, und die Ärzte losten heimlich untereinander, wer sie festhalten sollte. Doch die Quälerei war nicht vergebens gewesen. Nach einem Vierteljahr war die Hirnhautentzündung geheilt, und bis auf eine leichte Schwerhörigkeit blieben keinerlei Symptome zurück. Trotzdem zeigte sich Annelie enttäuscht. Niemand interessierte sich mehr für Sophie.

Der Winter war vergangen, aber eine wesentliche Besserung trat bei mir nicht ein, wenn auch die Schmerzen sich in Grenzen hielten. Man hatte an mir verschiedene Medikamente ausprobiert, die aber keine Wirkung zeigten, außer der, dass mir übel davon wurde und ich jeden Appetit verlor. Mein Aufenthalt wurde deshalb um ein weiteres halbes Jahr verlängert. Ein Anteil der Kosten wurde nun von der Schweiz übernommen. Das Geld kam von den Zinsen des beschlagnahmten deutschen Privatvermögens. In dieser Zeit ging es mir finanziell sehr gut. Außer den üblichen dreißig Franken Taschengeld pro Monat bekam ich von John Knittel einen Zuschuss von siebzig Franken. Für damalige Zeiten war ich reich.

Eines Tages entdeckte ich auf dem Dach des Sanatoriums eine kleine Liegeterrasse, auf die sich selten jemand zu verirren schien. Seit meinem zwölften Lebensjahr hatte ich, bedingt durch Internate, Kriegsdienst und Krankenhäuser, mein Leben fast ununterbrochen auf engstem Raum mit anderen Menschen zubringen müssen, wobei ich in den Krankenhäusern als besonders störend empfand, dass man bei jedem Umdrehen seinem Bettnachbarn ins Gesicht starrte. Hier oben störte mich niemand, außer den Eichhörnchen, die auf der Terrasse herumturnten und sich erwartungsvoll zu meinen Füßen kauerten, um gefüttert zu werden. Ich konnte in Ruhe lesen, Briefe schreiben und meinen Träumen nachhängen. An schönen Sommertagen schlich ich mich oft schon vor Morgengrauen hinauf, um den Sonnenaufgang zu genießen, und blieb auch manchmal unbemerkt die halbe Nacht dort oben. Zuerst hatte ich die Berge nicht gemocht und sie als erdrückend empfunden. Aber das Gefühl hatte sich inzwischen verloren, und die Natur wirkte hier auf mich beruhigend und gab mir Frieden, wie ich es aus meiner Kindheit und Jugend gewöhnt war.

Hier oben las ich auch die Briefe von zu Hause, die mir meine Schwester schickte.

Erna beklagte sich über die hohen Abgaben. »Das Fleischsoll werden wohl die wenigsten schaffen. Wir müssen vierzig Zentner Schweine- und zehn Zentner Rindfleisch liefern, und einer hier im Dorf, der dreihundert Morgen hat, muss bald hundert Zentner abgeben und sechstausend Eier! So kann es doch wohl nicht weitergehen! Und immer noch eenen druff aufs Soll.«

Agnes Heidepriem hatte ihr Haus verkauft und war vom Regen in die Traufe geraten. Der neue Hausbesitzer erwies sich als ein schlimmer Finger, der sie, wo er konnte, schikanierte, obwohl oder eben weil sie lebenslanges Wohnrecht hatte. »Er hat meine Hühner totgeschlagen bis auf fünf, und er hat mir jetzt eine alte Pumpe hingestellt, wie sie die Bauern auf der Koppel haben. Die ist ganz verrostet und geht so schwer. Ich rufe nur immer, Herr, erlöse mich von dem Übel! Diese Ungerechtigkeit! Gegen Lügen und Betrügen kommt ja keiner an. Und es sind die großen Herren und tun sich wichtig. Und das Recht ist auf ihrer Seite. Ach, ich könnte noch hunderterlei schreiben.«

Aus Lochow gab es von Luzie einen Bericht: »Denkt Euch, der Gustav Mateke liegt immer noch im Krankenhaus. Er ist wieder operiert worden, hat Gallen- und Magenkrebs.« Und Maria Mateke, seine Mutter, schrieb, dass sie noch immer in der Hoffnung und dem Glauben sei, uns bald wiederzusehen. In den Briefen war viel von Krankheit und Tod zu lesen, aber auch von Verlobungen und Hochzeiten. Doch die vertrauten Stimmen weckten in mir nur noch ein fernes Echo, und auch meine Familie war mir entrückt. Mein Bruder war Vater eines Mädchens geworden, und ein Familientag der Bredows hatte stattgefunden unter dem Motto: »Ein Christenherz auf Rosen geht, wenn's mitten unter Dornen steht.« Die Basen und Vettern gedachten in besonderer Liebe und Treue ihrer Verwandten in der Ostzone, die trotz aller Widrigkeiten dort ausharrten, und ich hörte die Stimme meines verstorbenen Onkels Achim: »Tapferkeit ist lobenswert, aber oft auch dusslig.«

Die Zeit dehnte sich. Ein Ausflug nach Davos-Mitte, um Schaufenster zu begucken, sich etwas Unnützes zu kaufen und sich an einem Campari festzuhalten, war schon ein Ereignis. Auch der Schatzalp, dem durch Thomas Manns »Zauberberg« berühmt gewordenen Sanatorium, stattete ich einen Besuch ab und sah bei der Gelegenheit nach einer Patientin aus Deutschland.

Schließlich kam ein neues Medikament auf den Markt, das an uns getestet werden sollte. Die dafür ausgewählten Patienten wurden über die nicht unerheblichen Nebenwirkungen aufgeklärt. Trotzdem waren sie bereit, dieses Risiko auf sich zu nehmen. Ich selbst war für den Test nicht vorgesehen. Doch ich quengelte so lange, bis sie mir das Mittel schließlich gaben, nicht ohne ausdrücklich zu versichern, dass es für meine Art der Tuberkulose völlig wirkungslos sei.

Ich war die Erste, bei der es anschlug, innerhalb einer Woche.

Die Ärzte konnten es kaum glauben und vermuteten so etwas wie einen Placebo-Effekt. Aber nicht nur das Fieber verschwand, auch die Blutsenkung und das Blutbild besserten sich zusehends. Vorsichtshalber behielt man mich noch drei weitere Monate dort, ehe man mich im Mai '53 entließ und ich zu meinen Eltern nach Niedersachsen zurückkehrte.

12

Ich war inzwischen dreißig Jahre alt, mein Haar hatte sich durch das viele Liegen gelichtet, meine Wirbelsäule sich verzogen, und ich war völlig unselbstständig geworden. Wenn ich zum Einkaufen ins Dorf ging, brauchte ich eine Ewigkeit, bis ich mich schließlich durchrang, den Krämerladen zu betreten. Ich hing buchstäblich am Rockzipfel meiner Mutter, die inzwischen nicht mehr zu den Jüngsten zählte, und war kaum noch imstande, eine Fahrkarte selbst zu lösen. Die Vorstellung, mich wie früher an einen Straßenrand zu stellen und per Anhalter durchs Land zu fahren, ließ mich erschauern. Das musste ein anderer Mensch gewesen sein, der so etwas fertiggebracht hatte! Ich langweilte meine Umgebung mit Krankenhausgeschichten und schrieb eifrig Briefe an die »Zurückgebliebenen« in Davos, während meine Familie davon erfüllt war, wie viele kleinere Bauern mit ihren Familien inzwischen aus Ferchesar und Umgebung in den Westen geflohen waren. Auch das Wunder, dass Lochow nun elektrisches Licht besaß, ließ mich kalt. »Haben wir dir das denn nicht geschrieben?«, fragte mein Vater. Ich erinnerte mich vage. Erst der 17. Juni weckte wieder mein Interesse an der alten Heimat.

Allmählich verblassten die Eindrücke aus Davos, und ich begann mich wieder im Alltag zurechtzufinden.

Dabei ging so manches Nützliche, in der Krankheit Erworbene verloren, zum Beispiel die Fähigkeit, wenn jemand ins Zimmer kam, im Voraus zu wissen, was er jetzt sagen würde, und zwar nicht nur dem Sinn nach, sondern Wort für Wort. Auch meine Tagträume lösten sich in Nebel auf.

In die blaue Gruft kehrte ich nicht mehr zurück. Auch ich war jetzt im Schloss untergebracht, da die meisten Flüchtlinge weggezogen waren. Mein Zimmer war klein, aber hatte sehr viel Sonne. Ich war nach wie vor nur bedingt arbeitsfähig, hatte so gut wie nichts gelernt und war ausschließlich damit beschäftigt, für die Behörden Nachweise zu erbringen, Anträge auszufüllen und amtsärztliche Untersuchungen über mich ergehen zu lassen.

»Ihr Antrag auf Gewährung einer einmaligen Beihilfe zu den Kosten für Zahnersatz ist bislang durch das niedersächsische Landessozialamt in Hannover nicht zurückgegeben worden. Es muss geprüft werden, ob die Kosten von der allgemeinen Fürsorge getragen werden können. Zu diesem Zweck ist der Behandlungsplan des niedersächsischen Landessozialamtes in Hannover angefordert worden. Beiliegende Formulare sind auszufüllen und zum unten genannten Stichtag persönlich abzugeben.«

Ganze Mappen füllten sich mit derartiger Korrespondenz. Bald waren meine Eltern und ich nur noch in dieses Behördendeutsch verstrickt, und wir redeten von »dem Geschädigten«, vom »Sparerschaden«, von »Vertreibungsschäden« und »Ostschäden«, von den »Geschädigten an sich«, den »Antragsberechtigten«. Es kostete viel Zeit und Mühe und Lauferei, bis man mir eine Kriegsschadensrente aus dem Lastenausgleich zubilligte.

Viele Mitschülerinnen aus meinem früheren Internat schienen die gleichen Erfahrungen zu machen. Das ging jedenfalls aus den Rundbriefen hervor, die von einer tatkräftigen Ehemaligen wieder in Umlauf geschickt wurden. Die größten Schwierigkeiten hatten die Auswanderer. »Drei Jahre haben wir nun um das Visum für die USA gekämpft. Dann endlich die Vorladung zum Konsulat. Untersuchung, Fragen, Fingerabdrücke, körperliche und seelische Prüfung, damit sich auch nicht ein schwarzes Schaf einschleiche. Und dann wieder nichts. Aber ans Warten haben wir uns ja alle gewöhnt. Dann, eines Tages, die telegrafische Aufforderung, innerhalb einer Stunde abfahrbereit zu sein. Den Zug haben wir nicht mehr erreicht, wir mussten ein Taxi von Göttingen nach Hannover nehmen.« Diese Rundbriefe boten in Kurzform wirklich alles, was unterhaltend, nützlich und wichtig war, wo man billig übernachten, wo man Ferien machen konnte, was einen im Ausland als Hilfe im Haushalt erwartete, Familienanzeigen, Hilfsangebote in Form von Kleidung, Nahrungsmitteln und Geld, Spendenaufrufe für besonders in Not geratene Mitschülerinnen, vor allem in der Ostzone, Preislisten für Weine, Wäsche und Bürsten, hergestellt von einem kriegsblinden Ehemann, dazu Berichte aus der neuen Heimat: Brasilien, Argentinien, Amerika, Spanien, England oder Frankreich. Manche waren durch ganz Europa getrampt, und alle waren sie im Gegensatz zu mir tüchtig und voller Lebensmut. Und ich, sozusagen weder Fisch noch Vogel und ohne jeden Mumm, war nicht mehr in der Lage, mich zu irgend etwas aufzuraffen, obwohl mich meine Umgebung mit aufmunternden Worten und guten Ratschlägen reichlich versorgte. Mein Gott, es gab doch so viel Möglichkeiten, auch für einen Menschen, der vielleicht nicht mehr unbedingt schwere Säcke schleppen konnte! Man kenne da zum Beispiel eine reizende alte Dame in einer prachtvollen Villa, die warte nur darauf, von einem netten Menschen ein wenig unterhalten zu werden. Zu tun gebe es nichts, Personal sei reichlich vorhanden. Vielleicht mal am Vormittag mit dem Chauffeur einkaufen fahren, sonst nur Bridge und anderer Zeitvertreib. Mir wurde ganz mulmig bei dem Gedanken. »Bin ich Mrs de Winter Nummer zwei?«, sagte ich mürrisch und dachte an die

Heldin aus Daphne du Mauriers »Rebecca«, die als junges Mädchen bei so einer Person als Gesellschafterin ihr Leben fristen musste, ehe sie ihren Märchenprinzen fand.

Meine Mutter erregte sich: »Du bist doch noch viel zu elend. Sollen sie dich doch in Ruhe lassen! Der nette Arzt in Hildesheim hat mir damals gleich gesagt: ›Schützen Sie Ihre Tochter vor den Gesunden!‹ Wie recht der Mann hatte. Findest du nicht auch, Sigi?«

»Hm, hm«, sagte mein Vater. Wir saßen in seinem winzigen Refugium bei der Vesper, und wie immer hörte er nicht zu.

»Nun sag doch auch mal was.« Meine Mutter wurde ungeduldig.

Vater seufzte. »Ihr werdet es schon richtig machen. Ist eigentlich noch Kaffee da? Ich hätte gern noch welchen. Aber nur einen ganz kleinen Schluck.«

»Du und dein kleiner Schluck«, sagte meine Mutter. »Jeden Nachmittag dasselbe. Ich gieß dir jetzt die Tasse voll und fertig.« Sie stand auf.

Vater zwinkerte mir zu. »Was bist du heute so gereizt, Urselchen?«

Im Ganzen waren meine Eltern recht zufrieden. Vater liebte seine Arbeit im Wald, auch wenn es nicht sein eigener war. Er verdiente jetzt monatlich im Schnitt 250 Mark, abzüglich 26 Mark Lohnsteuer, 2,10 Mark Kirchensteuer und 2,75 Mark Notopfer Berlin. Meine Mutter ärgerte sich, dass er als Schwerbeschädigter einen geringeren Stundenlohn bekam. »Ach, lass doch«, sagte Vater unbehaglich.

»Trotzdem«, sagte meine Mutter. »Mein Gott, die Leute sind von sonst woher gekommen, um den Forsteleven zu zeigen, wie vorbildlich dein Wald angelegt war. Arbeiten tust du doch genauso viel wie die anderen.«

»Macht jemand mal das Radio an?«, sagte Vater. Der Jemand war in diesem Falle natürlich ich. Vater saß direkt daneben, aber es wäre ihm nie eingefallen, wenn er einmal saß, für irgendeine Handreichung aufzustehen. Dazu hatte ihn meine Mutter viel zu sehr verpimpelt. Nach seinem Tode fanden wir dann einen Briefentwurf an den Forstmeister, in dem er die Sache mit dem Stundenlohn zur Sprache brachte. Aber geschrieben und abgeschickt hat er ihn wohl nie.

Die Wohnverhältnisse waren immer noch beengt. Im Zimmer meiner Mutter wurde gekocht, und hier nahmen wir die Mahlzeiten ein, denn es war das einzige, das über einen Wasserhahn verfügte. »Jeder ist mal oben und mal unten«, pflegte Vater zu sagen, wenn meine Mutter sich über irgend etwas beklagte, was sie selten tat. Meine Mutter war ein sehr geselliger Mensch und genoss es sichtlich, nach der Abgeschlossenheit in Lochow so viele Menschen um sich zu haben. Mehrmals im Monat fuhr sie nach Hannover und kam dann ganz beschwingt wieder. »Na, wie war's, Urselchen?«, fragte mein Vater, wenn sie zurückkam, hörte dann jedoch, wie immer, überhaupt nicht zu, verlangte aber, dass sie ihm Gesellschaft leistete. »Wo rennst du denn nun schon wieder hin? Sei doch nicht so ungemütlich!«

Das Schloss fing allmählich an, sich herauszuputzen. Es wurde viel renoviert, und auch der Park mit seinen teilweise exotischen Bäumen, die der Urahne von seinen Auslandsreisen mitgebracht hatte, wurde wieder gepflegt. John Knittel kam nun häufig zu Besuch und freundete sich mit meinem Vater an, der ihn beim Kauf eines Reitpferdes beriet. Das Angebot, es selbst zu reiten, lehnte Vater ab, erregte sich aber darüber, dass das Tier zu viel voltigiert wurde. »Stell dir vor, Ursel, immer nur auf der linken Hand!«

»Ja, ja«, sagte meine Mutter zerstreut, die von Pferden so

gut wie nichts verstand und nun ihrerseits nur mit halbem Ohr hinhörte.

Mein Vater tat einen tiefen Seufzer. »Na, dann gehe ich jetzt mal in den Garten. Soll ich dir Rhabarber mitbringen?«

»Bitte nicht«, sagte meine Mutter sehr bestimmt. Jeden Tag kam Vater mit Bergen von Rhabarber, den niemand mehr haben wollte.

Im Dorf hatte sich so manches verändert. Der Aufbau war auch dort spürbar. Die Flüchtlinge begannen bereits, den Einheimischen den Rang abzulaufen, und zeigten sich recht selbstbewusst. Aus ihren Verkaufsbuden und Gemüsekarren waren inzwischen kleine Läden geworden. Bei Geburtstagen und Kaffeekränzchen in ihren Wohnstuben ließen sie sich bei der Bewirtung nicht lumpen. Ihre Kuchenberge konnten sich durchaus mit denen der Alteingesessenen messen – »Langen Sie doch bitte ordentlich zu!«. Die Einheimischen betrachteten sich säuerlich das wadenlange blaugraue Kostüm ihrer Gastgeberin mit dem schwarzen Spitzeneinsatz und flüsterten sich hinter vorgehaltener Hand zu: »Ihr werdet sehen: oben hui und unten pfui. Ja, ja, wenn Schiet wat ward.«

Im Frühjahr '54 mussten meine Mandeln entfernt werden. Der Hals-Nasen-Ohren-Arzt schüttelte nur den Kopf. »Wie lange laufen Sie denn schon mit solchen vereiterten Dingern herum?« Es gab die übliche Schwierigkeit mit der Krankenkasse. Sie sah nicht ein, warum ich diesen Eingriff nicht im Kreiskrankenhaus vornehmen ließ, sondern mir dafür eine Klinik in Hannover ausgesucht hatte. Erst nach langem Hin und Her war sie bereit, die Kosten dafür zu übernehmen.

Während der in Lokalanästhesie durchgeführten Operation hakte mein Kiefer dauernd aus. »Typische Degenerationserscheinung«, sagte der Arzt unwillig, während er mir den Kiefer wieder zurechtschob. Danach gab er mir den Rat, wenn irgend möglich, an die See zu fahren. »In Ihrem Alter sollte man eine Mandeloperation nicht auf die leichte Schulter nehmen.« In Ihrem Alter … – der Satz fuhr mir in die Knochen. Er hatte recht. Von der Natur her gesehen, lagen die besten Jahre bereits hinter mir.

Meine melancholischen Betrachtungen darüber und mein geschwächter Zustand fanden diesmal bei meiner Mutter nicht das gewohnte Echo. Ehe ich ihr von dem Kurvorschlag des Arztes berichten konnte, sagte sie ganz belebt: »Stell dir vor, sie wollen hier einen Film drehen! Die Produktion hat bereits den Drehort besichtigt.«

Es sollte ein Melodrama werden mit Luise Ullrich und Paul Hartmann und anderen Stars, die wir noch vom Krieg her kannten. Luise Ullrich als Frau von Bredow gesellte sich während der Drehpausen gern eifrig strickend zu meiner Mutter. Später, als wir dann den fertigen Film im Kino zu sehen bekamen, bestieg sie im Schneegestöber in Stöckelschuhen einen Schlitten, um von dem Gut zu fliehen. Wir spielten das Gesinde und jubelten der Schlossherrin beim Erntefest zu. Abends um acht wurde immer noch derselbe Satz geprobt. »Ich trinke auf das Wohl meiner Mutter«, und das seit neun Uhr früh.

Der junge Schauspieler maulte. Er war seiner Meinung nach als Sohn des Hauses nicht standesgemäß genug untergebracht und musste mit einem drittklassigen Hotel vorliebnehmen. In einer Szene wurde ein Hirsch, entgegen jeder waidmännischen Regel, mit Schrot erlegt, und es gab wie immer den üblichen Ärger mit dem Wetter und lange Diskussionen, ob man nicht noch ein Ballett in die Handlung einbauen sollte. Die scherzhafte Bitte meiner Mutter, ihr nach den Dreharbeiten die im Park aufgestellten Grabsteine mit unserem Namen zu überlassen, stieß auf großes Unverständnis.

Sie gehörten schließlich zum Fundus, auch wenn der Name »von Bredow« darauf angebracht war. Der Name war es dann auch, der die Gemüter im Familienverband erhitzte. Ein Prozess wurde angestrengt und ein Vergleich geschlossen.

Reporter fürs Lokale wimmelten überall herum, und dauernd war jemand damit beschäftigt, Luise Ullrich für ein Interview herzurichten. Vater traute sich kaum noch ins Schloss. Meist verzog er sich gleich in seinen Garten. Diese vielen fremden Menschen, einfach grässlich! Sein Urselchen hatte überhaupt keine Zeit mehr für ihn.

Auch ich fühlte mich vernachlässigt. Was war denn nun eigentlich wichtiger: das Getue um diese Schauspielerin oder meine Gesundheit? Ich spielte den Rat meines Arztes etwas hoch. »Unbedingt an die See, hat er gesagt!«

»Warum hast du mir das nicht erzählt?«, rief meine Mutter ganz zerknirscht.

»Gott, du warst so beschäftigt«, sagte ich und machte meiner armen Mutter mit sanfter Stimme eine jener enervierenden Szenen, wie sie nur ein Kranker perfekt beherrscht.

Die Wirkung war prompt. »Natürlich kommst du an die See. Das wäre doch gelacht.« Und tatsächlich fand sich ein Weg. Das Rote Kreuz bot mir an, in seinem Erholungsheim auf Wangeroog die Mahlzeiten einzunehmen. Ein Zimmer müsse ich mir selber suchen, da das Heim bis weit in den Herbst hinein restlos ausgebucht sei. Das war doch schon etwas. Ich bekam über die Kurverwaltung ein billiges Zimmer. Vor allem aber schloss ich eine Regenversicherung ab, die gerade eingeführt worden und ein ganz großer Renner war.

Auf Wangeroog regnete es Bindfäden. Regen an der See ist im Allgemeinen nicht stimmungsfördernd, aber diesmal war es völlig anders. Auf der Insel herrschte eitel Freude bei Einheimischen und Kurgästen gleichermaßen. Die Regenversicherung hatte zu ihrem Leidwesen Hochkonjunktur, und was durch die Versicherten eingenommen wurde, kam Lokalen und Pensionen zugute. Niemand reiste ab, schon deshalb nicht, weil die Auszahlung vom Aufenthalt abhing. Die kleine Agentur auf der Insel konnte die vielen Abschlüsse kaum bewältigen. Die Formulare gingen ihr aus, es musste improvisiert werden. Jeden Morgen wiederholte sich das Ritual: Jemand klopfte ans Barometer und rief dann in den Frühstücksraum: »Es fällt!«, was einen Jubelschrei hervorrief.

Auch ich verdiente kräftig aus meiner Versicherung, über tausend Mark, ebenso viel, wie meine Kriegsschadensrente für ein ganzes Jahr betrug. Damit konnte ich meine kleine Reserve, die ich mir selbst in den schlechtesten Zeiten immer zurückgelegt hatte, kräftig aufstocken. Meiner Familie erzählte ich vorsichtshalber nichts davon, sonst hätten sie mich womöglich gleich wieder angepumpt.

Zu allem Glück wurde dann doch noch ein Platz in dem Kurheim des DRK frei, in das ich übersiedelte.

Für ein paar Tage besuchte mich meine Schwester mit Gabrielchen. Das Kind hüpfte so lange in die Nordsee, bis es vor Überanstrengung weinte. »Vielleicht legen wir sie besser ein Stündchen hin«, sagte ich.

»Meinst du wirklich?«, fragte meine Schwester erstaunt. Sie war eine liebevolle, aber sorglose Mutter. Außerdem hielt sie es nie lange an einem Fleck aus. Sie hatte auf dem Weg von Bayern nach Wangeroog noch mindestens fünfzig Bekannte besucht und rannte jeden Tag quer über die ganze Insel. Ihre blühende Gesundheit reizte mich. Wie konnte ein Mensch nur so gesund sein!

Was tat ich nach Wangeroog? Ich weiß es nicht mehr im Einzelnen. Auf jeden Fall versuchte ich, ganz neu anzufangen und in Hamburg Fuß zu fassen, und Freunde nahmen mich wechselweise bei sich auf. Obwohl man damals meist sehr beengt wohnte, rückte man eben zusammen. Ich revanchierte mich, indem ich mich als Einhüter betätigte, wenn sie zu ihren bescheidenen Urlaubsreisen aufbrachen, die oft auf einem Zeltplatz endeten. Die Kinder nahmen die frohe Botschaft, mich nun allein am Hals zu haben, stumm und mit gesenkten Mundwinkeln zur Kenntnis.

Während ich mich nach Kräften bemühte, wieder ein selbstständiger Mensch zu werden, war in Lochow eine Menge passiert. Sigmund Mateke, der mit drei seiner Onkel in den Westen gegangen war, hatte sich dort an Tuberkulose angesteckt und lag in einer Heilstätte. Ilse Trägenapp hatte im November '55 Arno Mateke geheiratet. Er wäre einen Tag vor Heiligabend fast zu Tode gekommen. Er war mit seinem Arbeitskollegen auf dem Motorrad in ein schweres Unwetter geraten und unter einem umstürzenden Baum begraben worden. Sein Kollege war sofort tot. Er selbst wurde Stunden später bewusstlos aufgefunden. Drei Wochen lag er im Koma und zog sich im Frühjahr auch noch eine Lungenentzündung zu, deren Folge eine Tuberkulose war. Nun waren wir schon drei Lochower mit derselben Krankheit.

Freunde vermittelten mir für die Saison '56 eine Stellung als Halbtagssekretärin in einem Kinderheim an der Nordsee. Ich hatte so meine Bedenken. »Ich kann noch nicht mal richtig Schreibmaschine, von Stenografie ganz zu schweigen. Und im Rechnen bin ich auch nicht gerade ein Meister.«

Sie blieben beharrlich. »Versuch's doch wenigstens mal. Es wird schon schiefgehen.«

Die Heimleiterin hatte dann auch ihre Last mit mir. Für die Abfassung eines Briefes brauchte ich gut und gern einen Vormittag, und mit meiner Interpunktion und der Orthografie war es auch nicht weit her. Dafür war ich billig. »Wir haben hier auch eine Gräfin«, schrieben die Kinder nach Haus. »Sie wohnt bei den Katzen.« Das stimmte. Katzen aller Altersklassen belebten mit mir den Dachboden. Der Seewind, der durch die unverkleideten Dachziegel pfiff, wimmerte mit ihnen um die Wette.

Die Heimleiterin war rundlich, vollbusig und ungeheuer vital, was sich im schmetternden Gesang niederschlug. Auch ihre Unterkunft war recht bescheiden. Von einem eigenen Klo oder Bad konnte natürlich keine Rede sein. Aber die Kindergärtnerinnen waren noch schlechter dran. Neben jedem Schlafsaal befand sich ein winziges Kabuff für sie, damit sie durch ein Fenster die Kinder im Auge behalten konnten. Ausgang gab es wenig, und die Gehälter waren knapp bemessen. Die zukünftigen Lehrerinnen, die hier ihr Praktikum vor dem Schuldienst ableisteten, hatten nichts zu lachen. Sie wurden noch mehr gescheucht als das Personal. Dafür nahmen sie so manches mit, was für den Umgang mit ihren zukünftigen Schülern nützlich war. Sie lernten, dass in einem Raum mit vielen Kindern der Geräuschpegel eine bestimmte Lautstärke nicht überschreiten darf, weil sich sonst die Meute nicht mehr bändigen lässt. Sie lernten, ein Kind nie in der Gruppe anzusprechen, sondern es herauszuholen und es so nah wie möglich vor sich aufzustellen. Und sie lernten eine Menge an Kinderpflege. Aber als Erstes lernten sie, dass das Strandleben nicht ihrer eigenen Erholung diente, eine Illusion, der sich manche von ihnen hingaben, allerdings nur für sehr kurze Zeit. Zigarettenrauchend legten sie sich in eine Strandburg. Doch der mächtige Schatten der Heimleiterin fiel plötzlich über sie wie ein Bussard über eine Maus. Sie sprangen augenblicklich hoch, und schon waren sie wieder bei der ihnen anvertrauten Gruppe, bildeten einen Kreis und sangen mit durchdringender Stimme: »Dornröschen war ein schönes Kind, schönes Kind.«

Die Kinder kamen teilweise aus sehr ärmlichen Verhältnissen. Ein Junge wurde ausgelacht, weil seine Schuhe wirklich recht plump waren. Er stammte aus einer kinderreichen Familie, und sein Vater hatte sie ihm selbst angefertigt. Die Heimleiterin drehte den Spieß sofort um. Sie kam in den Schlafsaal und sagte: »Wer ist das Kind, das Maßschuhe trägt, die ihm sein Vater selbst angefertigt hat?« Der Junge zeigte sie ihr verschämt, und sie bewunderte sie ausgiebig und sagte: »So was Fabelhaftes habe ich ja noch nie gesehen.« Daraufhin schrieben einige der Kinder vorwurfsvoll nach Hause, sie wollten auch maßgefertigte Schuhe.

Aber es kamen auch Kinder, die sich in einem geradezu prächtigen Zustand befanden, wohlgenährt und wohlgekleidet. Es waren meist Sprösslinge der Kleinstadtprominenz, und der Grund ihrer Verschickung war immer derselbe: nächtliches Aufschreien. Beim Ausfüllen der Kurbogen zum Abschluss vermerkte deshalb die Heimleiterin gern »Gefälligkeitsverschickung« und meinte, bei den vielen nächtlichen Aufschreien müssten ganze Häuserblocks aus dem Schlaf gerissen worden sein.

13

Inzwischen hatte meine Schwester für meinen Vater eine neue Tätigkeit gefunden. Eine ihrer Internatsfreundinnen besaß einen kleinen Hof am Ammersee, auf dem sie aber nicht lebte. Dort sollten meine Eltern wohnen, und Vater sollte den Wald betreuen. Sie bat mich, den Umzug für die Eltern vorzubereiten, denn sie selbst erwartete wieder ein Baby. So nahm ich im Herbst Abschied von Katzen und Kindern. Die Heimleiterin wirkte eher erleichtert. »Als Gast werden Sie uns stets willkommen sein«, sagte sie voller Herzlichkeit und brachte mir mit den Kindern ein Abschiedsständchen, und es schien mir, als ob ihr Sopran besonders jubelnd klang.

Ich fuhr erst einmal zu meiner Schwester, bei der meine Eltern zu Gast waren, um alles mit ihr zu besprechen. Noch war das Wirtschaftswunder den wenigsten Mitreisenden anzusehen und die erste Klasse kaum besetzt. Ein bescheiden gekleideter Vertreter schüttete mir sein Herz aus. Es war ein schweres Geschäft, erst ließen sich die Ladeninhaber stundenlang jedes Muster an Tellern, Tassen und Gläsern zeigen, studierten die Preislisten, und wenn man dann vom Erklären und Anpreisen schon eine ganz trockene Kehle bekommen hatte, winkten sie ab, und man konnte alles mühsam wieder einpacken und wegschleppen. Ich hörte teilnahmsvoll zu. Voller Dankbarkeit sagte er spontan: »Wissen Sie was? Kommen Sie doch mit zu mir nach Haus. Meine Frau wird sich freuen.« Und vor meinen Augen stand gleich ein puppiges Frauchen im Stil der Frauenzeitschrift »Constanze«, jedes

Löckchen am richtigen Platz. Ob sie mich allerdings begeistert begrüßen würde, war eine andere Frage.

Das Faszinierende einer Bahnfahrt war und ist für mich weniger die Gegend, durch die man fährt; es sind die Geschichten, die einem geboten werden. Man schiebt eine Abteiltür auf, deutet auf einen Sitzplatz und fragt schüchtern: »Ach, verzeihen Sie, ist der vielleicht noch frei?«, und wenig später wird einem die nette rundliche Dame am Fenster das grässliche Schicksal ihrer Schwiegermutter erzählen, die beim Schwimmen im Wannsee unter einen Dampfer geriet. Abgesehen von grausigen Ereignissen dieser Art oder dem etwas weniger entsetzlichen, wenn auch ähnlichen Ende eines Kanarienvogels, der in einer Bowle ertrank, habe ich in der Bahn so manches Interessante erfahren und gelernt, etwa, wie man eine französische Fischsuppe zubereitet, wie man Schnupfen bekämpft und welche Zierfische sich für ungeheizte Aquarien eignen.

Meine Schwester holte mich mit meiner Nichte vom Bahnhof ab. Auf dem Weg zum Bus hüpfte Gabriele trällernd vor uns her. »Ich sehe was, was du nich siehst, und das brummt.«

»Ein Teddybär«, sagte ich. Sie schüttelte den Kopf.

»Ein Staubsauger.« Sie schüttelte wieder den Kopf.

»Na, dann vielleicht ein Radio«, versuchte ich zu raten.

»Mm, mm.« Gabrielchen war begeistert von ihrer begriffsstutzigen Tante.

»Da ist der Bus«, sagte meine Schwester schließlich ungeduldig, denn sie hatte Wichtigeres auf dem Herzen. »Lass dich überraschen«, sagte sie geheimnisvoll. Und das tat ich dann auch. Diese leichtsinnige Familie hatte sich einen Kühlschrank angeschafft. Ölöfen, Propangas, eine Musiktruhe und nun schon wieder so was Luxuriöses!

Meine Schwester warf mir einen prüfenden Blick zu. »Was

hast du eigentlich in dem Kinderheim so verdient?«, fragte sie.

Ich trat einen Schritt zurück. »Nicht so viel, wie du denkst«, sagte ich. Im neuen Kühlschrank, an dem ich gelandet war, klirrte es.

»Pass doch auf!«, sagte Gabriele strafend im Ton ihrer Mutter. In den kurzen Seppelhosen mit den Hosenträgern sah sie richtig keck aus. Sie tobte mit den anderen Flüchtlingskindern den ganzen Tag auf dem Hof herum, benützte zum Entsetzen meines Schwagers das Heugebläse als Rutschbahn und kam mit einer Panzerfaust nach Haus, die sie im Wald gefunden hatte. Sie verehrte ihre Lehrerin, putzte sich ihretwegen fünfmal am Tag unaufgefordert die Zähne, schmückte Marienbilder mit Kerzen und Blumen und wurde überhaupt sehr fromm. Die Familie sah es mit Misstrauen. Das Kind würde doch nicht etwa katholisch werden? Schließlich stammten unsere Familien von den Hugenotten her, jedenfalls zum Teil. Nur mit Mühe hatte mein Schwager sie dazu bringen können, mit ihm und ihrer Mutter ins Krankenhaus zu fahren, als sich eine Blinddarmentzündung ankündigte. Sie weinte herzzerbrechend und sehr laut vor sich hin. Nur kurz vor der Schule fragte sie ihre Eltern plötzlich mit ganz normaler Stimme: »Muss ich mich ducken?« Ihre größte Angst war, von der Lehrerin im Auto entdeckt zu werden, denn die könnte ja denken, sie wolle die Schule schwänzen.

Meinen Eltern ging es wie Nikolai damals. Sie freuten sich auf ein eigenes Zuhause und darauf, dass sie keine Rücksicht mehr auf Mitbewohner und empfindliche Zimmernachbarn nehmen mussten. Während ich mir Gedanken darüber machte, ob sich meine Mutter in dieser Einöde wohlfühlen würde, sorgte sie selbst sich mehr um meine Zukunft. »Du weißt ja bald überhaupt nicht mehr, wo du hingehörst.«

Das stimmte. Überall waren meine paar Habseligkeiten verstreut, teils bei Freunden in Hamburg, teils im Wasserschloss, teils bei meiner Schwester. Dauernd war ich auf der Suche nach irgend etwas. Aber daran hatte ich mich längst gewöhnt. Nach dem Umzug wollte ich erst einmal wieder nach Hamburg, um mich nach Arbeit umzusehen. Für eine Ganztagstätigkeit war meine Gesundheit allerdings noch nicht stabil genug. Schon der Umzug war nicht ganz das Richtige für mich, das Schleppen von Kisten und Möbeln nahm der Körper übel. So landete ich danach erst einmal wieder in Hildesheim im Krankenhaus.

Die Nonnen freuten sich, mussten mir aber mitteilen, dass sie diesmal kein Einzelzimmer für mich hätten, jedenfalls nicht für die erste Woche. Leider sei auch nur ein Bett in einem Sechserzimmer frei, aber, mit besonders netten Patienten, eine Frau Bauer habe einen sehr guten Einfluss auf die anderen. Ich würde mich bestimmt wohlfühlen.

Frau Bauer lag, wie sie mir als Erstes mitteilte, angeblich nur deshalb in der dritten Klasse, um der Langeweile in der ersten zu entfliehen. Sie war Witwe und trauerte immer noch um ihren lieben Mann, der vor fünfzehn Jahren verstorben war. In den anderen Krankenzimmern unterhielt man sich ungeniert über Männer und machte zweideutige Witze. Bei uns gab es so etwas nicht. Unsere Unterhaltung drehte sich um Kochrezepte, und man sprach über Filme wie »Das Erbe von Björndal« und darüber, dass man sich jetzt alles so praktisch über einen Katalog bei Neckermann bestellen konnte. Nach dem Abendbrot knipste Frau Bauer die Deckenbeleuchtung aus, ihr Bettlämpchen an und las vor, Marie von Ebner-Eschenbach und Theodor Storm.

So vergingen die Tage mit festem Programm, bis eine der Patientinnen auf die innere Station verlegt wurde. Ihre Nachfolgerin hieß Magdalena, sah aus wie eine bleistiftdünne Madonna und war die Braut eines Zigeuners. Als José zum ersten Besuch erschien, starrten wir ihn fasziniert an. »Sieht er nicht wie Clark Gable aus?«, flüsterte mir meine Bettnachbarin zu. Bereits am nächsten Besuchstag brachte er den halben Stamm mit, etwa zwölf Personen. Da es so viele Stühle nicht gab, setzten sich die Gäste zwanglos auf unsere Betten. Auf meinem hatten eine Großmutter, ein Onkel, zwei Nichten und ein dreijähriger Junge Platz genommen. José packte einen wunderhübschen Stoffblumenstrauß aus und besprühte seine Braut mit einem Parfüm, dessen intensive Duftschwaden noch lange in unserem Zimmer hingen, was Frau Bauer veranlasste, den Rest des Abends mit einem an die Nase gedrückten Spitzentüchlein zu verbringen. Doch uns störte das nicht, denn wir zogen nach diesem aufregenden Tag vor, auf Magdalenas Erzählungen über die Stammesbräuche zu lauschen, statt auf Theodor Storm. Und so blieb es auch die nächsten Tage.

Einmal klopfte es abends leise an der Tür. Herein schob sich José mit glitzernden Augen und leicht schwankend. Diesmal verbreitete sich ein Duft, der auf hochprozentigen Alkohol schließen ließ. José warf mit tänzerischer Grazie sein Jackett über einen Stuhl und umarmte Magdalena stürmisch. »Mein Liebling, mein Sonnenschein, komm wieder nach Haus. Was willst du hier unter diesen Fremden?«

»Na, hören Sie mal!«, rief Frau Bauer empört.

Mit einem Satz war er bei ihr, zog blitzschnell sein Hemd aus, zeigte der erstarrten Witwe voller Stolz seinen muskulösen, mit Narben verzierten Oberkörper, sah sie unverschämt an und sagte: »Na?«

Frau Bauer rutschte ängstlich unter ihre Bettdecke.

Dann schoss er zu seiner Braut zurück, hob sie aus dem Bett und stellte sie auf den Boden. Als er ihr jedoch aus dem Nachthemd helfen wollte, gab ihm Magdalena eine kräftige Ohrfeige und wankte hinter den Vorhang am Waschtisch. Dann zog sie sich, von José unterstützt, vollständig an und verließ an seinem Arm das Zimmer.

Wir erwachten aus unserer Erstarrung. »Sollten wir nicht klingeln?«, sagte ich. Doch dann hörten wir, wie sich auf dem Flur bereits ein hitziges Streitgespräch zwischen den beiden und der Nachtschwester entwickelte, die die Patientin auf keinen Fall weglassen wollte. Vergeblich. Ehe sie den Arzt holen konnte, waren Magdalena und ihr Zigeuner bereits verschwunden.

Das Bett wurde schnell wieder belegt. Magdalenas Nachfolgerin hatte drei kleine Kinder, von denen sie dauernd erzählte, und einen Ehemann, dessen Qualitäten sie uns gar nicht genug anpreisen konnte. Also eine ganz normale Patientin. Unser Leben verlief dementsprechend gesundheitsfördernd langweilig. Der abendliche Pfefferminztee kühlte auf den Nachttischen aus, während Frau Bauer vorlas. Diesmal Gottfried Keller.

Nach drei Wochen wurde ich entlassen und fuhr kurz vor Weihnachten zu meiner Schwester. Das Baby war inzwischen da, es war ein kräftiger Junge, der Anfang des Jahres 1957 auf den Namen Albrecht getauft wurde. Das erste Wort, das später aus seinem Mund kommen sollte, war »warum«. Er wurde ein fröhliches Kind, das nur weinte, wenn Buschi ihn daran hinderte, die Wendeltreppe anzusteuern, indem er ihn jedes Mal an seinem Kittel wieder zurückzog. Sein Verbrauch an Schnullern war ungeheuerlich. Er versteckte sie überall, um immer einen in Reserve zu haben. Dummerweise hatte auch

Buschi eine Vorliebe für Schnuller und zerkaute sie mit Genuss. Nachttöpfe hielt Albrecht zum Leidwesen seiner Mutter für überflüssig. Aber Gabrielchen stand ihm bei und warf die vollen Windeln einfach aus dem Fenster in die Johannisbeerbüsche, wo sie meine Schwester wieder herausklauben musste.

»Warum macht das Kind ein so nachdenkliches Gesicht?«, fragte eines Tages mein Schwager.

»Er hat den Klöppel von der Weihnachtsklingel verschluckt«, erklärte meine Schwester. Sollte man nun den Arzt holen? I bewahre. Es gab ja genug Hausmittel für solche Fälle. Seine Mutter stopfte ihn mit Sauerkraut voll und Kartoffelbrei. Und tatsächlich, es half. Der Klöppel kam wieder zum Vorschein.

Was die Phantasie betraf, folgte der Junge der Familientradition. Auch er besaß eine bemerkenswerte Einbildungskraft. Hatte mein Schwager als Kind im heimatlichen Park bei jedem Unfug auf den Rat dreier Männer gehört – Herrn Pietsch, Herrn Babs und Herrn Knoblauch, die in einer Eiche wohnten und die er stets zur Verteidigung heranzog, wenn er etwas ausgefressen hatte –, so begegnete Albrecht im Wald dem halben Zoo. Einmal, beim Mittagessen, er muss sechs gewesen sein, sagte er mit ruhiger Stimme: »Mama, weißt du, was ich auf der Koppel gesehen habe?«

»Wahrscheinlich ein Krokodil«, sagte meine Schwester zerstreut, denn ihr brannte gerade ein Eierkuchen an.

»Kein Krokodil. Einen Luftballon! Größer als das Schloss.«

»Gestern war's ein Elefant«, erinnerte ich ihn. Er zuckte die Achseln. Er war es gewohnt, dass man ihm nicht glaubte. Bis die drei Männer aus dem Fesselballon auf den Hof kamen und um Hilfe baten.

14

Nachdem sich meine Eltern in ihrer neuen Umgebung eingelebt hatten, war ich nach Hamburg zurückgekehrt und dort
zu Freunden gezogen, die es sich zur Aufgabe machten, mich
unter Leute zu bringen. Ich musste also *unbedingt* auf einen
ihrer Adelsbälle. So etwas gab es nun wieder. Der Adel, der
sich hier versammelte, pflegte älter zu sein als der Wein, und
man hielt sich möglichst zu zweit an einer Flasche fest. Eine
Tanzkapelle spielte milde Weisen, Tango und langsamen
Walzer, auch mal einen Slowfox. Die »ausgelassene Stimmung« war im Allgemeinen um Mitternacht beendet.

Mein Kleid war geborgt. Es strammte ein wenig über dem
Busen, war aber sonst ganz passabel. Die Schuhe sollte ich
mir von einem »Mädchen« aus einem meiner vielen Internate
leihen. Meine Freunde hatten das arrangiert. »Sie hat dich
eingeladen, wohnt draußen in den Elbvororten. Piekfein. Der
Mann ist stinkreich. Die wird schon was Passendes für dich
haben.«

Nur unter großem Zureden machte ich mich auf den Weg.
Haus, Garten, Einrichtung, alles war wirklich gediegen und
teuer. Sie selbst flatterte auf den Perserteppichen herum. Sie
hatte sich in ihren Hausarzt verliebt, was uns den ganzen
Nachmittag über beschäftigte. Auf die Schuhe kam sie nur
kurz zu sprechen. »Sie sind da alle oben irgendwo auf dem
Schrank. Aber ich hab keine Lust, sie jetzt herunterzuholen.«
Nach dieser Mitteilung trollte ich mich.

»Nie, nie, nie wieder schickt ihr mich zu so jemandem«,
sagte ich.

Meine Freunde entrüsteten sich. »Was ist denn in die Person gefahren? Bei ihren Eltern ging's doch noch so preußisch zu.«

Sparsam, wie ich war, kaufte ich mir schweren Herzens selbst ein Paar Pumps. Ich hatte ja immer noch eine stille Reserve dank John Knittel und der Regenversicherung. Die Schuhe kosteten dreißig Mark. So was Teures! Ich kam gar nicht darüber weg. Ich trage sie noch heute. Alle zwei Jahre werden sie wieder modern, und man fragt mich: »Sag mal, wo hast du denn die her? Die sehen ja toll aus!«

Hamburg gefiel mir mehr und mehr. Das viele Grün, das viele Wasser ringsherum, irgendwie wirkte die Stadt immer wie frisch gescheuert. Auch hatte sich mir inzwischen eine lohnende Geldquelle erschlossen, und zwar als Haushaltshilfe und Babysitter bei den Angehörigen der amerikanischen Botschaft. Die Frauen führten ein reges gesellschaftliches Leben, das sich, so kam es mir jedenfalls vor, vor allem um das Ausrichten von Wohltätigkeitsbasaren drehte. Sie waren nett und großzügig und hatten lärmende, robuste Kinder, denen es nichts ausmachte, auch im Winter bei weit offenem Fenster nur unter einer dünnen Decke zu schlafen. Mit den Sachen ihrer Eltern gingen sie sehr unbekümmert um, warfen die goldene Armbanduhr ihrer Mutter an die Wand und benützten Betten und Sofa als Trampolin. Die Eltern schien das nicht zu stören, und so hinderte ich sie auch nicht daran. Auch seelisch schienen sie mir recht abgehärtet. Jedenfalls gab es keine Probleme, wenn die Eltern abends weggingen.

Und dann fand ich endlich auch ein Zimmer, natürlich wiederum durch eine ehemalige Internatlerin. Durchaus bezahlbar, im vierten Stock eines alten Patrizierhauses, mit Blick auf die Alster, wenn auch nur, wie das Badezimmer, mit einem Kohleofen ausgestattet. Doch das war '58 ganz normal. Durch einen Zufall lief mir wieder Gisela über den Weg, jene Redakteurin, die ich bei Corri kennengelernt hatte. Sie war inzwischen beim Hamburger Abendblatt gelandet, und ich belieferte sie mit Tipps für eine Spalte, die »Menschlich gesehen« hieß. Bis sie schließlich sagte: »Nun mach's mal selbst.«

Mein erstes Opfer war glücklicherweise ein lebhafter Geist. Es war der Kantor Mauersberger vom Dresdner Kreuzchor, der mit seinen Jungen in der Stadt ein Konzert gab. Er wusste farbig zu erzählen. Dass vor ihm jemand saß, der vom Journalismus überhaupt keine Ahnung hatte, merkte er nicht. Ich brauchte zwei Tage und zwei Nächte, um das Ganze aufs Papier zu bringen. Statt der vorgegebenen achtunddreißig Zeilen schrieb ich dreihundert. Gisela tat einen tiefen Seufzer und brachte das Ganze in Windeseile in eine lesbare, knappe Form.

Die Redaktion zeigte Geduld mit mir, ich durfte weitermachen. Gelegentlich schrieb ich auch Lokalspitzen, die täglich gebracht wurden. Die lange Krankheit und die durch sie aufgezwungene Passivität hatten meine Beobachtungsgabe geschärft. Außerdem trieb ich mich gern in Straßencafés und Warenhäusern herum, beobachtete Kunden, Verkäuferinnen, Kassiererinnen und Propagandistinnen, wie sich die Vorführdamen später vornehm nannten, die blitzschnell aus Tüchern Schals, Krawatten und Kopfbedeckungen zauberten – »Ihr Tuch rutscht immer, Schicki rutscht nimmer« – oder Mittel gegen Flecken anpriesen.

Über die Hausmeistersfrau, die mir beim Kohlenschleppen und beim Aufhängen der Bettwäsche auf dem Dachboden half, machte ich eine wichtige Bekanntschaft. Die Hausmeisterin putzte bei einer bekannten Hamburger Journalistin und legte ihr nahe, mich doch einmal einzuladen und zu beraten. Die Journalistin drängte es nicht gerade, einen ihr völlig unbekannten Menschen zum Tee zu bitten. Aber die Putzfrau war eine Perle und nicht leicht zu ersetzen. So tat sie es schließlich und bot sich sogar an, mir als Lektor ein wenig bei meinen ersten Schritten zur Seite zu stehen, wofür ich sehr dankbar war.

Meine Freundin Corri drängte mich, endlich mal wieder nach Berlin zu kommen, um ihren zweiten Sohn in Augenschein zu nehmen. Sie hatte 1952 geheiratet, und wir hatten uns das letzte Mal bei der Taufe ihres Ältesten gesehen. Weihnachten '60 machte ich mich zu ihr auf die Reise, diesmal mit Hilfe der Mitfahrerzentrale. Der Fahrer, der mich abholte, war von kräftiger Statur, trug einen überdimensionalen Siegelring an der rechten Hand und hatte noch seine Gattin, Lilli-Maus genannt, und seine deutsche Dogge dabei. Ich durfte auf dem Beifahrersitz Platz nehmen. Während er sein erfolgreiches Geschäftsleben vor mir ausbreitete und von den Reisen mit Lilli-Maus schwärmte – »Der Urlaub in Rimini, ein Traum!« –, leckte mir die deutsche Dogge die teure Dauerwelle aus den Haaren. Lilli-Maus war sehr gerührt. »Unsere Senta mag Sie. Sonst ist sie Fremden gegenüber eher reserviert.« Bestätigend legte die Dogge ihren schweren Kopf auf meine rechte Schulter und hechelte mir ins Gesicht. Was blieb mir anderes übrig, als diese süße Last zu ertragen.

An der Grenze wurde ich dann vorübergehend von ihr erlöst. Die DDR-Grenzer begrüßten uns fast erfreut. »Endlich mal 'ne Abwechslung.« Während sie uns kontrollierten, entwischte Senta. Mit wildem Bellen verfolgte sie ein Kaninchen. »Nu gugge mal da«, sagte ein Volkspolizist zu seinem Kumpel. »Müss'n wer sie nun umlechen?« Lilli-Maus schrie auf. Aber alles wendete sich zum Guten. Der Hund kam freiwillig wieder zurück. Völlig außer Puste legte er sich demütig dem

Grenzpolizisten zu Füßen. Der streichelte ihn vorsichtig: »Gutes Hundchen.«

Endlich durften wir weiterfahren. In der Dunkelheit kamen wir von der vorgeschriebenen Route ab und gerieten auf eine Seitenstraße. Plötzlich waren wir von russischen Panzern eingekeilt. »Mein Gott«, entsetzte sich der Fahrer, »nun auch noch Russen! Man ist sich ja seines Lebens nicht mehr sicher in diesem gottverdammten Land.«

Der Schrecken dauerte jedoch nicht lange. Die Panzer bogen ab, und wir fanden schnell zur Hauptstraße zurück.

Von Spandau nach Lichterfelde ist es nicht gerade ein Katzensprung, aber ich hatte mich dummerweise damit einverstanden erklärt, dass man mich in Spandau absetzte. Wie konnte ich ihn nur dazu bringen, mich direkt bei Corri abzuliefern? Ein Blick auf seinen protzigen Wappenring, und ich hatte den richtigen Einfall. Vage in der Dunkelheit in eine Richtung deutend, sagte ich: »Hier ganz in der Nähe lag der Besitz meines Großvaters.«

»Ein Schloss?«, fragte mein Fahrer. Ich nickte.

»Groß?«

»Sehr groß.«

»Alt?«

»Sehr alt.«

»Donnerwetter«, sagte der Mann. Bewunderung lag in seiner Stimme. »Was meinst du, Lilli, sollen wir die Dame nicht bis zum Bahnhof Zoo mitnehmen?« Mir fielen noch drei weitere Güter ein, die ich zu Familienbesitzen erklärte, und so lieferte er mich tatsächlich direkt vor Corris Haustür ab. Wir standen kurz vor dem Du und gaben uns Abschiedsküsschen. Auch der Hund leckte mir freundschaftlich die Hände. »Nicht verzagen, Gräfin!«, riefen sie mir nach. »Es werden auch wieder für Sie bessere Zeiten kommen!«

Corri erwies sich als besorgte Mutter. Aßen die Kinder auch genug? Sie hatte doch immer einen Wahnsinnsappetit gehabt. Und während der Große mit bockigem Gesicht in seinem Sauerkraut herumstocherte, versuchten wir's bei seinem Bruder mit so traditionsreichen Spielen wie »Heu einfahren« und »Ein Löffel für die Mama, ein Löffel für den Papa, ein Löffel für die liebe Tante …« Der Kleine schob den angepriesenen Löffel voll Kartoffelbrei immer wieder angewidert beiseite. »Verdammt«, zischte Corri. Mutter und Sohn starrten sich wütend an.

»Der Insulaner verliert die Ruhe nicht«, mahnte ihr Mann, der Corris Temperament kannte.

»Der Insulaner liebt keen Jetue nich«, konterte Corri, und darüber mussten wir allesamt lachen.

Die letzten Tage meines Berlin-Besuches verbrachte ich bei meinem Bruder. Er hatte zwei Töchter. Die jüngere von ihnen war ein energisches, tatkräftiges Kind, das auf kräftigen Beinen durch die Wohnung stampfte und seine größere, gutmütige Schwester gelegentlich kräftig biss. »Stell dir vor«, sagte mein Bruder, »sie hat noch nach der Flasche verlangt, da konnte sie bereits sprechen. Und das immer mitten in der Nacht. Gnade uns Gott, wenn wir sie ihr nicht schnell genug brachten!«

»Du übertreibst mal wieder«, sagte meine Schwägerin.

»Und ihr habt das mitgemacht?«, fragte ich erstaunt.

»Was blieb uns anderes übrig, wenn wir nicht wollten, dass die Vermieterin in ihrem Nachtschlaf gestört wurde. Irgendwann ist die Wirtin dann mal verreist, und wir konnten Astel endlich zeigen, wer Herr im Hause ist.«

Zum ersten Mal blieb der Ruf »Bolla haben!« ohne Gehör. Das Kind konnte nicht begreifen, dass sich die Eltern nicht rührten. Es begann zu schreien, bis es so heiser war, dass es kein Wort mehr herausbekam und vor Erschöpfung einschlief. Von da an herrschte nachts himmlische Ruhe.

»Allerdings«, sagte mein Bruder, »ist Astels Mutter jetzt der Ansicht, das Kind könne von diesem ihm so rätselhaften Verhalten seiner Eltern ein Trauma zurückbehalten haben.«

»Ist doch gar nicht wahr«, empörte sich meine Schwägerin.

Und ich sagte: »Aber Achim«, in Erinnerung an Onkel Achims Vorliebe für Übertreibungen. Dann redeten wir von den Weihnachtsfesten unserer Kindheit, als mein Bruder mit dem Luftgewehr die Kerzen am Weihnachtsbaum ausschoss und eine vergessene Kugel im Lauf das Bild hinter der Tanne durchschlug. Wir erinnerten uns daran, dass unsere Katze so gern Lametta fraß und er seine Schokoladenweihnachtsmänner anleckte, damit ich sie ihm nicht heimlich wegnaschte, was ich trotzdem tat. Auch auf den zerbeulten Serviettenring aus dem Fluchtgepäck kamen wir zu sprechen. Er war quasi unser einziges Hochzeitsgeschenk für das Brautpaar gewesen und zierte nun wieder die Serviette meines Bruders. Als Kind hatte er die Unart gehabt, bei Tisch ständig damit zu spielen. Bis Vater die Geduld verlor. Er holte zu einem kräftigen Schlag aus, mein Bruder zog die Hand weg, und Vater traf voll den Ring. »Verdammter Bengel!«, rief Vater und bepustete seine schmerzende Handfläche.

»Der schöne Ring«, sagte Mutter bedauernd und strich ihrem sich ängstlich duckenden Herzepimpel kurz über den Kopf.

Als er am Tage meiner Abreise sich in aller Herrgottsfrühe von mir verabschiedete, denn er fuhr jeden Morgen mit dem Rad in seine Firma, sagte er: »Hoffentlich gibt's keinen Schnee.«

»Mach dir keine Sorgen um mich«, sagte ich gerührt. Aber

in diesem Fall hatte mein sonst recht fürsorglicher Bruder ausschließlich an sich gedacht und an seine Pflicht, das Schneeschippen.

Das Auto der Mitfahrerzentrale war pünktlich. Diesmal waren wir zu fünft, darunter zwei Schauspielerinnen, die in einer Kleinstadt ein Engagement gefunden hatten. Mein Gott, was war man doch heruntergekommen. Wehmütig gedachten sie der Zeit, als sie noch in der Tropfsteinhöhle, wie man das Schiller-Theater in Berlin im Volksmund nannte, mit Heinrich George aufgetreten waren. Nach wenigen Kilometern gab der Wagen seinen Geist auf. Ich fuhr mit der Straßenbahn zu meinem Bruder zurück. Meine Schwägerin öffnete mir die Tür, die abgezogene Bettwäsche unter dem Arm. Ich muss sagen, sie ertrug meinen unerwarteten Anblick mit Fassung. Erst am nächsten Tag klappte es mit der Rückreise nach Hamburg.

15

Eines Tages fragte mich die Mieterin über mir, ob ich nicht zu ihrer Tante ziehen wolle. Sie habe eine kleine Wohnung in der Isestraße in einem ehemaligen Kutscherhaus und sei viel auf Reisen. Das Zimmer war entschieden eine Verbesserung. Es besaß Zentralheizung, und es gab ein Telefon, das ich mitbenutzen durfte. Und billig war es auch.

Habe ich mich damals viel um die politischen Ereignisse gekümmert? Wohl kaum. Den Aufstand in Ungarn verfolgte ich, weil auch dort Tausende von Menschen flohen, um nicht den Sowjets in die Hände zu fallen. Aber im Großen und Ganzen war ich viel zu sehr damit beschäftigt, mich selbst über Wasser zu halten, um für anderes Interesse aufzubringen. Außerdem hielten mich die in Davos prophezeiten Spätfolgen der Tuberkulose in Atem, und ich lag wieder lange in Hildesheim im Krankenhaus. Dort waren inzwischen die Stationsärzte zu Oberärzten und die Oberärzte zu Chefärzten aufgestiegen. In der energischen Stationsschwester erkannte ich eine der ehemaligen verschüchterten Schwesternschülerinnen, die sich hin und wieder in mein Zimmer gerettet hatten. Die Stationsschwester sah mich ungläubig an. »Das müssen Sie irgendwie verwechseln.«

Während ich mich danach an der Nordsee in dem Kinderheim, in dem ich '56 als Sekretärin gearbeitet hatte, bei den Katzen erholte, erfuhr ich am 13. August '61 vom Mauerbau.

Vorbei war nun für die Lochower der kleine Grenzverkehr über den Ostsektor. Dieser politische Paukenschlag fand auch seinen Nachhall in den Briefen. Sie waren noch vorsichtiger formuliert und enthielten meistens Familiennachrichten. Nur Erna schrieb weiterhin recht unbekümmert. Und Luzie und Sigmund waren glücklich, '60 noch rechtzeitig den Absprung geschafft zu haben. Als ich bei Corri war, hatte ich sie einmal in Zehlendorf besucht. Sigmund arbeitete in einem Krankenhaus der Adventisten, und sie hatten eine hübsche kleine Hausmeisterwohnung in Zehlendorf bekommen. Treppenputzen und Schneefegen machte Luzie nichts aus. »Da bin ich Schlimmeres gewöhnt. Als ich '46 aus der Schule gekommen bin, musste ich gleich als Erstes auf dem Felde hacken gehen. Also, ich habe gedacht, mein Kreuz bricht kaputt. Du liebe Zeit, habe ich gedacht, mein armer Rücken. Da war ich knapp vierzehn. Dagegen ist das doch hier ein Zuckerlecken.«

Und dann erzählte sie, wie sie nach Berlin gekommen waren.

»Das war nämlich so: Als Sigmund aus der Heilstätte im Westen entlassen worden ist, ist er erst mal wieder nach Lochow auf Besuch gekommen. Da haben wir uns dann auch verlobt. Natürlich haben ihm alle sehr zugeredet, doch wieder ganz zu uns zu kommen. Zu Haus ist schließlich zu Haus. Aber als Sigmund dann in den Ostsektor gefahren war, um dort den Antrag zu stellen, haben sie ihn da den ganzen Tag verhört, so dass er ganz durcheinander zu seinem Gärtner, bei dem er gearbeitet hat, zurückgekommen ist. Und der hat gesagt: ›Und wenn das auseinandergeht mit deinem Mädchen, du bleibst hier! Ich lass dich nicht fahren!‹ Die im Ostsektor bei dem Amt wussten über alles Bescheid.«

»Aber woher denn?«, fragte ich.

»So was musst du in der DDR nicht fragen«, sagte Luzie. »Wegen dem Soll ist er damals abgehauen. Das Soll wurde ja bestimmt, egal, ob wir es überhaupt erfüllen konnten oder nicht. Wir haben überhaupt gar keine Schafe gehabt, aber Wolle mussten wir trotzdem abgeben. Die mussten wir dann eben kaufen. Sogar Tabak und Raps sollten wir anbauen.«

»Ist denn dann Sigmund noch einmal in Lochow gewesen?«, wollte ich wissen.

Sie nickte. »Ja, ganz kurz. Als er mir gesagt hat, dass er für immer weggeht, hab ich nur im Keller gesessen und gedacht, die Welt geht unter. Ich bin aus meinem Keller gar nicht mehr herausgekommen. Ich wollt nicht mehr arbeiten, nicht mehr essen, ich wollt nicht mehr leben.«

Aber dann waren eines Nachts die Kühe von der LPG in Trägenapps Rüben gegangen und hatten das ganze Getreide zertrampelt. »Wir haben nur dagesessen und geheult. Da blieb uns gar nichts anderes übrig, als in die LPG zu gehen. Und da hab ich zu Vater gesagt: ›Wenn du in die LPG gehst, dann gehe ich zu Sigmund.‹ Ich hab mich mit ihm heimlich im Wald getroffen, an der Hauptstraße.«

Nach und nach hatte die Familie einiges für den Haushalt nach West-Berlin geschafft. Und dann war Luzie von Lochow weggegangen.

»Stell dir vor, die da von der LPG haben unsere Kühe verhungern lassen. So viel Vieh ist da kaputtgegangen. Die Leute, die in den Ställen beschäftigt waren, hatten doch von nichts 'ne Ahnung. Nie geguckt, ob das Futter auch so richtig ist. Immer nur dieses Silozeug. Und deshalb sind ja auch immer mehr kleine Bauern abgehauen. Man hat ja gedacht, nach Stalins Tod würde es besser. Aber Pustekuchen.«

Im Herbst '61 kehrte ich nach Hamburg zurück und nahm meine journalistischen Übungen wieder auf. Sehr leicht tat ich mich damit nicht. Auch hatte ich begonnen, Kurzgeschichten zu schreiben. Meine erste wurde im Hamburger

Abendblatt im November abgedruckt. Es war eine Kindheitsgeschichte aus Lochow, die ein erstaunliches Echo fand. Vielleicht verdankte ich den Erfolg ein wenig dem Bau der Mauer. Je unüberwindbarer die Grenze, um so besonnter die verlorene Heimat, in die man nun nicht einmal mehr zu Besuch fahren konnte.

»Jetzt haben Sie es geschafft«, gratulierte mir die von der Hausmeisterin vermittelte Journalistin. Und die Familie sagte, nachdem sie die Geschichte gelesen hatte: »Aber Achim.«

Mein Lebensschiff kam in Fahrt, wenn auch sehr, sehr langsam. Meine Kindheit erwies sich als eine Fundgrube, obwohl wir in Lochow wenig erlebt hatten. Aber gerade das Wenige schien den Lesern zu gefallen. Das Glück war, dass in den Sechzigerjahren fast jede Tageszeitung Kurzgeschichten brachte, das Hamburger Abendblatt sogar täglich. Eine Agentur vertrieb die Geschichten dann in der ganzen Bundesrepublik. Und so bekam ich auch andere journalistische Aufträge, was meiner Kasse guttat. Ich lernte bald, dass es sich lohnte, sich in dem Privatleben und den Hobbys des jeweiligen Redakteurs auszukennen. Zuhören bringt Freunde, sagt man. In diesem Fall waren es Aufträge. Die Fünfziger- und Sechzigerjahre waren die Zeit der Originale. So wurde behauptet, dass dem inzwischen pensionierten Feuilletonchef seine Grünpflanzen und seine Bücher im Büro wichtiger waren als sein Zuhause. Die Putzfrauen kreischten erschreckt auf, wenn sie ihn unter einem Wust von Zeitungen schlafend auf dem schmalen Sofa entdeckten. Er kannte sich in der Literatur wie kein anderer aus und half, so manches junge Talent zu entdecken.

Die bunte Schar der Schreiber, die das Blatt füllten, kam aus den unterschiedlichsten Berufen. Kaum einer hatte das Abitur noch eine Universität je von innen gesehen. Dafür hatten ihre Lokalreportagen und Gerichtsberichte etwas Ursprüngliches und waren farbig und plastisch. Die Reporter waren sich nicht zu schade, in der U-Bahn, in der Straßenbahn, im Warenhaus oder im Kleingartenverein, also vor Ort, gründlich zu recherchieren.

Der Springer-Verlag war zwar in der Politik stramm konservativ, bei seinen Angestellten zeichnete er sich eher durch Toleranz und Langmut aus. Für die freien Mitarbeiter gab es Ausfallhonorare und Vorschüsse, die man sich gleich an der Kasse abholen konnte, und, ebenso wie für die Redakteure, überaus üppige Lebensmittelpakete zu Weihnachten. Aber es war wie in Davos mit der Gans (»Schmeckt sie nicht ein bisschen tranig?«): Ein paar Jahre darauf rümpfte man bereits die Nase. Könnt's nicht mal was anderes als immer nur Lachsschinken sein?

Mein Freundeskreis begann sich zu erweitern. Neue Liebe, neues Leben, oder war es umgekehrt? Endlich konnte ich mir von meinem Geld auch hin und wieder Karten für Theater, Oper und Konzerte abknapsen. Für diese Art Liebe musste man allerdings, um an billige Karten zu kommen, Opfer bringen. Als ich einmal im Winter mit einem dicken Mantel, den Klappstuhl unter dem Arm, eine Stunde bevor die Kasse öffnete, die Oper erreicht hatte, stand da bereits ein stämmiger Mann. »Sie müssen sich da in die Liste eintragen.« Nun durfte ich mich sorglos entfernen, konnte mir eine Zeitung kaufen oder einen Schoppen trinken. Niemand würde mir meinen Platz streitig machen. Ratschläge bekam man gratis dazu. »Nehmen Sie um Gottes willen nicht im Rang Loge fünf. Die hängt zu weit über dem Orchester. Und auch die fünfzehnte Reihe im Parkett ist nicht empfehlenswert.«

Ein paar Tage später traf man dann einige Mitglieder dieser Schlange vor der Kasse des Schauspielhauses wieder. Den

»Faust« musste schließlich jeder mal gesehen haben. Für mich war es das erste Mal, trotz Corri und der Ministerloge ihres Vaters. »Gründgens spielt ja leider nicht den Mephisto, aber Ullrich Haupt soll ja auch ganz ordentlich sein. Und dann der Quadflieg! Da kommt man direkt ins Schwärmen.« Am Abend der Aufführung begrüßten sich die Schlangenmitglieder bereits freundschaftlich. Anstehen gehörte nun mal zum Kunstgenuss. Aber Hamburg versorgte seine Bürger in den Sechzigerjahren nicht nur reichlich mit erlesener »Kultura« und ließ sie sich auf der Moorweide wie im Londoner Hyde Park in freier Rede versuchen – »Lasst doch mal den Opa aufs Podium, der möchte auch was sagen!«. Die Stadt erschreckte ’62 auch ihre Bewohner mit der Nachricht über eine verheerende Flutkatastrophe direkt vor der Haustür. Ich konnte mit meinem Radio den Polizeifunk empfangen und erlebte einen recht aufgeregten Helmut Schmidt, der sich über den Stand der Rettungsarbeiten informieren ließ. Seine Fragen wurden dabei häufig von der ruhigen Stimme des Einsatzleiters unterbrochen: »Herr Senator müssen auf die Taste drücken, sonst können wir Sie nicht hören.«

Während die bösen Buben, die Rocker, sich plötzlich in hilfreiche Samariter verwandelten, Sandsäcke schleppten, Hausrat in Sicherheit brachten und dafür von der Presse sehr gelobt wurden – »unsere tapferen Hamburger Jungens« –, war der »mündige Bürger« ständig mit Pudel, Gattin und Schwiegermutter unterwegs, um das Spektakel mit angenehmem Gruseln zu genießen.

Und dann, mal abgesehen von aufmüpfigen Studenten, den kecken Beatles (»die auf den hinteren Plätzen klatschen, die anderen rasseln einfach mit dem Schmuck«) und anderen aufregenden Ereignissen, gab es Ende der Sechzigerjahre noch Eiffe. In ganz Hamburg, auf Plakaten, Hauswänden, in

U-Bahn-Schächten, konnte man seinen Namen und seine Sprüche lesen. »Eiffe, der Bär, war hier.« »Sei keine Pfeiffe, wähl Eiffe.« Als der ehemalige Leutnant der Bundeswehr dann sein mit »freie Eiffe-Republik« beschriftetes Auto in der Wandelhalle des Hauptbahnhofs geparkt hatte, brachte man ihn nach Ochsenzoll.

Während ich mich so langsam emporstrampelte, immer wieder gebremst von Krankenhausaufenthalten, lief bei meiner Schwester nicht alles zum Besten. Das Gut war '61 an einen Bauern verkauft und von ihm an meinen Schwager verpachtet worden. Als Flüchtling ohne Vermögen hatte er einen hohen Kredit aufnehmen müssen, und nach Missernten und fallenden Schweinepreisen begannen die Rückzahlungen zu drücken. So arbeitete meine Schwester zunächst nebenbei auf der Post und verkaufte Wäsche. Und weil beides nicht besonders lukrativ war, kam ihr die Idee, Kinder als Paying Guests aufzunehmen.

Eine Internatsfreundin verschaffte ihr die ersten Gäste aus der französischen Schweiz. Der Reichtum ihrer Eltern zeigte sich vor allem darin, dass die Kinder nur zwei Jeans mitbrachten und auch sonst eher gekleidet waren, als kämen sie aus einem Flüchtlingslager. Sie waren jedoch noch sehr streng erzogen und halfen, wo sie konnten. Meine Schwester bekam schnell eine gute Presse, und so gehörte es bald zum guten Ton, ihr die Kinder zu schicken. Ihre Gäste waren international. Engländer, Franzosen und gelegentlich auch Amerikaner gehörten dazu. Die meisten der Jugendlichen kannten bereits die ganze Welt. Man hatte ihnen schon alles geboten, was es auf der Erde an Interessantem zu sehen gibt, aber nichts war vergleichbar mit dem Glück, bei meiner Schwester in der Scheune schlafen zu dürfen und so viele Tiere um sich zu haben. Einer der Jungen nahm nachts heimlich sogar ein Ferkel mit ins Bett. Ein anderer entwickelte eine wahre Leidenschaft für Gesellschaftsspiele, etwas, was er vorher nicht kannte. Er wurde geradezu süchtig danach und rannte mit lockendem Würfelgeklapper hinter Gabriele und Albrecht her, die sich seufzend fügten, denn, wie meine Schwester sagte, Dienst ist Dienst, und Schnaps ist Schnaps.

Zu der bunten Kinderschar gesellte sich auch eine Nichte von Zarah Leander. Ihr Anblick ließ die Herzen der Männer höher schlagen. Sie hatte die tiefe Stimme ihrer Tante, und der Minirock über ihren kräftigen Oberschenkeln war für damalige Verhältnisse so kurz, dass sich die Gärtnersfrau entsetzt bekreuzigte.

Ein ebenfalls erstaunliches Kind war der Sohn eines Engländers und vielfachen Millionärs. Er sammelte aus dem Abfalleimer alles, was die anderen weggeworfen hatten, kaputtes Spielzeug und sonstiges zerbrochenes Gelumpe oder alte Kleidungsstücke. Mit zwei riesigen gefüllten Plastiktüten brachten ihn meine Schwester und meine Nichte zum Flughafen, wo bereits ein Erste-Klasse-Ticket auf ihn wartete. Vor dem Schalter platzte eine der Tüten, und der Inhalt an grauenhaftem Krimskrams rollte durch die Halle. Meine Nichte schämte sich halb zu Tode. Nicht so der Junge. Er verlangte selbstbewusst am Kiosk eine neue Plastiktasche und stopfte seelenruhig alles wieder hinein. »Mama!«, rief Gabriele entsetzt, »Mama!«. Und meine Schwester sagte ruhig: »Halt den Mund.« Die Eltern des Jungen waren wirklich sehr, sehr reich, und sie zahlten prompt.

Seitdem mein Schwager das Gut gepachtet hatte, lebten auch meine Eltern dort. Dass sich der Geist meiner Mutter mehr und mehr zu verwirren begann, was sie mit großem Entsetzen als Erste bemerkte, wollten wir nicht zur Kenntnis nehmen. »Ach, Mutti, das passiert uns allen mal, dass wir ein Wort vergessen.« Mehr als vierzig Jahre war mein Vater von ihr umsorgt worden. Ihre Geschwister hatten sie schon als junge Frau gewarnt: »Du verpimpelst den Sigi zu sehr.« Aber sie war nun mal eine passionierte Pflegerin. Eine Grippeepidemie im Dorf beflügelte sie geradezu. Es war ihr Schönstes, von Haus zu Haus zu eilen und die Kranken zu versorgen.

Meine Eltern hatten sich '16 im Lazarett kennengelernt, in dem meine Mutter als Rote-Kreuz-Schwester unter einem berühmten Neurologen arbeitete, der es geschafft hatte, Vaters zerschossenes rechtes Bein zu heilen und die Lähmung zu beseitigen. Er legte ihr meinen Vater besonders ans Herz. »Schwester Ursula, kümmern Sie sich mal um den jungen Mann, und muntern Sie ihn ein bisschen auf. Seine Lethargie macht mir Sorge.«

Mein Vater hatte sich als Leutnant bei einem Sturz vom Pferd einen doppelten Schädelbruch zugezogen und litt seitdem häufig an starken Depressionen. Doch die Bemühungen meiner Mutter, ihn aufzuheitern, hatten offensichtlich Erfolg: Er machte ihr noch im Lazarett einen Heiratsantrag. Ihre Bedenken wegen des großen Altersunterschiedes – meine Mutter war wesentlich älter als er und fürchtete, sich lächerlich zu machen – zerstreute er. Wahrscheinlich waren es ihr fröhlicher Optimismus und vor allem ihre sehr mütterliche Art, die es ihm angetan hatten.

Mit der Mutterliebe nämlich war es in seiner Kindheit und Jugend recht karg bestellt gewesen. Meine Großmutter Bredow war zwar klug, aber ein wenig sonderlich. Um ihre Kinder kümmerte sie sich kaum, und mein Großvater war als Mitglied des preußischen Herrenhauses oft in Berlin, so dass mein Vater seine Kindheit mehr beim Diener als mit den Eltern verbrachte. Mit zehn steckte man ihn ins Kadettencorps, nicht gerade die passende Umgebung für einen introvertierten, schüchternen Jungen.

Noch im selben Jahr heirateten meine Eltern. Zuerst zogen sie in das leer stehende Schloss eines Onkels in Schlesien. Es war zwar herrschaftlich, aber kalt und zugig, und meine Mutter verlor in einer der klaffenden Dielenritzen ihre Lieblingsbrosche, nach der wir jedes Mal wieder suchten, wenn wir als Halbwüchsige dort einen Tag zubrachten. Wir wurden alle drei dort geboren. Die Zeiten waren schlecht, das Essen war knapp, besonders die Milch. Trotzdem sagten die Dorfbewohner, wenn meine Mutter meinen Bruder im Kinderwagen spazieren fuhr: »Man sieht's dem jungen Grafen gleich an, der wird bestimmt jeden Tag in Milch gebadet.«

Nach dem Tode meines Großvaters Bredow zogen wir '23 nach Lochow, einem Vorwerk von Görne, das Vater geerbt hatte. Meine Mutter, die in einem turbulenten Haushalt mit vielen Geschwistern, Onkeln und Tanten und viel Personal aufgewachsen war, muss sich zu Anfang in Lochow vorgekommen sein wie Robinson Crusoe auf seiner Insel. Aber sie hatte den festen Willen, sich dort wohlzufühlen, und das gelang ihr auch.

Vaters Umgang mit uns richtete sich ganz nach seinen Stimmungen. Es gab Tage, an denen wir uns nicht mucksen durften, an anderen wieder ließ er die Zügel lang. So herrschte das ganze Jahr über gewissermaßen Aprilwetter, und das machte uns flexibel.

Meine Mutter erlaubte uns fast alles. Ich kann mich nicht entsinnen, dass sie je irgend etwas verboten hätte. Über die Depressionen meines Vaters, die er auf seine Weise gern kultivierte, ging sie einfach hinweg. Nur wenn er es zu arg trieb, sprang sie plötzlich auf, rief: »Es ist ja nicht zum Aushalten!«, und verließ türenknallend den Raum.

»Eure Mutter ist heute wirklich sehr nervös«, sagte mein Vater dann entschuldigend zu uns und war auf einen Schlag bester Laune. Wenn er wollte, konnte er sehr witzig und selbstironisch sein. Sein Skizzenbuch aus dem Krieg war sehenswert, und er spielte recht gut Geige. Als jedoch eine der Hauslehrerinnen darüber in Ekstase geriet, rührte er das Instrument nicht mehr an.

Nicht nur die Hauslehrerinnen, auch andere Frauen waren insgeheim der Meinung, dieser Graf mit seinem melancholischen Charme hätte eine andere Partnerin verdient als eine so viel ältere Frau. Und sie fanden auch, dass es ihre Pflicht sei, dafür zu sorgen, dass er sich besser anzog. Wie kann man seinen Mann nur so herumlaufen lassen? Aber in diesem Punkt war bei meinem Vater Hopfen und Malz verloren.

Als meine Mutter wenige Jahre vor ihrem Tod auch den letzten Rest Vernunft verlor, war er sehr viel geduldiger mit ihr als wir. Dabei gab es kaum noch eine Nacht, in der sie ihn durchschlafen ließ. Unruhig geisterte sie durch die Wohnung. Trotzdem weigerte er sich hartnäckig, ihr Beruhigungstabletten zu geben. »Das bekommt ihr nicht.«

Wo immer er eingeladen war, schleppte er meine Mutter mit, egal, ob es passte oder nicht. Mit großer Selbstverständlichkeit suchte er den besten Platz für sie aus, und wenn meine Mutter irgend etwas Unsinniges von sich gab und niemand hinhörte, sagte er sehr bestimmt: »Einen Moment mal, meine Frau möchte etwas sagen.« Nur wenn er in der Kreisstadt etwas zu erledigen hatte, lieferte er sie solange bei meiner Schwester ab. Meine Mutter stand dann die ganze Zeit am Küchenfenster, von dem aus man den Hof überblicken konnte, und wartete auf Vaters Rückkehr. Sah sie ihn durchs Tor kommen, und er winkte ihr zu, trampelte sie vor Freude wie ein Kind.

Als sie '66 friedlich einschlief, war auch in ihm nicht mehr viel Lebenswille. Erschöpft durch die Pflege und selbst von Krankheiten des Alters geplagt, wurde er von Tag zu Tag schweigsamer. Seine ganze Liebe war jetzt der kleine Garten – stolz zeigte er mir seine Erdbeerbeete: »Du darfst dir eine nehmen, Kind. Da hinten ist eine schöne rote« – oder die Pappelallee, die er sehr zur Freude des Försters und zum völligen Unverständnis des Dorfes – »Der Graf soll ja die Bäume sogar selbst bezahlt haben!« – gepflanzt hatte. Vaters Ein und Alles waren nun mal Bäume, und es war ihm egal, ob sie ihm gehörten oder nicht. Kurz vor seinem Tod, als er zum Schluss zu phantasieren begann, sagte er einmal zu meiner Schwester: »Ich bin heute in Lochow über den Fährberg gegangen. Die Schonungen sehen wirklich gut aus.«

16

Im selben Jahr bekam ich meine erste eigene Wohnung, und zwar im Parterre des Kutscherhäuschens, wo ich seit geraumer Zeit zur Untermiete wohnte. Meine Wohnung besaß kein Bad, ja nicht einmal eine Diele. Trotzdem war ich selig. Von der Haustür waren es nur zwei, drei Schritte bis zur Wohnungstür, dann stand man schon im Schlafzimmer. Es war winzig, aber mit Blick in die blühenden Gärten, der allerdings des Öfteren durch die Wäsche meiner Vermieterin und der Schauspielerin in der Wohnung über mir versperrt wurde. Trotzdem lobten meine Freunde die Wohnung: »Sie hat richtig Stil.« Der Handwerker, der Anfang der Siebzigerjahre etwas an der Hauswand reparierte und gebeten hatte, ob er mal mein Klo benützen dürfe, sah das anders. »Wie manche Leute noch so hausen«, murmelte er vor sich hin, direkt sprachlos über die Winzigkeit meiner Wohnung und die Möbel vom Sperrmüll. Erst als er sich verabschiedet hatte, bemerkte ich die eine Mark Trinkgeld auf dem Küchentisch.

Kaum war ich umgezogen, erschien meine Nichte Gabriele zur Ausbildung in Hamburg. Sie wollte Fotografin werden. Während meiner Besuche bei meiner Schwester hatte ich ihre vom jeweiligen Zeitgeist beeinflusste Entwicklung verfolgen können. Die Geburtstagsfeiern waren jedes Mal ein Reinfall, weil meine Schwester hinter dem, was »in« war, wie man heute sagen würde, hinterherhinkte. Einmal erwies sich die festliche Kaffeetafel als fehl am Platz, denn den Kindern stand mehr der Sinn nach Lagerfeuer und Herumtoben, und sie machten keinen Hehl daraus, dass sie sich langweilten.

Meine Schwester versprach zerknirscht ihrer mucksschen Tochter, dass es ein zweites Mal nicht so ein Desaster geben würde. Im Jahr darauf war Gabrieles Geburtstag ganz auf rustikal mit Würstchen am Spieß und Spielen im Freien ausgerichtet. Doch diesmal trippelten die von den Eltern gebrachten Freundinnen im Petticoat mit Sonnenschirmchen und Pfennigabsätzen über den Hof und nahmen mit hochgezogenen Augenbrauen an den Holztischen auf der Obstkoppel Platz, während es aus dem Schlossfenster schallte: »Du lässt dich gehn, du bist ganz schrecklich anzusehn, wenn deine Strümpfe Wasser ziehn.« Und nun stand sie vor mir, meine Nichte, mit dem überlangen Nagel am rechten kleinen Finger, ein ständiger Zankapfel zwischen ihr und ihrem Vater. Ihr Rock war noch kürzer als der von Zarah Leanders Nichte. »Mein Gott, Kind«, sagte ich, »du wirst dir was mit der Blase holen.«

Ihre Blase interessierte sie nicht. Sie hatte ganz andere Sorgen. Ihr lockiges Haar machte ihr Kummer. Am Wochenende versuchte sie nach der Haarwäsche stundenlang, ihre Naturkrause glattzuziehen, eine mühevolle und meist ergebnislose Prozedur.

Ich hatte sie vorübergehend bei Freunden untergebracht, und wir begaben uns als Erstes auf Zimmersuche. Es war eine wahre Odyssee. Die Toleranz der Zimmervermieter stand im direkten Verhältnis zum Mietpreis. Die mit normalen Mieten hatten moralische Ansichten, die noch aus der Generation meiner Mutter stammten: nach zehn Uhr keine Herrenbesuche, am besten überhaupt nicht, keine nasse Wäsche im Badezimmer und bitte das Radio leise. »Aber ich hab doch gar keins«, sagte meine Nichte eingeschüchtert.

Ende der Sechzigerjahre hatte die Stadt in einem Nobelviertel an der Alster wunderhübsche alte Patrizierhäuser zum

Abbruch freigegeben. Bis dahin durften sie an Studenten vermietet werden und natürlich auch an Lehrlinge, die jetzt Azubis hießen. Eine herrliche Zeit für die Kurzberockte begann. Das von ihr vielgepriesene Gemeinschaftsleben hatte allerdings auch seine Schattenseiten. Telefonrechnungen wollten bezahlt sein, und derjenige, auf dessen Namen sie liefen, war meist der Dumme. Auch mit der Küche hatte es seine Schwierigkeiten. So was Rücksichtsloses, Egoistisches, Schlampiges wie die Mitbewohner hatte der Mensch noch nicht erlebt!

»Was lachst du, Tante?«

Der Klassenkampf war vorprogrammiert. Während die Studenten oft bis in den Mittag hinein schliefen, mussten die Azubis pünktlich um acht zur Arbeit erscheinen. »Die haben doch überhaupt keine Ahnung von uns Werktätigen, von denen sie dauernd reden.« Aber sie, sagte Gabriele, habe schließlich schon in London Klos gescheuert. Diese sicher nicht sehr angenehme Arbeit erwähnte sie oft und gern. Mein Argument, auch ihre Mutter und ich könnten da ein Wort mitreden, zog nicht. »Nie kannst du mal was anerkennen, immer erziehst du an mir rum.«

Das tat ich. Was für eine verwöhnte Generation! Im Alter meiner Nichte hatte ich im Arbeitsdienst endlose Reihen von Rüben durchhacken und in glühender Hitze Heu aufstaken müssen. Nur in puncto Liebe hatte sich nichts verändert. Da wiederholten sich die Dramen. Er liebt mich nicht, er liebt mich nicht, dieses Lied hatte noch dieselben Strophen. Trotzdem, Neid brach bei mir durch. Die ganze Welt stand den jungen Leuten offen. Wo waren sie schon überall gewesen, eine Freundin von Gabriele sogar in Nepal! Unsereins gönnte sich höchstens einen Urlaub an der See bei den Katzen im Kinderheim. Auch Corri zog es einmal im Jahr ans Meer. Dann besuchte sie mich auf der Fahrt dorthin mit ihrer Familie. Sie lebten seit '62 in Tübingen, wo ihr Mann eine Professur an der Universität hatte. Briefeschreiben war nicht gerade unsere Stärke, und häufiges Telefonieren wie heute war damals noch nicht Sitte. Aber der Freundschaft tat das keinen Abbruch.

Nach anfänglichem Heimweh bekam ich meine Nichte nur noch selten zu sehen. »Keine Zeit, keine Zeit.« Ihre Meisterin sorgte sich um ihre Moral, ich mich mehr um ihre Gesundheit und dass sie es womöglich mit Haschisch versuchte.

Haschisch und andere Drogen waren das Tagesgespräch, ebenso wie Demonstrationen. Im Springer-Verlag wurde gemunkelt, dass es sogar Angestellte gebe, die mit der Plakette »Enteignet Springer« herumliefen. Aus der Ostzone, wie die DDR nach wie vor beharrlich von uns genannt wurde, kamen Briefe mit schadenfrohem Unterton. »Bei euch scheint ja eine Menge los zu sein. So was gibt es bei uns nicht, Gott sei Dank. Da herrscht noch Ordnung, und die Kinder wissen, was sich gehört.« Unsere schienen das vergessen zu haben. Bei jeder Auseinandersetzung mit den Eltern, und wenn es auch nur darum ging, zu verhindern, dass das Studium abgebrochen wurde, bekamen sie von den jungen Leuten das Dritte Reich aufs Butterbrot geschmiert. »Und kommt uns nicht mit dem bisschen Widerstand. Ihr seid doch alle vor denen gekrochen.«

Staunend hörte ich mir das widersprüchliche Gerede der Kinder meiner Freunde an. »Kannst du nicht mal meinen Chef einladen? Der steht auf Adel und würde euch bestimmt gern kennenlernen.«

»Stefan soll nicht bei mir übernachten? Ihr seid doch wirklich sexuell total verklemmt. Nächste Woche will er mich seinen Eltern vorstellen. Er sagt, ich soll aber vorher lieber zum Friseur.«

Die freie Liebe bekam nicht jedem. Nervenzusammenbrüche waren an der Tagesordnung, Psychotherapeuten hatten Hochkonjunktur. Es musste ja so furchtbar viel aufgearbeitet werden. Wie meine Generation den ganzen Schlamassel verkraftet hatte, danach fragte kein Mensch.

In den Zeitungen stand jetzt viel darüber zu lesen, wozu der Staat verpflichtet war und was dem Bürger zustand. Sogar auf den Behörden wurde man darauf hingewiesen. Der junge Beamte, zu dem ich ging, um meine Kriegsschadensrente ruhen zu lassen, blätterte lange in den Akten. »Sie haben ja nie Wohngeld beantragt. Das hätte Ihnen aber zugestanden. Und denken Sie daran: Zwischendurch sollten Sie die Rente wieder aufleben lassen, sonst erlischt Ihr Anrecht darauf. Waren Sie denn mal zur Kur? Darauf haben Sie doch auch Anspruch.« Kuren kamen sehr in Mode. Sie waren aber eher einem Urlaub vergleichbar, und das Reglement war lange nicht mehr so streng wie zu meiner Zeit.

Meine Nichte hatte sich von einer Anhängerin der CSU vorübergehend in eine sanfte Revolutionärin verwandelt. »Weihnachten Kerzen ins Fenster zum Gedenken an unsere Brüder und Schwestern unter dem Motto ›Macht das Tor auf‹? Das darf nicht dein Ernst sein, Tante.«

In diesen Jahren hing unsere Verbindung nach drüben etwas durch. Jeder war mit sich selbst beschäftigt. Aber ab und zu kam dann doch ein Brief, vor allem von Erna, und ich erfuhr, dass es bei ihnen fürchterliche Unwetter gegeben hatte. »Man sagt ja, Petrus ist auch schon Kommunist. Er haut immer wieder hin.« Sie beschwerte sich, dass Heinz und sie immer noch als Melker arbeiten mussten. »Vierzig Stück Vieh haben wir im Moment. Spaß macht es ja nicht mehr, in der Koppel unter freiem Himmel zu sitzen. Und morgens ist es schon ganz schön dunkel. Na, die Zeit geht auch vorüber.

Dann werden sie eingestallt. Den Job werden wir wohl nicht mehr los. Haben sich schon öfter Melker vorgestellt, alle mit einem Haufen Gören und meist besoffen. Der Melkstand ist dicht an der Hohenauer Chaussee, also halbe Höhe Wassersuppe. Da sitzt man da und sieht die Autos vorbeiflitzen. Ganz schön Verkehr Sonnabend/Sonntag nun mit der Fünftagewoche. Aber in der Landwirtschaft ist ja so was nicht durchführbar.«

Agnes Heidepriem, unsere ehemalige Waldarbeiterin, war achtzig geworden. Sie lag weiterhin in Fehde mit ihrem Hausbesitzer. »Was war ich in Lochow noch munter und froh! Das waren die schönsten Jahre meines Lebens, wenn es auch manchmal schwer war, über den See bei Sturm zu rudern. Aber jetzt sind es meine schwersten geworden. Der Herr Hausbesitzer kann sich in seiner Wut nicht fassen. Bin ich auf dein Hof, dann ruft er, ›du alte Ziege‹ oder ›du spinnst wohl!‹. Ich tu dann so, als höre ich es nicht. Achtzig Jahre und noch so was durchzumachen! Vom Holzschuppen hat er das Dach abgerissen. Nur nasses Holz habe ich jetzt. Muss es erst trocknen zum Feuermachen.«

Im Januar '70 erfuhr ich so ganz nebenbei, dass Erna mit einer Leberschwellung drei Wochen im Krankenhaus gewesen war. »Hatte schon Manschetten von wegen Krebs und so. War aber nur eine Fettleber und außerdem Zucker und ein Nabelbruch. Dachte, sie würden mich gleich operieren, weil ich nun einmal drin war. War aber nicht. Muss ja dann nicht so schlimm sein. Ich selbst hab's ja nicht mal gewusst. Muss nun Diät leben, kein Fett, weniger süße Kuchen, kein Alkohol, kein Schweine-, nur Rindfleisch, anderthalb Jahre lang. Hab mich aber schon dran gewöhnt.« Diese Nachricht fuhr mir gewaltig in die Knochen. Erna krank! Ich konnte es mir einfach nicht vorstellen. Ich hatte nie daran gedacht, dass auch Erna älter wurde. Sie musste die fünfzig überschritten haben, die ich auch schon ansteuerte. Mit den Landsleuten aus der DDR war es wie mit den Gefallenen. Sie blieben in der Erinnerung ewig jung. Das hatte die Mauer immerhin fertiggebracht.

Dann las ich weiter. »Die Krankheit soll ja völlig ausheilen. Die Zeit vergeht ja so rasend schnell. Bei Heinz und mir sind es nun genau zweiundzwanzig Jahre, dass man Ja und Amen gesagt hat. Und jetzt tragen sich die Kinder schon mit Heiratsgedanken. Verlobung wird's wohl bald geben. Seit Januar haben wir nun Vater bei uns. Ich glaube, wäre er in Witzke geblieben, er lebte nicht mehr. Nichts Ordentliches mehr am Leibe und dann die Kälte in dem Haus, wenn auch der Ofen heiß zum Platzen war, mit dem offenen Schornstein. Das zog doch von überall her. Die Heizdecke, die wir ihm zum Geburtstag geschenkt haben, war wohl seine einzige Rettung, sonst wäre er schon ›verklemmt‹, wie er sagt. Dann sollte er ins Krankenhaus. Sie holten ihn abends um fünf Uhr ab, um sieben brachten sie ihn wieder. Kein Bett frei. So haben wir ihn dann am nächsten Tag zu uns geholt. Wollte ja mit Gewalt nicht. Eine Stube für sich allein hat er ja nun nicht. Aber es muss eben gehen. Im Sommer kann er dann wieder rübermachen. Seine zehn Hühner und den ›Hohne‹ hat mein Bruder in Pflege. ›Sin Köter het er dotscheten loten. Der künne jor nich mir hüren und kieken.‹ War etwa fünfzehn Jahre alt. Vater redet immer davon, dass er noch ›plumpsen‹ muss, womit er seine zwei Pumpwerke meint, die er zu betreuen hat. Es ist nicht immer leicht mit den Alten.«

Im Mai '70 starb mein Vater. Der kleine Dorffriedhof mit dem weiten Blick über die Felder, auf dem auch meine Mutter begraben ist, war ihm ein vertrautes Plätzchen. Dass später auf seinem Grab eine Wildente brütete, würde ihm gefallen haben. Im gleichen Jahr, im November, starb in Lochow auch unser Nachbar, der alte Trägenapp, Luzies Vater. In der LPG waren die Trägenapps schon längst nicht mehr. Sie hatten nur noch ein Stückchen Land am Ferchesarer Weg, das sie bewirtschafteten, zwei Kühe, Gänse und Hühner. Zwei von Ilse Matekes drei Mädchen gingen noch zur Schule. Die Söhne von Nikolai, August, Wallusch und Simon, waren verheiratet und hatten selbst Kinder. Maria Mateke, inzwischen achtundachtzig Jahre, fing an, sehr verwirrt zu werden.

Und dann, im Dezember, ein neuer Schrecken: Ernas jüngster Sohn, der gerade bei der Nationalen Volksarmee war, verunglückte tödlich mit seinem Motorrad. Erna beschrieb die Beerdigung sehr ausführlich. Die würdigenden Worte des Kommandeurs am Grab seines Soldaten schienen ein kleiner Trost gewesen zu sein. »Es war eine große Trauergemeinde. Soldaten wohl an hundert Mann. Das Musikcorps Potsdam und die Ehrenformation Kietz rückten ja gleich wieder mit den Offizieren vom Wehrkreiskommando Rathenow nach dem Zeremoniell ab, aber das Zugkollektiv und die Unteroffiziere, seine engsten Freunde und Genossen, wie man hier sagt, welche ihn zu Grabe trugen, haben wir noch zum Kaffee eingeladen, was nicht gutwillig reinging an Kuchen und belegten Broten, ihnen eingepackt. Zuerst war ja da nur der große Schreck, das Unabänderliche, die Aufregung der Beerdigung. Aber jetzt ... Ach, Komtess, auch wenn man sagt, was Gott tut, das ist wohlgetan, so ist es doch furchtbar schwer. Er war so jung, gesund und stark und immer guter Dinge.«

Anfang der Siebzigerjahre gab es für mich berufliche Veränderungen. Feuilletons und Kurzgeschichten waren nicht mehr gefragt. So versuchte ich es wieder mit Interviews. Es waren Busfahrer, Verkäuferinnen, Krankenschwestern und andere Berufstätige, die ich aufsuchte. Viele kamen wie ich von »drüben«, und so hatten wir schnell ein gemeinsames Thema. »Mein Mann war ja Geheimnisträger, und da hätten wir das Päckchen aus dem Westen von unserer Tante nicht annehmen dürfen. Danach hatten sie uns auf dem Kieker.« »Was für einen Beruf hatte denn Ihr Mann?«, wollte ich wissen. »Schaffner bei der Reichsbahn.«

Ich sah mich im Wohnzimmer der Busfahrerin um. Viele farbige Kissen auf der Couch, ein Aquarium in der Ecke, Schrankwand, Polstergarnitur. Sie folgte stolz meinen Blicken. »Haben wir nicht 'ne prima Wohnung? Nur der Schichtdienst, der macht einen manchmal ganz schön fertig. Na ja, die gebratenen Tauben fliegen einem eben nicht in den Mund, wie die drüben immer denken. ›Könnt Ihr uns nicht Nägel schicken und 'ne Zange?‹ Schicken können wir natürlich, aber ob es ankommt ...«

Viele meiner Interviewpartner bevölkerten die riesigen Wohnanlagen der Neuen Heimat. Im Großen und Ganzen waren sie sehr zufrieden. »Sehen Sie nur, diese herrliche Aussicht!« Nur, dass ihre Männer zu wenig Platz für ihre Hobbys hätten, bemängelten die Frauen und vermissten deshalb ihre Schrebergärten sehr, die den Hochhäusern zum Opfer gefallen waren. »So'n Mann weiß doch einfach nach Feierabend nichts mit sich anzufangen, und dann hängt er mir in der Kneipe rum. Und für die Kinder gibt's auch viel zu wenige Bolzplätze. Wenn die bei ihrem Getobe vor dem Hochhaus hinfallen, sind ja gleich die Knie hin.«

Die Kriminalbeamtin, die ich danach interviewte, konnte nur zustimmen. Sie redete leider nicht mehr, wie ihr der Schnabel gewachsen war. »Auch für die heranwachsende Jugend muss angemessener Lebensraum geschaffen werden.

Das gilt nicht nur für die Wohnungen. Abenteuerspielplätze sind da wichtig.« Die junge Beamtin war von missionarischem Eifer durchdrungen und erklärte mir mal wieder, wer an der steigenden Jugendkriminalität schuld war. Natürlich die Gesellschaft. Sie war rücksichtslos, intolerant, und nur der Erfolg allein zählte. Der, so erklärte sie mir, rechtfertigte jedes Mittel, auch das der Gewalt.

Auch der Sheriff von Billstedt, wie der dortige Revierführer von der Bevölkerung genannt wurde – ein kräftiger, jovialer Mann, der nach Law and Order aussah und Mitglied der CDU war –, erwies sich als sehr fortschrittlich. Er empfand den Protest der Jugend als ein belebendes Element. »Wir sind ja man alle satte Bürger und mehr fürs Beschauliche. Aber es wird immer welche geben, die zwanzig Semester absaufen, und andere, die fleißig sind, ob sie nun den Sauerampfer im Gesicht haben oder nicht.«

Beim Springer-Verlag war es nach dem Anschlag der Terroristen '72 auf das Springer-Haus mit dem freizügigen Treiben vorbei. Ausweise und Laufzettel mussten ausgestellt werden, und die Bürokratie hielt überall Einzug, was für die Türken besonders schmerzlich war, die sich nun nicht mehr mit Oma, Opa, Schwestern, Brüdern und sonstigen Verwandten sorglos an dem verbilligten Mittagstisch in der Kantine niederlassen konnten. Vorbei auch die Zeit, da der Bote ungeniert im Zimmer des abwesenden Chefredakteurs den Hörer abnahm und auf die Frage, wann der Betreffende denn wieder zu sprechen sei, antwortete: »Das kann ich Sie nich sagen.«

Mit den Honoraren der Tageszeitung stand es leider nicht zum Besten, und so musste ich mir gezwungenermaßen etwas Neues ausdenken. Also begann ich, Serien für die bunten Blätter zu schreiben, über gutes Benehmen zum Beispiel oder über die aufregenden Erlebnisse einer Privatdetektivin. Für diese Blätter gab es feste Regeln und gibt es vielleicht noch heute. Mit Tieren lag man immer richtig, ausgenommen Schlangen, Spinnen und Insekten, wenn es nicht gerade die niedliche Biene Maja war. Besonders geeignet waren Pferde und Hunde. In einem der Blätter hatte sogar ein Dackel eine eigene Kolumne. Wie mir in der Redaktion erzählt wurde, stapelten sich in einem Extraraum die Geschenke der Leser für diesen kleinen Liebling, vom selbstgestrickten Mäntelchen bis zu Ohrenschützern. Kindern durfte nichts Grausames passieren, und jemand, der Frauen zu nahe trat, war grundsätzlich ein Sittenstrolch. Gelegentlich verdonnerte man mich, leicht verhuschten Prinzessinnen bei ihren Memoiren zu helfen. Wehmütig dachte ich dann an meine Briefträger, Fernmelder und Müllmänner zurück, die so farbig und plastisch erzählten. Aus der Kindheit dieser zarten Geschöpfe hingegen ließen sich kaum Funken schlagen, ganz zu schweigen von ihrem beruflichen Werdegang. Die Gespräche schleppten sich zäh dahin. Nur der Fotograf zog im Handumdrehen dieses und jenes aus ihnen heraus. Wenn er ins Zimmer geschlendert kam, leuchteten die Augen der Mädchen auf, und sie erzählten ihm die intimsten Dinge, die selbst diesen abgebrühten Menschen in Erstaunen versetzten. »Was denn?«, fragte ich.

»Berufsgeheimnis«, sagte er und grinste. Er hätte nur mit dem Finger zu schnippen brauchen, und sie wären klaglos auf einen Baum geklettert oder hätten Kopf gestanden. Meist war er mit diesen Opfern per Du, nannte sie aber trotzdem »Hoheit«. »Mensch, Hoheit, nu beweg dich mal 'n bisschen!« Mit mir hatte der Fotograf Mitleid und tröstete mich. »Sie lernen es schon noch.« Immerhin konnte ich mir bei diesen Honoraren endlich einen Fernseher kaufen. Leider erwies ich

mich dann keineswegs als mündige Bürgerin, die den Aus-
schaltknopf bedienen kann.

Bis jetzt waren, abgesehen von den Sanatoriumsaufenthalten
in Davos und im Allgäu, meine Reisen nie weiter als bis nach
Bayern gegangen. Aber im Sommer '72 fuhr ich zum ersten
Mal nach Frankreich. Eine Redakteurin sollte dort über Dreharbeiten berichten und fragte mich, ob ich mitkommen wolle.
Natürlich wollte ich, aber wie sollte ich es bezahlen? Sie
meinte, darüber müsse ich mir keine grauen Haare wachsen
lassen, das bekomme sie bei der Produktion schon hin.
Frankreich! Ich war begeistert.

Sie fuhr einen Porsche. Ein VW-Käfer wäre besser gewesen. Denn in Frankreich gab das kostbare Stück fast seinen
Geist auf und konnte mangels Ersatzteilen nur notdürftig repariert werden. Der Monteur gab ihr den dringenden Rat,
nicht schneller als fünfzig zu fahren. Auf der Autobahn erregte der in diesem Tempo dahinschleichende Tiger das teils
entrüstete, teils hämische Interesse sämtlicher Autofahrer.
Sie hupten, zeigten uns einen Vogel oder lachten. Der ganze
Tag war der Redakteurin verdorben. Ich dagegen fand das
Tempo recht angenehm.

Zwei Tage machten wir in Paris Station. Das Hotel, in dem
wir übernachteten, gehörte nicht gerade zur besten Katego-
rie. Die Tür zu meinem Zimmer war nicht abschließbar. Bei
der geringsten Erschütterung ging sie knarrend auf, und das
geschah alle Augenblicke. Um die Tür des gegenüberliegenden Zimmers war es nicht besser bestellt. Doch während ich
mich nach drei Versuchen, die Tür fester zu schließen, mit
meinem Schicksal, bei halb offener Tür zu schlafen, abgefunden hatte, schien es dem männlichen Gast von gegenüber
schicklicher zu sein, auf Schlaf zu verzichten und stattdessen

alle zehn Minuten an seiner Tür zu hantieren. Auf diese Art und Weise kamen wir beide nicht zur Ruhe.

Als wir früh das Haus verließen, war ein graues, unscheinbares Männchen in einer Leinenschürze dabei, mit einer ausgefransten Teppichbürste den Staub sorgsam auf den Läufern zu verteilen. Als wir am Abend ins Hotel zurückkehrten, hatte es gerade unser Stockwerk erreicht.

In Paris gingen wir zunächst getrennte Wege, und ich verlief mich hoffnungslos. Ein Polizist, den ich schließlich nach der Straße unseres Hotels fragte, rief extra einen Kollegen herbei, nicht etwa, um mir besonders behilflich zu sein, sondern um ihn an meinem Französisch teilhaben zu lassen. Selten habe ich so einen Lacherfolg erzielt wie bei diesen beiden fröhlichen Flics.

Die Dreharbeiten waren in einem riesigen leer geräumten Schloss außerhalb von Paris, das später ein Golfhotel werden sollte, geplant. Dort wollten sich die Herren der Produktion für ein Interview mit uns treffen. Als wir ankamen, war noch niemand zu sehen. Wir wanderten durch das leere Schloss, bewunderten den herrlichen Park, legten uns auf den gepflegten Rasen vor dem Portal in die Sonne und harrten der Dinge, die da kommen sollten. Erst einmal kam viel Wasser. Die zahllosen kleinen Sprinkler um uns herum, die wir nicht bemerkt hatten, begannen zu sprühen. Wir retteten uns auf die Schlosstreppe, begleitet von dem dröhnenden Lachen des Hausmeisters. Irgendwann erschien dann ein Assistent der Produktion und teilte uns mit, dass das Projekt wahrscheinlich platzen würde. Es gebe Schwierigkeiten mit den Geldgebern. So kehrten wir, immer noch mit Tempo fünfzig, unverrichteter Dinge nach Hamburg zurück.

17

Meine Erlebnisse fanden mal wieder in der Familie nicht das rechte Echo, denn meine Schwester hatte weitaus Interessanteres zu bieten: Sie hatte die Erlaubnis bekommen, mit ihrem Sohn in die DDR zu fahren. Ich verbrachte gerade ein paar Tage bei ihr, als sie ihren lang gehegten Plan in die Tat umsetzte. Wir brachten die beiden zur Bahn. Besorgt sah mein Schwager dem abfahrenden Zug nach. »Hoffentlich geht alles gut.«

Nach acht Tagen waren sie wieder zurück. Es war ein schöner Herbsttag, und so saßen wir unter den Obstbäumen und hörten uns ihren Bericht an. »Also, ihr kamt an«, sagten wir wie immer.

»Na, erst mal fuhren wir los mit Sigmund und Luzie mit ihrem neuen Audi. An der Grenze hat sich weiter nichts abgespielt.«

»Wie war dir denn so zumute?«, wollten wir wissen.

»Ehrlich gesagt, ziemlich mulmig. Die Fahrt durch die Dörfer war deprimierend. Mein Gott, was ist das alles heruntergekommen und grau in grau. In Wustermark waren die Russen dabei, die Straßen zu säubern, ohne Besen, nur mit ein paar spärlichen Zweigen. In Stechow liegt das Schloss kahl in der Gegend, kein Baum, kein Strauch, alles abgeholzt. Mitten durch den ehemaligen Park geht jetzt die Straße. Wisst ihr noch, die Villa von Natusius? Die Leute sagten immer, er wühlt im Garten, und sie jagt den ganzen Tag mit ihrem Auto auf der Straße herum. Die Villa ist auch völlig verfallen. Da ist jetzt der Konsum drin. Es scheint, als wenn der sich immer die größten Bruchbuden aussucht. Die Kleinbahngleise sind abmontiert. Das Schloss von Knoblauchs steht nicht mehr, und der Hof sieht trostlos aus. Was da für Gerümpel rumliegt! Aber sonst war Ferchesar ziemlich unverändert. Kirche und Häuser sind eigentlich noch recht gut erhalten, und die Straße ist auch nicht schlecht. Aber dann der Weg nach Lochow! Ein Sturzacker ist die reinste Asphaltstraße dagegen. Man kommt einfach nicht mehr durch, zu viele Löcher. Wir mussten einen Umweg durch den Wald machen. Kurz vor Lochow hat Sigmund ein paarmal gehupt, und als wir ins Dorf reinfuhren, standen sie schon empfangsbereit auf der Straße.«

Während Ilse Mateke noch das Essen zubereitete, waren Albrecht und meine Schwester zu Kolbatschs in unser Haus gegangen und anschließend zum See. »Ich hab mich gleich wieder zu Haus gefühlt.«

»Wie fandest du es denn in unserer Heimat?«, fragte ich meinen Neffen. Er machte ein verlegenes Gesicht. »Na ja.«

»Den darfst du nicht fragen«, sagte meine Schwester. »Der wäre am liebsten gleich wieder umgekehrt, so grässlich fand er alles. Die Hofgebäude sehen wirklich schlimm aus, und auch die Scheune ist ziemlich lädiert. Die Veranda hat Nikolai abgerissen. Aber auf der einen Linde ist noch unser Baumhaus. Der Park ist inzwischen ein richtiger Wald geworden.«

»Wo habt ihr denn geschlafen?«

»Oben in deinem Zimmer.«

»Und immerzu mussten wir essen. So viel habe ich mein ganzes Leben noch nicht essen müssen«, sagte Albrecht wenig begeistert.

»Sie haben sich extra stundenlang angestellt, um etwas Gutes für uns zu ergattern«, sagte meine Schwester. »Albrecht und ich haben dann einen langen Spaziergang gemacht.

Stellt euch vor, auf dem Fährberg gibt es noch die Höhlen, die wir uns als Kinder gebaut haben. Wir sind überall gewesen, hinter dem Lochower See, den Görner Weg entlang, die Schonung, wo wir die Weihnachtsbäume immer schlugen. Erinnerst du dich?«

Ich erinnerte mich nur zu gut. Stundenlang stapften die Käufer herum, um den schönsten zu finden, und wir, die die Tannen verkauften, froren still vor uns hin. Mein Bruder erwies sich dabei als Verkaufskanone. »Schöner Eckboom«, sagte er jedes Mal, und schon war ein struppiger Baum, der eher einem Besen glich, an den Mann gebracht.

»Jetzt sieht man, wie schön Vater den Wald angelegt hat«, fuhr meine Schwester fort. »Jeder Baum mit Überlegung gepflanzt. Ahorne und Eichen sind jetzt richtige große Bäume. Die Gruppe von Blautannen und Buchen zwischen den Kiefern sieht wundervoll aus. Was haben wir als Kinder immer geflucht, wenn wir beim Pflanzen helfen mussten.« Ich nickte.

Am Abend waren sie dann auf den Hochsitz geklettert und hatten die Ruhe genossen. »Diese Stille! Nur die Enten auf dem See waren zu hören. Und als wir im Bett lagen, schrien die Hirsche. Mutti ist fast mal von so einem Tier umgerannt worden, als sie im Dunkeln nach Görne radelte.«

In Görne waren sie natürlich auch gewesen. Der Weg dorthin war schlimmer als der von Ferchesar nach Lochow. Nach ihren Schilderungen sah es auch hier trostlos aus. Das Dorf düster und unwirtlich, die wundervollen Bäume im Park abgehackt, die Fenster im Schloss mit Brettern vernagelt, das Esszimmer zum »Kulturraum« umgewandelt und der Saal zu einer Art Kantine für die LPG. Die kostbaren Wandgemälde hatte man einfach mit lila Farbe übermalt. Aber der See war von alter Schönheit. »Es wimmelte nur so von Wasservögeln.

Sogar Schwäne gibt es jetzt dort. Ich bin nicht einem einzigen Menschen während unseres Spaziergangs begegnet.«

»Und wie haben die Leute auf dich reagiert?«

»In Görne eher misstrauisch. Oder, sagen wir mal besser, vorsichtig. Aber als sie herausbekamen, wer wir waren, war das Eis gebrochen, und es war ihnen anzumerken, dass Vater und Onkel Achim nicht gerade die typischen Klassenfeinde gewesen sind.«

Auch in Rathenow sah es trostlos aus. »Immerhin«, sagte Albrecht, »eine Milchbar.« Dort war er mit anderen Jugendlichen ins Gespräch gekommen, und die nahmen kein Blatt vor den Mund, als man zum Thema Polen kam. Jetzt, wo die Grenze zu Polen offen war, kämen diese Polacken mit der Taxe bis Rathenow und kauften ihnen den schäbigen Rest auch noch weg. Brudervolk hin, Brudervolk her, sollten sie doch sehen, wo sie blieben. Und dass die Besucher aus dem Westen wegen der Devisen in Polen viel besser behandelt würden, ärgerte sie auch.

Die Lochower waren dagegen ganz zufrieden, Nikolai vor allem. Als strenggläubiger Adventist zog er seine Kraft nach wie vor aus seinem Glauben. Bei den Kindern war es wohl schon anders.

»Trägenapps haben mir erzählt«, sagte meine Schwester, »er sei ganz verrückt vor Freude gewesen, als '58 Christine geboren wurde. Endlich ein Mädchen! Während Tante Olgas Schwangerschaft hat er nicht zugelassen, dass sie arbeitet. Er hat ihr alles abgenommen.«

Auch in Ferchesar hatten sie viele Leute besucht. »Leider war die Zeit einfach zu kurz, und überall musste ich einen Schnaps trinken. Ich konnte kaum mehr Rad fahren.« In der »Perle des Westhavellandes« hatten sie noch dieselben Gardinen an den Fenstern, und nichts war gestrichen oder sonst renoviert. »Die Frau vom Gastwirt Seeger wollte mich erst gar nicht reinlassen. Sie dachte wohl, ich wär die Verflossene von ihrem Mann.«

Ich fragte nach Erna, und meine Schwester lachte. »Als Erstes hat sie nach Buschi gefragt, wie das die letzte Zeit mit ihm noch gewesen ist, ehe wir ihn einschläfern lassen mussten.« Sie machte sich Sorgen um ihren Vater, wollte ihn gern ganz zu sich nehmen. Aber er konnte sich nicht von seinem Haus trennen. Und dann wollte Heinz, ihr Mann, dass sie die Post übernehmen sollte, um allmählich von der LPG wegzukommen. Melken wollte sie trotzdem noch, aber nur noch eine Schicht. Dabei war sie nicht mehr die Gesündeste.

Zu Agnes Heidepriems Grab in Witzke war meine Schwester nicht mehr gekommen. »Zu dicker Nebel. Unmöglich, über den See zu rudern.«

»Was hat sie mit diesem Hauswirt durchmachen müssen!«, sagte ich und erinnerte mich an ihren letzten Brief, in dem sie uns schrieb: »Ich bin hier wohl schon in die Hölle geraten. Heute Nachmittag hat er mir wieder meine schönen Äpfel, die ich geschenkt bekommen habe, aus dem Keller geworfen, so dass sie seine Hühner zerhackt haben. Er hat solche Wut auf mich, weil ich nicht sterbe. Es ruft eine Stimme in mir: ›Mensch, Agnes, sei stark! So kannst du nicht weiter!‹ Aber meine Tränen kullern nur so, es lässt sich nicht ändern.«

»Erna hat erzählt«, sagte meine Schwester, »dass alles, was wir ihr geschickt haben, unbenützt im Schrank lag. Sie hat einfach alles aufgehoben, jedes Stück Schnur von den Paketen. Man fragt sich, für wen.«

Von Agnes, unserer Waldarbeiterin, kamen wir wieder zum Thema Wald, wie die Russen die Bäume in halber Höhe absägten, weil das bequemer war, und wie wir die Rüsselkäfer einsammeln mussten, die sich so eklig an den Fingern festkrallten. Und dass meine Schwester schon als Kind, wenn sie durch den Wald ging, Vaters Blick nach oben angenommen hatte, um zu sehen, welcher Baum wegmusste.

Mein Schwager fing an zu gähnen. »Es wundert mich«, sagte er schließlich, »es wundert mich sehr.«

»Was denn?«, fragte meine Schwester irritiert.

»Du hast heute noch gar nicht von Peterchen gesprochen«, sagte mein Schwager sanft. Und es funktionierte wie in alten Zeiten. Prompt schnappte meine Schwester ein. So ist es nun mal in der Familie. Irgend jemand streut immer etwas Pfeffer auf den Kuchen.

Peterchen war ein Pferd gewesen, ein Riesenroß im wahrsten Sinne des Wortes. Denn es rannte alles um, trat einem grundsätzlich auf den Fuß und kniff den Bernhardiner. Kurz vor Kriegsende wurde er noch eingezogen. Meiner Schwester brach es fast das Herz, als sie erfuhr, dass man die gemusterten Pferde irgendwo hatte verhungern lassen. Mein Schwager behauptete, zu Anfang ihrer Ehe habe sie nur von diesem Peter gesprochen, und er habe zunächst ganz jemand anderes dahinter vermutet.

»Stimmt doch überhaupt nicht«, sagte meine Schwester aufgebracht.

Ich sprang ihr bei und sagte zu meinem Schwager: »Aber Achim.«

Von nun an reiste sie jedes Jahr in die DDR, zuerst mit dem Zug, später mit dem Auto. Vollbeladen fuhr sie los, vollbeladen kehrte sie zurück. Sie fuhr überall in unserer Gegend herum und besuchte alle, die sie kannte. Um sich an- und abzumelden, fuhr Arno sie mit seinem Trabi nach Rathenow. Die Gastgeber mussten Hausbücher führen, von wann bis wann man bei ihnen gewesen war. Mal war's Nikolai, mal waren's Trägenapps, von denen sie eine offizielle Einladung bekam. Das Hausbuch musste der Gemeinde vorgelegt werden. Zu Anfang achtete man streng darauf, dass die Vorschriften eingehalten wurden. In Witzke war ein ehemaliger Bauer, der aus dem Westen zu Besuch war, nur einmal heimlich im Nachbarort über seine Felder gegangen. Sofort erschien die Polizei, und er musste noch am gleichen Tag die DDR verlassen.

Ernas Nichte wollte Friseuse werden. Aber die Meisterin hatte gesagt, sie müsse eine ordentliche Schere mitbringen, sonst werde daraus nichts. Also schickte meine Schwester eine Schere. Aber Ernas Bruder Helmut Görn war Bürgermeister, und das Päckchen aus dem Westen verursachte großen Wirbel. Die Schere wurde konfisziert und Helmut Görn zur Ordnung gerufen. »Helmut, du und deine Westkontakte!« Aber die Familie hatte noch nie unter mangelnder Zivilcourage gelitten. Er sagte, was er dachte. Und erstaunlicherweise ist ihm auch nie etwas passiert.

Bald fühlte sich meine Schwester wieder fast so heimisch in Lochow wie in Kindheitstagen. Sie kannte sich im Dorfklatsch aus und wusste genau Bescheid, wer wann wen geheiratet hatte, wann eine Jugendweihe bevorstand oder eine Scheidung und wo sich Nachwuchs ankündigte.

Wie in unserer Kindheit waren es auch dieselben Dinge, die man bei einem Besuch zuerst in Augenschein nehmen musste: der Garten und das Geflügel.

Das Spielzeug, das sie für die Kinder mithatte, erweckte auch das Interesse der Grenzpolizei. Die Grenzbeamtin war ganz hingerissen von einem Go-Kart. »So was Schönes hätte ich gern für meinen Sohn«, sagte sie zu meiner Schwester, als sie das Auto gründlich gefilzt hatte. »Können Sie mir nicht auch mal so was mitbringen?« Ein anderer interessierte sich sehr für den Adel und meinte, darüber würde er gern mal was Vernünftiges lesen.

Genau wie bei mir, als ich '46 noch einmal zu Hause gewesen war, zeigte man sich in Ferchesar wie in Lochow besorgt, meine Schwester könnte zu leichtsinnig sein. Unser ehemaliges Jagdpächterhaus gehörte nun dem Rat des Kreises, und die Funktionäre verbrachten dort ihren Sommerurlaub. Eine der Ehefrauen langweilte sich in Lochow halb zu Tode, hing den ganzen Tag über dem Gartenzaun und wartete auf jemanden, mit dem sie reden konnte. Meine Schwester wurde gleich gewarnt. »Sei vorsichtig, Tante Josel, die sind bestimmt von der Stasi.« Aber meine Schwester konnte einem Gespräch nicht ausweichen. Sie wurde sogar ins Haus gebeten. »Sie war wirklich sehr nett«, erinnerte sich meine Schwester, »und ganz begeistert vom Klassenfeind.«

18

In den Siebzigerjahren zog ich zweimal um. Ich musste Abschied von dem kleinen Kutscherhäuschen und meiner idyllischen Wohnung nehmen. Das Grundstück war verkauft worden. Die Kletterrose, das Amselnest über dem Küchenfenster, das Apfelbäumchen im Hintergarten, der Rotdorn – sie alle fielen dem Bagger zum Opfer. Auch das Haus wurde abgerissen. Ich vermisste es sehr. Noch mehr vermisste ich meinen Stadtteil, in dem ich inzwischen heimisch geworden war. In Niendorf, wo ich eine Wohnung gefunden hatte, hielt's mich nicht lange, ich zog wieder nach Eppendorf zurück.

In diesen Jahren war auch wieder das Krankenhaus dran, doch im Vergleich zu früher verlief alles durchaus erträglich.

Einmal waren es zur Abwechslung die Nieren. Ich kam auf eine Station, wo zwischen deutschen und türkischen Putzfrauen gerade eine heftige Fehde im Gang war, weil angeblich die Türken von der Verwaltung bevorzugt wurden. Jeden Morgen mussten meine Bettnachbarin und ich uns die Klagen der Deutschen anhören, die sich darüber erregten, dass die Türken nicht nur die angenehmste Arbeit, sondern auch das Sagen hatten. Die Verwaltung ließ sich jedoch nicht beirren. Die Türken hatten sich seit Langem bewährt, sie waren nie krank oder blieben einfach weg, was man von den deutschen Putzfrauen leider nicht behaupten konnte.

Die Operation verlief ohne Komplikationen. Das Zweibettzimmer war groß und luftig, die Stationsschwester hatte alles im Griff. Sie war sehr hinterher, dass ihre Patienten bei den Untersuchungen nicht stundenlang warten mussten und dass sie warm eingepackt waren, wenn sie nach den Operationen zwischen den Pavillons über das Krankenhausgelände gekarrt wurden. Die Ärzte zeigten viel Verständnis für meine Situation als Freiberufler und beeilten sich mit den Voruntersuchungen. Nur dass der Zeitungsverkäufer immer gerade dann im Zimmer erschien, wenn eine von uns am Waschbecken stand, gefiel mir nicht, was ich ihm deutlich zu machen versuchte.

»Da müssen Sie sich überhaupt nichts bei denken«, sagte er. »Ich hab sogar schon die Frau von unserem Bürgermeister halbnackt gesehen.«

Auch dass ich einen Tag nach der Operation gedünstete Nieren serviert bekam, berührte mich etwas eigenartig, meine Mitpatientin ebenfalls. Sie stammte aus Ostpreußen und war mit ihrer Mutter und vier Geschwistern nach dem Krieg in Holstein gelandet. Aus Platzmangel wies man ihnen bei einem Bauern den Schweinestall als Unterkunft an. »Meine Mutter ist gleich zum Bürgermeister gegangen und hat gesagt: ›Hier muss ein Missverständnis vorliegen. Ich bin eine Mutter mit fünf Kindern und nicht eine Sau mit fünf Ferkeln.‹« Darüber lachten wir Tränen, was meiner Narbe nicht bekam.

Der junge Ehemann der Mitpatientin war rührend um seine Frau besorgt, und ich wurde gleich in die Pflege mit eingeschlossen. Obst, Schokolade und Kuchen schleppte er für uns heran und brachte auch meine Wäsche gewaschen und gebügelt zurück.

Nach drei Wochen wurde ich entlassen. Als ich den Stationsarzt fragte, ob ich jetzt gleich wieder radeln könnte, sah er mich völlig entgeistert an und meinte trocken: »Sie können es ja mal versuchen.«

Kaum war ich aus dem Gröbsten heraus, gab es bei meiner

Schwester neue Aufregungen. Die letzten zwei Jahre waren schwer für sie gewesen. Mein Schwager war '76 nach langer Leidenszeit gestorben, die Pachtung musste abgewickelt werden, und weil das Gut zum zweiten Mal verkauft wurde, musste sie umziehen.

Auch die Lochower und Erna blieben von Krankheiten und Tod nicht verschont. Ernas Mann starb '78. Er war schon lange krank gewesen, aber dann kam das Ende doch unerwartet. Und in Lochow galt es, von Frau Trägenapp, Luzies Mutter, Abschied zu nehmen. Es gab eine große Beerdigung, wie Erna schrieb, und es waren alle mal wieder zusammen, Matekes, Kolbatschs und die Trägenappsche Verwandtschaft. Als ich mich mit Luzie nach der Wende in Lochow traf, war sie immer noch nicht darüber hinweg, dass sie in der Todesstunde ihrer Mutter nicht in Lochow sein konnte. »Diese gottverfluchte Grenze! Wir haben sie ja jedes Jahr nach Berlin zu uns geholt, und jedes Mal hat man Abschied genommen, und jedes Mal hat man sich gesagt, nächstes Jahr wird sie nicht mehr dabei sein, so krank wie sie war. Und als es dann zu Ende ging, bin ich am Freitag losgefahren, um bei ihr zu sein. Und am Sonntag nach Staken wieder hin mit meinen beiden Mädchen, weil ich wieder ein neues Visum brauchte. Einer von der Familie hat mich hingefahren, durch die Kontrolle rein und durch die Kontrolle wieder raus. Für ein längeres Visum hätte ich mindestens vierzehn Tage gebraucht, und wer weiß, ob ich die Genehmigung überhaupt bekommen hätte. Jedes Mal, wenn wir losgefahren sind, habe ich gedacht, hoffentlich kommst du noch rechtzeitig zurück. Sie war ja schon so schwach. Die letzten Tage wollte sie immer irgend etwas von ihrem Nachttisch haben. ›Heute Abend kommt der rote Stecken, dann seid ihr alle da. Ihr wisst doch, was ich meine!‹ Und als ich dann wieder nach Staken musste, hat sie so geweint und gesagt: ›Du hast ja versprochen, dass du bei mir bist.‹ Und dann ist sie gestorben ohne mich. Ich hätt's mir denken können. Ich hätt's mir denken können, als sie das erste Mal nicht mehr den Wecker aufgezogen hat. Den musste sie immer aufziehen, so schwach sie war.«

Ich hatte von einer Frauenzeitschrift den Auftrag bekommen, Frauen in ihren Berufen zu zeigen. Leider erwartete man in der Redaktion oft, dass Gärtnerinnen wie Elfen aussahen und weibliche Tankwarte wie engelsgleiche Geschöpfe. Doch der Chefredakteur des neu gegründeten Blattes hatte die Anweisung gegeben, dass abgelieferte Manuskripte sofort bezahlt werden müssten, und das entschädigte für vieles. Es gab trotzdem oft Verzögerungen, bis man schließlich sein Geld auf dem Konto hatte. Und wer war schuld? Ausnahmsweise mal nicht die Gesellschaft, sondern der Computer. Sehnsüchtig dachte ich manchmal an die Zeit zurück, als man im Springer-Verlag zu dem Leiter der Honorarabteilung ging, seine finanziellen Sorgen vortrug und wie dieser dann seiner Sekretärin im Nebenzimmer zurief: »Machen Sie mal 'ne Anweisung für die Kasse fertig!« Wo man anschließend sofort das Geld ausgezahlt bekam. Ein Computer konnte so was nun mal nicht. Er sei sowieso leicht überanstrengt und schalte sich dann einfach ab, wie mir erklärt wurde. Dafür müsse ein freier Mitarbeiter doch nun wirklich Verständnis haben.

Die journalistische Tätigkeit auch auf anderen Gebieten langweilte mich allmählich. So versuchte ich es mit einem Buch. Der Titel stand von Anfang an fest: »Kartoffeln mit Stippe«. Die Rundreise des Manuskripts durch die Verlage begann, zunächst ohne Erfolg. Erst bei einem Schweizer Verlag klappte es. Im Februar '79 wollte man das Buch auf den Markt bringen. Der Winter '78/79 hatte es in sich, auch in der

DDR. Erna schrieb, dass in der ganzen Umgebung für längere Zeit der Strom ausgefallen war, und das bei neunzehn Grad minus. »Kerzen und Batterien gab's weder hier noch in Rhinow oder Rathenow. Zum Glück ist mir nichts kaputtgefroren. Aber 'ne Menge Kälber, Ferkel und Küken sind draufgegangen in den Betrieben und Kartoffeln natürlich auch.«

Kaum war mein Buch fertig, versank Schleswig-Holstein im Schnee. Ganze Dörfer waren abgeschnitten, so dass mein Buch nicht ausgeliefert werden konnte. »Mal wieder typisch für dich«, meinte die Familie. Und sie erinnerten mich an die vielen kleinen Missgeschicke, die stets passierten, wenn ich meine Hand im Spiel hatte. Das legendäre Peterchen legte sich, während ich zur Bahn gebracht wurde, einfach auf die Deichsel, so dass sie zerbrach. Das hatte er vorher noch nie getan. Und dann die Geschichte mit Corris Koffer. Auch dass während des Krieges in meiner Gegenwart die Gepäckabfertigung in die Luft ging, habe sie überhaupt nicht gewundert. Ich wanderte von Buchhandlung zu Buchhandlung in der Hoffnung, mein Buch zu entdecken. Meine Freunde taten das Gleiche. Nur selten gab es Erfolgsmeldungen. Die »Kartoffeln« waren eben auf Sandboden gewachsen. Dann musste ich sehr schnell ins Krankenhaus und verlor mein Kind ein wenig aus den Augen. Doch ich konnte beruhigt sein: Es machte mir keine Schande. Plötzlich stand es in jedem Schaufenster und krabbelte langsam die Leiter auf der Bestsellerliste im »Spiegel« empor bis an die Spitze. Ich war ganz weg von mir selbst. So ein Talent! Wer hätte das gedacht. Die Journalisten gaben sich die Klinke in die Hand. Die Kritik verwöhnte mich. Ich blinzelte ins Rampenlicht und wusste nicht recht, wie ich mit dieser neuen Situation umgehen sollte. Mal war ich überfreundlich, mal wieder pampig. Leserbriefe kamen nun stapelweise, in denen mir immer wieder versichert wurde, was für ein wunderbarer Mensch ich doch sei. Bald glaubte ich es selbst. Auch Liebesbriefe waren darunter. Ein Leser behauptete sogar, ich hätte ihn vor dem Selbstmord gerettet. Bald kam ich mir vor wie das Wildkaninchen, das wir als Kinder gefangen hatten und so lange streichelten, bis es seinen Geist aufgab. Auch Lochow blieb von meinem Erfolg nicht verschont. Zu Nikolais großem Missfallen stand dauernd jemand vor der Tür und fragte ihn nach uns. Ich bekam viele Fotos geschickt. Die Haustür mit dem geschnitzten Wappen war das beliebteste Motiv.

Die »Kartoffeln« halfen mir auch finanziell auf die Beine, und so konnte ich es mit einem neuen Buch versuchen. Es hieß »Deine Keile kriegste doch« und wurde ebenfalls ein Bestseller. Nun ging die Kritik nicht mehr so zuvorkommend mit mir um. Den Lesern war es egal.

Noch stand ich als Berufsautor auf wackligen Beinen. Doch ich hatte Glück. Meine Leser blieben mir auch bei den nächsten fünf Büchern treu. Meine Freunde freuten sich über meinen Erfolg, zeigten sich aber auch etwas skeptisch. »Verdienst du jetzt wenigstens ordentlich? Hauen sie dich auch nicht übers Ohr? Na, die Steuer wird dir nicht viel lassen.« Der Presserummel flaute Gott sei Dank schnell ab, und ich brauchte Fragen nach dem Grund meines Schreibens und was ich damit erreichen wollte, nicht mehr zu beantworten. Ich bezwecke nichts, ich habe keine Botschaft, ich schreibe einfach, weil's mir Spaß macht. Schreiben ist eine wunderbare Droge, und man wird dafür, dass man ihr verfallen ist, auch noch bewundert. Was nicht sagen will, dass man nicht auch nach Anerkennung süchtig ist. Das größte Kompliment war für mich, dass meine Bücher regelmäßig aus den Päckchen geklaut wurden, ehe sie ihre Empfänger in der DDR erreichten.

Meine Generation war nun im Rentenalter und ging stramm auf die siebzig zu. In einem Brief erinnerte Erna sich an die schönen Tage bei ihrer Schwester am Bodensee vor fünf Jahren. »Lang, lang ist's her. Aber ich werd mich wohl nicht noch einmal auf den Weg machen. Mit den Beinen wird's nicht besser und dem Zucker. Habe nun auch Durchblutungsstörungen. Das eine Auge ist fast hin. Man fragt sich manchmal, wo ist die Zeit, wo sind die Jahre geblieben. Man wird immer hutzliger, und der Kopf voller Lücken ist durchlässiger geworden. Damals haben wir manchmal gegrient, wenn Frau Gräfin Birnen meinte und Äpfel sagte, aber jetzt bin ich selbst so weit, wenn ich zum Enkel sage (im April wird er vier): ›Kuck mal, dort oben auf dem Baum sitzt 'n Hecht, der klopft‹, und er: ›Wie kommt denn der da ruff?‹ Aber, Komtess, noch leben wir.«

Mein Bruder war inzwischen gestorben. Er hatte schon lange nicht mehr in Berlin gelebt und war in Neumünster zum zweiten Mal verheiratet gewesen. Vor seinem Tode im Februar '88 war er noch zweimal zu Hause. Er wohnte bei Elli Trägenapp, unserem ehemaligen Mädchen, in Stechow, und Gerhard Karge, unser alter Spielkamerad aus Lochow, selbst sehr krank, fuhr ihn auf rührende Weise überall mit Pferd und Wagen herum. Meine Schwester hatte inzwischen zwei Enkelkinder, Juliane und Konstantin. Meine Nichte hatte geheiratet und war in Hamburg geblieben.

Die »Kartoffeln« wurden immer wieder zu neuen Gerichten verarbeitet, diesmal zu einem Film. Die Dreharbeiten begannen im Spätsommer '89 in der Mark Brandenburg. Einige Szenen wurden auch in Lochow gedreht. Die Produktion lud mich zu den Dreharbeiten ein, aber ich hatte eine merkwürdige Sperre und konnte mich nicht dazu entschließen. Lochow genoss das ganze Drum und Dran. Endlich mal was los! Eine wichtige Figur aus dem Buch, eine Ziege, sah Mutterfreuden entgegen und kam durch die Aufregungen zu früh in die Wehen. Und unser Möpschen hatte sich in einen weiblichen Jagdhund verwandelt. Ganze Busse voll mit Neugierigen schaukelten durchs Dorf. Politische Ereignisse gerieten dabei in den Hintergrund. Der Gedanke an eine Wiedervereinigung kam selbst da noch niemandem, mir schon gar nicht.

Sind wirklich bereits fünf Jahre seit dem Fall der Mauer vergangen? Und was ist mir davon in Erinnerung geblieben? Am eindrücklichsten wohl die friedlichen Demonstrationen, der erhabene Schauer bei dem Ruf »Wir sind das Volk!«, den wir damals, '48, ebenso spürten, als Ernst Reuter, der Bürgermeister von Berlin, während der Blockade seinen Appell an die Weltöffentlichkeit richtete: »Schaut auf diese Stadt!« Und unvergessen sind natürlich auch die Flüchtlinge im Garten der Prager Botschaft. Bei ihrem Anblick entrückte meine Generation wieder in jene Zeiten, in denen man im Keller zitternd auf die Bomben wartete, den letzten Bohnenkaffee, die letzte Schmalzstulle miteinander teilte und sich gegenseitig tröstend in die Arme nahm.

Und dann der Rummel, als die Grenzen offen waren! Hamburg verwandelte sich in einen riesigen Jahrmarkt. In den Geschäften wurden freiwillig Überstunden gemacht, überall gab's was umsonst, vor allem Süßigkeiten, was den Kleinkindern nicht immer bekam. Damals waren unsere Brüder und Schwestern gerngesehene Gäste, die man mit begeisterter Herzlichkeit unter die Fittiche nahm und liebevoll bevormundete. Sie waren fern davon, sich aufzuregen oder Kritik zu üben. Sie fanden alles »Wahnsinn« und steckten befriedigt ihr Begrüßungsgeld ein. Luzie wurde ausgerechnet während der Vorbereitungen zur Hochzeit ihrer Tochter vom Fall der

Mauer überrascht. »Und da kamen se nu alle angemacht aus Stechow, aus Ferchesar und Onkel Kolla natürlich, und holten sich in Berlin ihr Begrüßungsgeld ab. Es nahm kein Ende. Also, ich sage Dir ... Zum Schluss bin ich richtig zusammengeklappt. Die konnten mich gar nicht verstehen. Aber wir mussten doch um sechse wieder raus. Sigmund musste pünktlich zum Dienst. Und dann die Hochzeit, es war einfach zu viel.«

Auch Erna war einmal in Berlin gewesen, aber, wie sie schrieb, nie wieder. Dauernd wäre sie angerempelt worden. »Oma pass doch uff! Haste keene Oogen im Kopp!«

Silvester '89 war ein rauschendes Fest. Überall wurde der Fall der Mauer gefeiert. Danach herrschte leichte Katerstimmung zwischen den Brüdern und Schwestern. Eine gewisse Gereiztheit machte sich bemerkbar. »Vier Wochen soll ich auf den neuen Fernseher warten? Wo gibt's denn so was!« Der Verkäufer zuckte die Achseln. »Wir haben einen Engpass. Geht alles nach drüben.« Man gönnte es ihnen ja von Herzen, aber das ging doch irgendwie zu weit. Besonders kritisch wurden die Ossis von ihren eigenen Landsleuten unter die Lupe genommen, die selbst noch Leib und Leben riskieren mussten, um in die Bundesrepublik zu kommen. »Uns ist auch nichts geschenkt worden! Und jetzt soll das Sozialamt die Sozialhilfeempfänger von drüben sogar nach Mallorca schicken auf Staatskosten! Und dann diese Preise drüben! Hundert Mark für eine Übernachtung und das Klo noch auf dem Hof. Die können wohl den Hals nicht voll genug kriegen.«

19

Im Mai '90 fahre ich zum ersten Mal wieder in meine Heimat, nur für zwei Tage, mehr Zeit bleibt nicht. Ich muss mich nach einer Kollegin richten, die mich freundlicherweise mitnimmt. Es ist schon ein eigenartiges Gefühl, an den leer stehenden Grenzhäuschen vorbeizufahren. Die Dörfer haben sich in den letzten vierzig Jahren kaum verändert. Angepflockte Kühe liegen friedlich wiederkäuend auf den Grünstreifen. Auch die Sommerwege gibt es noch. Wir fahren über Rhinow, den Ort, in dem ich meinen Arbeitsdienst ableisten musste. »An die Arbeit!«, und dann die Antwort im Chor: »Froh heran!« So mickrig habe ich diesen Marktflecken, wie man solche kleinen Orte früher bei uns nannte, gar nicht in Erinnerung. Dann Rathenow. Auch hier die Straßen fast menschenleer. Stechow, Ferchesar, Lochow. Fast verfahren wir uns. Weit und breit keine Menschenseele. Ich habe mich schon immer schlecht orientieren können, aber dass ich mich nicht einmal hier mehr zurechtfinde und wir fast am Trintsee landen, ist wirklich eine Blamage. Am Ortseingang steht noch das alte Ortsschild. Langsam fahren wir durchs Dorf und kehren dann wieder um. »Mein Gott, ist das hier hässlich«, sagt meine Kollegin. An manchen Stellen sieht das Dorf wirklich wie eine Vogelscheuche aus. Verrottete Baracken, ein zusammenstürzender Kuhstall der LPG, ein halb verbrannter Wohnwagen, überall Gerümpel, dann schließlich unser Grundstück. Die Scheune wie eine alte Frau krumm und schief, das Haus grau in grau. Nur Nikolai hat sich nicht verändert. Er trägt eine Pudelmütze und begrüßt mich kopfschüttelnd. »Mein Gott, die eine so dick, die andere so dünn«, womit er meine Schwester und mich meint. Die Veranda gibt es nicht mehr, die Rüster davor ist abgeholzt. Sie war ein Lieblingsbaum der Stare. Im Frühjahr das Spektakel, wenn sie ankamen, im Herbst, wenn sie wieder gen Süden zogen. Jeden Abend versammelten sie sich, flogen auf, als hätten sie ein Signal bekommen, und kreisten, eine dichte graue Wolke, über dem Witzker See. Auch die Blumenrabatte und der Flieder sind verschwunden. Alles ist ein riesiger, ziemlich verwilderter Gemüsegarten geworden. Jetzt, wo seine Olga tot ist, hat Nikolai auch daran die Lust verloren. Sie ist '89 gestorben. Im Dezember '88 haben die beiden noch goldene Hochzeit gefeiert.

»Darf ich mir ein paar Mohrrüben ziehen?«, frage ich. Er sieht mich mit nachsichtigem Lächeln an. »Was fragst du? Es gehört doch alles dir.«

Zu kurz der Besuch. Ich bereue es noch heute. Auch bei den Nachbarn kann ich mich nicht lange aufhalten. Sie haben gegenüber von ihrem Haus ein Treibhaus errichtet und wollen es mit Gemüse versuchen.

»Du hast es aber eilig«, sagt Ilse Trägenapp, jetzt Mateke, enttäuscht. Aber was soll ich machen, das Programm ist zu voll. Ich muss doch noch nach Wassersuppe zu Erna, die wartet sicher schon.

In Wassersuppe ist gleichfalls kein Mensch auf der Straße. Ich blicke mich ratlos um. Mein Gott, wo wohnt sie denn bloß? Eine junge Frau kommt aus ihrem Garten. »Na, wo soll se schon wohnen? Da, wo der Briefkasten hängt.« Richtig! Erna war ja bei der Post und damit Geheimnisträgerin. Zu DDR-Zeiten durfte meine Schwester das Auto nicht vor ihrem Haus parken. Sie stellte es auf einem Nebenweg ab und ging zu Fuß. Dann kuckte Erna erst die Straße rauf und runter und gab ihr ein Zeichen. Erst wenn die Luft rein war, durfte sie auf den Hof fahren.

Fallen wir uns in die Arme? Tun wir nicht. Wir sind ja Märker, und unsere Sprödigkeit macht uns beiden zu schaffen. Etwas verlegen sehen wir uns an. »Na ja«, sagt Erna, »schön, dass Sie sich mal sehen lassen. Nu kommen Se mal rin.« Sie holt eine Flasche Birnenschnaps.

»Aber Erna«, sage ich, »Ihr Zucker, Ihre Leber!«

Sie macht eine wegwerfende Handbewegung. »Det bisschen Zucker. Man muss die Leber überlisten.«

Schnell sind wir wieder bei unseren Erinnerungen und natürlich auch bei Buschi, unserem allseits so beliebten Hund. Buschi, der einem Bauern die Würste vom Rad klaute und meiner Schwester stolz apportierte. Viel zu schnell kommt der Aufbruch. Tadelnd sieht Erna mich an. »Na, det war ja man 'n kurzes Glück.«

»Aber ich komme doch wieder«, sage ich. Und dann werden es doch wieder zwei Jahre.

Am nächsten Tag fahre ich noch einmal kurz nach Lochow. Schnell ein Rundgang bis zum Witzker See. Er wird immer flacher. Bald kann man nach Witzke hinüberwaten. Das Wasser gluckert vertraut gegen die angetäuten Boote. Richtige Wiedersehensfreude stellt sich noch nicht ein. Es ist wie beim Zahnarzt, wenn man einen Zahn gezogen bekommt. Die Betäubung wird erst allmählich weichen.

Eine neue Heimat habe ich nie gefunden, und die alte? Noch wirkt sie merkwürdig abweisend. Ein Besuch in Görne verstärkt diesen Eindruck. Das Dorf ist mir ganz fremd geworden. Fast finde ich das Schloss nicht, so verändert sieht es aus. Es wirkt unwirtlich und verlottert in dem abgeholzten Park. Meine Schwester hat recht, nur der See hat seine Schönheit behalten. Kindheitserinnerungen werden wieder wach.

Ostereiersuchen im Park mit den Vettern, die meine Tante beim Ostereierverstecken mit dem Fernglas beobachteten. Ruck, zuck füllten sie dann ihre Körbchen, und meine Schwester und ich zogen eine weinerliche Flappe. An Regentagen durchstöberten wir das Schloss vom Boden bis zum Keller, ganz in uns zusammengekrochen vor Kälte. Denn geheizt wurden höchstens zwei, drei Räume.

Ehe wir zum Auto zurückkehren, werfen wir noch einen Blick auf das Schloss. Vor dem Eingang lungern ein paar Gestalten herum, die Bierflasche in der Hand. Meine Kollegin ist ganz erschüttert, dass man diesen schönen Bau so verwahrlosen lässt.

»Tja«, sage ich, »Eigentum verpflichtet. Hatte wohl der Arbeiter- und Bauernstaat vergessen. Fahren wir nach Hause.«

»Meinen Sie damit Lochow oder Hamburg?« Im Augenblick ist es weder das eine noch das andere, und ich denke an die mahnenden Worte unserer Postzustellerin, Frau Behrend: »Vergesst die Heimat nicht, wo eure Wiege stand.« Als Kinder sind wir vor Heimweh fast eingegangen, wenn wir ins Internat zurück mussten. Rathenow lag zwar nur vierzehn Kilometer von uns entfernt, und wir hätten dort gut die Oberschule besuchen können. Aber es war natürlich unmöglich, den armen Pferden so etwas zuzumuten, womöglich noch im Winter. Da war Vater strikt dagegen.

Die ersten Wochen im Internat waren für mich ein Alptraum. Benommen saß ich während des Unterrichts zwischen den anderen und folgte den Gedankengängen der Lehrerin nur mühsam. Das Heimweh fraß mich auf, und vielen ging es ähnlich wie mir. Aber über seinen Seelenzustand sprach man nicht. Heimweh gehörte nun mal dazu wie Muskelkater und chronische Erkältung im Herbst. Mit den Jahren änderte sich das. Ich begann die Meinung der reichen Verwandtschaft in Schlesien zu teilen, dass Lochow eine rechte Kuhpleeke sei, ein Ort, in dem einfach nichts los war und wo man, wenn man aus dem Internat nach Hause kam, sein Rad am Bahnhof vorfand, anstatt, wie es sich doch gehört hätte, mit den Pferden abgeholt zu werden. Da ging es bei den Freunden anders zu. Bei denen salutierte noch der Kutscher mit der Bogenpeitsche, und es war auch sonst recht herrschaftlich. Und so war ich in den großen Ferien nur noch selten zu Haus.

Erst nach der Flucht merkte ich richtig, was Lochow mir wirklich bedeutet hatte. Aber Heimat ist eben nicht nur ein Ort, sondern auch viel Gewohntes und Vertrautes. Nach mehr als vierzig Jahren braucht es seine Zeit, bis sie hinter den Veränderungen wieder fühlbar und sichtbar wird, wozu Nikolai das meiste beigetragen hat. Sein beharrliches »wann kommt ihr denn nun endlich« geht mir während der Heimfahrt dauernd durch den Kopf. Er scheint wirklich fest entschlossen zu sein, uns das, was er als Siedler erhalten hat, zurückzugeben, Haus, Hof und Garten. Nein, den Garten nicht oder nur zur Hälfte. Der ist damals während der Bodenreform jemand anderem zugeteilt worden.

Als ich wieder zu Hause bin, halte ich telefonisch Rat mit meiner Schwester. Meint er es wirklich ernst? Sie beschließt, der Sache auf den Grund zu gehen. Vielleicht war es auch nur so dahingesagt, und irgendwie ist es peinlich, ihn danach zu fragen. Nikolai zeigt sich höchst verwundert. »Es gehört euch doch.« Sind die Kinder der gleichen Ansicht? Sie sind es. Nikolai hat ihnen nie erlaubt, sich auf dem Grundstück etwas auszubauen.

Im Frühjahr '91 wird das Grundstück an uns übertragen. Meine Schwester hat einen Notar aufgesucht. Der weiß nicht, wo ihm der Kopf steht. »Die Leute rennen mir hier die Bude ein.«

Immer wieder gibt es eine neue Hürde zu nehmen. »Nikolai, es nützt nichts, wir müssen noch einmal zum Grundbuchamt.«

»Da waren wir doch erst gestern!«

»Aber da müssen wir noch mal hin.«

Wieder in die gute Hose, wieder in das neue Auto seines Neffen Arno Mateke. Nikolai seufzt. »Sind wir schon gestern gefahren wie durch brennenden Wald.« Er grinst. »Und was die Ilse ist, Arnos Frau, die hat hinten geschrien: ›Biste verrückt?‹«

In Rathenow bleibt er vor dem Gerichtsgebäude stehen. »Hier war ich schon mal im Gefängnis.«

Wir kennen die Geschichte. Die anderen Siedler wollten ihm unsere alte Drillmaschine wegnehmen. Da hat er die von ihm neu eingebauten Teile wieder ausgebaut. Daraufhin wurde er wegen Sabotage eingesperrt. Noch heute ist er stolz darauf, dass es seine geliebte Olga war, die ihn wieder herausgeholt hatte. »Die ist gleich zu dem Kommandanten gegangen. Der ist gekommen und hat gebrüllt: ›Wer spricht hier russisch?‹ – ›Ich‹, hab ich gesagt. ›Und warum haben sie dich eingesperrt?‹ – ›Weil sie mir meine Drillmaschine wegnehmen wollten und ich die neuen Teile wieder ausgebaut habe.‹ – ›Hast du gut gemacht‹, hat er auf Russisch gesagt und sich halb totgelacht. ›Nimm deine Siebensachen, und dann ab mit dir.‹«

Auf den Behörden treffen wir manche verständnisvolle, wenn auch noch etwas ängstliche Seele. »Sie sind aus Lochow? Ach nee. Da haben wir immer Brombeeren gesammelt. Und meine Oma hat sich ihren Weihnachtsbaum da geholt. Und was meine Tante ist, die war irgendwo bei den Bredows Mamsell. Das kriegen wir schon hin.«

Erleichtert kehrt Nikolai nach Lochow zurück. Diesmal fährt mein Neffe Albrecht, der meine Schwester begleitet hat. Er versucht es mal wieder mit einer Abkürzung und verfährt sich prompt. »Wird Zeit, dass du deine Heimat besser kennenlernst«, sagt Nikolai missbilligend, und zu meiner Schwester: »Nun ist alles amtlich, nun könnt ihr mich rausschmeißen.«

»Ja«, sagt meine Schwester, »das werden wir tun. Du kommst in den Pferdestall, Nikolai. So sind wir Junker nun mal.«

Er lacht. Fragt zum x-ten Mal: »Wann zieht ihr denn nun endlich ein? Ist doch nicht viel zu tun, ein bisschen Farbe und was es sonst noch so braucht.«

Aber es braucht entschieden mehr. Das Dach muss vollständig erneuert werden, und auch sonst wirkt das Haus sehr mitgenommen. Es ist unmöglich, mit Renovierungen anzufangen, ohne ihn auszuquartieren. Und das können wir ihm nicht antun. Nikolai ist ein kranker Mann. Er hat ein schwaches Herz und Rheuma und was sonst so das Alter nach schwerer Arbeit mit sich bringt.

Seine Kinder und die Lochower kümmern sich um ihn. Aber seine Olga kann ihm keiner ersetzen. Er hat jetzt eine Leidenschaft fürs Fernsehen entwickelt. Der Fernseher läuft den ganzen Tag bis spät in die Nacht. Als mein Neffe, der in seinem Urlaub schon im Haus herumwerkelt, nach einem bestimmten Handwerker fragt, sagt Nikolai: »Ich kann dir alles sagen, mein Junge, wie viele Kinder die Königin von England hat, was für ein Mann der Gorbatschow ist und wer in der Nationalmannschaft spielt. Aber was hier ringsherum passiert, davon weiß ich nichts.«

Inzwischen ringen wir mit der Treuhand. Wir müssen die Hälfte des Grund und Bodens unter dem Haus, die einem anderen Siedler gehörte, noch von ihr kaufen. Ebenso ein Stück Gartenland. Die Preisvorstellungen der Treuhand nähern sich in meinen Augen den Grundstückspreisen in der Hamburger Innenstadt. (»Aber Achim«, würde jetzt die Familie sagen.) Auf jeden Fall sind sie viel zu hoch.

Ein Vertreter der Treuhand will sich erst einmal persönlich davon überzeugen, dass wir den alten Mann nicht etwa unter Druck gesetzt haben. Nikolais Augen unter seiner Pudelmütze beginnen zu funkeln. »Es gehört mir nun mal nicht.«

»Aber der Staat hat es Ihnen doch gegeben.«

»Wie kann mir der Staat etwas geben, was ihm nicht gehört.«

»Und Sie wollen einfach darauf verzichten? Es ist sicher schon jetzt eine Menge Geld wert.«

»Geld. Was brauche ich Geld? Ich bin ein alter Mann.« Nikolai empört sich bei meiner Schwester. »Ist doch alles Kinderkram, was ihr da macht.« Und der fromme Adventist, der es sonst streng mit den Gesetzen seiner Religion hält, fügt grollend hinzu: »Dann müsst ihr eben diesen Menschen bestechen. Ach, macht doch, was ihr wollt!«

Zweimal muss Nikolai in diesen Monaten ins Krankenhaus. Beim letzten Mal nach der Entlassung ist er zu schwach, um nach Lochow zurückzukehren. So bringt ihn seine Schwiegertochter, die in einem Altenheim arbeitet, dort unter. 1992 stirbt Nikolai. Die Kinder meiner Schwester fahren zur Beerdigung. Es ist ein unfreundlicher, kalter Wintertag und der Ferchesarer Friedhof eine windige Ecke, über den ein eisiger Ostwind fegt. Der Prediger bedankt sich, dass Nikolai in unserem Haus wohnen durfte. Albrecht und Gabriele sind sprachlos, meine Schwester und ich ebenfalls.

Während wir mit unserem Grundstück beschäftigt sind, muss Erna für vier Wochen ins Krankenhaus. Sie leidet an

Durchblutungsstörungen an den Füßen. In ihrem Brief beschwert sie sich, dass sie zu viel Insulin gespritzt bekommen hat. »Obwohl ich Bescheid gesagt habe. ›Ach, komm' se man!‹ Und drin war die Spritze. Nachher haben sie sich bald die Hacken abgerannt, und dann ist ihnen noch die Infusion danebengelaufen. Hat mir wirklich gereicht. Und jetzt hab ich auch noch die Gürtelrose gekriegt. Na, was soll's. Das bisschen Juckerei ist auszuhalten.« Erna macht uns wirklich Sorgen.

Als ich im Sommer '92 siebzig werde, klingt ihr Geburtstagsbrief recht gedämpft. Sie beklagt sich, dass sie keinen Telefonanschluss bekommt, obwohl sie fast achtzehn Jahre die Post gemacht hat. »In den Zeitungen steht immer, dass alles klappt. Aber die Wirklichkeit sieht anders aus. Wir sind ja Kummer gewöhnt. Früher ging meine Rente nach Berlin aufs Postgirokonto. Jetzt muss ich immer nach Hohenauen und mir von dort das Geld holen. Die meisten Dörfer haben keine Post mehr. Aber viel schlimmer ist, dass man jedes Jahr krepeliger wird. Ich kann nur noch schlecht laufen. Auf fester Straße geht's. Aber unten am See entlang im Gras hab ich zu tun, dass ich nicht hinfalle. Das Knie ist steif. Genauso geht's mit den Augen. Bin auf dem rechten schon viermal mit Laserstrahl behandelt. Sehe bald gar nichts mehr. Wie schnell ist man doch ein altes Weib geworden. Bin immer so gern Rad gefahren. Zeit hat man nun ja. Und die Rente – man könnte kleine Reisen machen, Tagesfahrten mit dem Bus und so. Sind vierzehn Jahre her, dass Heinz gestorben ist. So schnell vergeht die Zeit. Nun haben wir keinen mehr vor uns, nun sind wir dran. Am besten ist wohl einäschern. Das wird noch das Billigste sein. Und dann bei Heinz mit drauf. Da ist schon ein Grab weniger zu pflegen. Hier sind's sechs und in Witzke drei. Da hat man zu tun.« An unsere Gräber und die Last, die andere damit haben, denken wir vorläufig noch nicht, am wenigsten meine Schwester. Sie steckt voller Pläne und lässt sich von der Bürokratie nicht unterkriegen. Das Stückchen »Park« möchte sie unbedingt noch kaufen. »Es gehört doch einfach dazu!«

Erna erfreut sich in einem ihrer letzten Briefe an einer neuen Ölheizung. »Ist doch eine feine Sache. Kein Dreck, kein Staub. Sonst war immer was los, wenn der Schornstein-feger kam, Ruß bis auf den Boden, schwarze Hände, fasste man ans Treppengeländer.«

Im September '93 muss sie wieder ins Krankenhaus, dies-mal mit Blaulicht. »Hatte Magenbluten. Wollten versuchen, es ohne Operation wegzukriegen. Und auch, dass ich Wasser im Leib habe, gefällt ihnen nicht. Na, lass sie machen.« Ernas Briefe klingen immer alarmierender. Sie hat nun auch Wasser im unteren Lungenflügel. »Dachte ja, ich würde dieses Wo-chenende schon nach Haus kommen. Aber mit mir ist es wie mit einer alten Jacke: Wenn man erst beim Stopfen ist, findet man immer wieder schlechte Stellen.«

Ernas Stationsarzt ist der Sohn von Elli Trägenapp, unse-rem früheren Hausmädchen. Ich rufe ihn an. Aus dem, was er sagt, oder besser: nicht sagt, höre ich heraus, dass ich mich beeilen muss. Gabriele fährt mich nach Rathenow. Es ist noch dasselbe Krankenhaus wie in meiner Kindheit und Ju-gend. Aber so verwinkelt hatte ich es nicht mehr in Erinne-rung. Es ist wohl in der Zwischenzeit umgebaut worden. Rat-los irre ich herum. Schließlich weist mir eine freundliche Schwester den Weg. Erna liegt in einem altmodischen Zwei-bettzimmer mit hoher Decke und großem Fenster. Sie starrt mich völlig überrascht an. »Ich werd' verrückt. Die Kom-tess!«, strahlt sie. Sie ist sehr dünn geworden, aber scheint mir sonst noch recht gut beieinander. Ganz aufgekratzt kommen wir ins Erzählen. Gleich sind wir wieder bei unserer gemeinsamen Zeit. »Wie geht's denn Ihrer Freundin?«, will Erna wissen.

»Sie ist vor sechs Jahren gestorben«, sage ich. Dass ich sie vor ihrem Tode nicht noch mal besucht habe, legt sich wieder schwer auf meine Seele. Vielleicht war ich gerade selbst krank gewesen, vielleicht konnte ich aus beruflichen Gründen nicht. Ausreden lassen sich leicht finden. Ein Autor ist ein selbstsüchtiges Wesen. Das Buch, das gerade entsteht, ist ihm wichtiger als die Freunde. Er verdient die Zuneigung nicht, die man ihm entgegenbringt.

Erna erinnert mich auch daran, dass ich selbst schon einmal in diesem Krankenhaus gelegen habe.

»Wann denn?«, frage ich erstaunt.

»Sie waren gerade im Arbeitsdienst.«

Jetzt fällt es mir wieder ein. Ich hatte mir eine Angina geholt. Wie immer war meine Mutter gleich zur Stelle, was mir peinlich war. »Wie kommst du denn hier rein? Es ist doch noch gar keine Besuchszeit.«

»Das lass nur meine Sorge sein.« Stirnrunzelnd entfernte sie mit raschem Griff ein pickliges Kind, das man mir zur Obhut aufs Bett gesetzt hatte. »Zieh dich an, ich nehm dich mit.«

Der Professor war inzwischen in den Saal, in dem ich lag, gekommen. Er küsste meiner Mutter die Hand. »Aber, liebe Gräfin«, sagte er beschwörend, »ich kann Ihnen Ihre Tochter nicht mitgeben. Ihr Herzmuskel ist nicht in Ordnung. Sie braucht viel Ruhe.«

»Eben«, sagte meine Mutter. »Da ist sie zu Hause am besten aufgehoben.« Und ehe ich mich's versah, saß ich in einer Taxe, recht mickrig, aber hochzufrieden.

Die Lagerführerin sah das eigenmächtige Handeln meiner Mutter etwas anders. »Sie werden noch mal ein Disziplinarverfahren kriegen«, sagte sie mahnend, als ich mich wieder im Lager befand.

»Ach Erna«, sage ich lachend, »was Sie noch alles so wissen!«

Erna kommt richtig in Fahrt. Wie sie sich mit Möpschen bei eisiger Kälte im Wald verirrt hat und sie ihn dann fast nach Hause tragen musste, weil er sich in dem verharschten Schnee die Pfoten wundgelaufen hatte. Wie scharf wir im Herbst hinter den Champignons her gewesen sind und uns zu unserem Ärger oft die Ausflügler zuvorkamen. Und schon habe ich wieder den Geruch von Kartoffelfeuern in der Nase und das melancholische Geräusch der Kreissäge im Ohr, das aus Witzke zu hören war.

Die Patientin im Nachbarbett fängt an zu wimmern, vielleicht vor Schmerzen, vielleicht aber auch vor Erschöpfung und gepeinigt von unserem lauten Reden. Denn mit dem Gehör steht es bei Erna nicht mehr zum Besten. Zweimal kommt die Schwester herein und sieht nach der Schwerkranken. »Soll ich nicht lieber gehen?«, flüstere ich ihr zu.

»Nee, nee, bleiben Sie man noch«, sagt die Schwester. »Sie wohnen ja auch nicht gerade um die Ecke.«

Aber die Patientin wird immer unruhiger. Es ist ihr anzumerken, wie sehr sie unsere Unterhaltung anstrengt. So verabschiede ich mich früher als geplant. Erna blickt enttäuscht. »Sie wollen schon gehen? Warum denn?«

Ich mache eine hilflose Geste und deute auf die Kranke. »Ich komm ja wieder«, tröste ich sie, »bestimmt.«

Erna wirkt nur halb beruhigt. »Aber erst dann, wenn ich wieder zu Hause bin.«

Ich nicke. »Na klar. Dann trinken wir wieder einen. Man muss die Leber überlisten, sagen Sie doch immer.« Erna lacht.

An der Tür drehe ich mich noch einmal um. Erna sitzt im Bett und sieht mich an. Ihr Blick verrät, was wir jetzt beide wissen: Wir werden uns nicht wiedersehen.

Bedrückt kehre ich zu Gabriele zurück, die im Auto auf mich wartet. »Da bist du ja schon wieder. Ich habe mich auf viel länger eingerichtet.«

»Ich auch«, sage ich.

Wir verlassen das Krankenhausgelände. Auf den Straßen ist es stockdunkel, die Straßenbeleuchtung lässt noch zu wünschen übrig. Die Straßenschilder können wir nicht lesen. Früher ja, da hatten wir noch Katzenaugen. Wenn Erna und ich aus dem Kino kamen und durch den Wald radelten, fanden wir ohne Schwierigkeiten den Weg.

Novemberzeit, Lesezeit. Auch Erna war eine Schmökertante und holte sich aus Vaters Bücherschrank, was sie interessierte. Bis tief in die Nacht brannten die Kerzen auf unseren Nachttischen. Sie belegte einen Englischfernkurs und versuchte sich auf einer von Vaters Geigen. Einmal im Kriege, als sie Unkraut jätete, wurde sie von einem unbekannten Mann angesprochen. Wie es ihr denn bei uns gefalle, und was der Graf denn so treibe. Ein Radio gebe es doch sicher in diesem Haus. Vielleicht höre man da auch manchmal einen ausländischen Sender? Könne einem ja leicht passieren, dass man in so eine Station reingeriet. Erna harkte weiter. »Passieren kann viel.«

»Wo ist denn der Graf jetzt?«, wollte der Mann wissen.

»Dort, wo Sie eigentlich auch hingehören«, sagte Erna, »an der Front.« Der Mann verzog sich.

Meine Mutter war außer sich, als sie ihr davon berichtete. »Erna, ich sage es Ihnen jetzt zum letzten Mal: Stellen Sie das Radio abends leise! ›Hier ist London, hier ist London‹ hört man ja bis auf die Straße.«

Zum Abendbrot sind wir bei Nikolais Kindern, Simon und Bärbel Kolbatsch, eingeladen. Sie haben sich ihr Haus mit viel Fleiß gemütlich gemacht, sogar einen Parkettfußboden gelegt. Anschließend fahren wir in die kleine Pension der Familie Berckholtz zurück. Werner Berckholtz, damals noch ein Kind, erinnert sich, dass im Krieg sämtliche Hunde der Gemeinde zur Musterung mussten. Auch Möpschen. Um ihre Schussfestigkeit zu prüfen, feuerte man eine Salve ab. Danach war Möpschen verschwunden.

»Noch nie«, sagt Werner Berckholtz, »habe ich einen so großen Hund so schnell rennen sehen.«

Am nächsten Morgen fahren wir nach Lochow und machen eine »Schlossbesichtigung«. Immerhin, das Haus hat nun endlich ein neues Dach, und des Himmels Wolken schauen nicht mehr hoch hinein, wie sie es leider zu lange taten. Die Nachbarn sind emsige Heinzelmännchen. Sie haben die Öfen geheizt, damit die Wände trocknen, Schutt und Müll entfernt, das Haus gelüftet und bewacht.

»Was wollen Sie denn hier?«, fragte Arno streng eine Frau, die mit Mann und Kind unser Grundstück betrat.

»Wir wollten so gern mal sehen, wo Möpschen immer seinen Napf stehen hatte«, sagte die Frau entschuldigend.

Wann wird das Haus fertig sein? Ich glaube, das kann noch lange dauern. Mit großem Geld können wir nicht ranklotzen, es muss immer wieder neu verdient werden. Geduld muss der Mensch haben, eine Tugend, die ich nicht besitze. Ich stöhne auf bei dem Gedanken, was noch auf uns zukommt. Und dann erst die Stallgebäude! Durch die unter Denkmalschutz stehende Scheune mit den Lehmwänden pfeift der Wind, und ich habe den Eindruck, das Scheunentor wird nur noch von unseren vielen, vielen Luftgewehrkugeln, die in dem Holz stecken, zusammengehalten.

Als wir das Haus verlassen, scheint es uns sehnsüchtig nachzublicken, als wollte es sagen: Lasst mich nicht zu lange hier im Regen stehen. Das kleine Haus. Ich bekomme direkt zärtliche Gefühle. Wie habe ich mich jedes Mal gefreut, wenn ich mit Vater am Witzker See auf Enten anstand und mir die Beine in den Leib fror und das Petroleumlicht durch die Fenster tröstlich zu uns herüberblinzelte. Gott sei Dank, bald, bald würde ich am warmen Kachelofen sitzen. Ich winke ihm verstohlen zu, während wir zum Auto gehen. Diesmal wagen wir den Weg durchs Luch zur Hauptstraße. Es ist vom Abendrot, das durch den Nebel dringt, in rosa Dunst gehüllt. Vertraute Gerüche nach Schilf, Wasser und Moor dringen in meine Nase. Wildgänse ziehen in endlosen Scharen mit lauten Rufen über unsere Köpfe hinweg. So viele gab es in meiner Jugend nicht. Eine Schafherde schwimmt im Bodennebel. Dazwischen stolzieren Kraniche. Langsam schaukeln wir den Plattenweg entlang. Ist doch schön hier, scheint das Land mir zuzuflüstern. Die Heimat mit ihrem spröden Charme hat unmerklich wieder von mir Besitz ergriffen.

»Hoffentlich erwische ich nicht den falschen Weg«, sagt Gabriele nervös.

Wie oft sind wir im Winter im Kreis gefahren, obwohl die Pferde die Strecke fast im Schlaf kannten. Bei Eis und Schnee gab es plötzlich einen Ruck. Wir waren irgendwo vom Weg abgekommen. »Spring runter«, sagte mein Vater zu meiner Schwester, »und kuck mal nach, wo wir eigentlich sind.«

Meine Schwester tat es gehorsam und versank sogleich in einer Schneewehe. Nur noch die Bommel von ihrer Pudelmütze war in dem diffusen Mondlicht zu sehen.

»O Gott!«, rief meine Mutter und starrte angestrengt in die Dunkelheit. »Wo steckst du denn?«

Es dauerte eine Weile, bis sich meine Schwester, über und

über mit Schnee bedeckt, wieder herausgewühlt hatte. Vater meinte, sie solle sich erst mal ordentlich schütteln, ehe sie wieder auf den Wagen stieg.

»Also, Lochow im November – einfach trostlos«, sagt Gabriele, »wie habt ihr das bloß früher ausgehalten? Wenn ich da an Bayern denke …«

Ich reagiere gekränkt. »Du mit deinem Bayern und dieser sterilen Bilderbuchlandschaft. Dein Großvater hätte gesagt: ›Labbriges Land‹.«

»Na, so was«, sagt Gabriele nachsichtig und hupt, um ein Schaf vom Plattenweg zu vertreiben. »Immerhin hat er fast zwanzig Jahre bei uns gelebt und, soviel ich weiß, recht gern. Jedenfalls hat er oft zu uns gesagt: ›Was müsst ihr dauernd reisen? Hier ist es doch viel schöner.‹«

Ich lache: »In der Not frisst der Teufel Fliegen. Gegen Lochow durftest du trotzdem nichts sagen. Da war er hoch empfindlich. Als die Eltern '23 hierhergezogen sind, war sein Glück vollkommen.«

»Seins vielleicht«, sagt meine Nichte, »aber bestimmt nicht Großmutters. Die war doch so wie Mama. Am liebsten unterwegs und unter Menschen.«

»Ich meine, sie hat sich mit dem ›einfachen Landleben‹ ganz gut abgefunden. Ihre Generation und meine waren eben noch bescheidener und nicht dauernd auf der Suche nach sich selbst. Was nicht war, das war nicht. Basta. Kein Grund, ein ganzes Leben irgendwelchen unerfüllt gebliebenen Träumen nachzutrauern.«

»Ihr hattet eben nicht so viele Bedürfnisse.« Meine Nichte sieht mich nachsichtig an, als wäre das eher ein Manko.

»Und ihr redet sie euch ein.«

Meine Nichte grinst. »Soviel ich gehört habe, fuhr Großmutter dauernd nach Schlesien.«

»Dauernd? Einmal im Jahr.«

Ich muss an meinen Vater denken und das Theater, das er jedes Mal deswegen machte. »Sechs Wochen willst du wegbleiben? Ist das nicht ein bisschen lange?«

»Sechs Wochen ist überhaupt nichts. Da komme ich gerade so rum«, verteidigte sich meine Mutter. »Ich habe schließlich sechs Geschwister.«

»Gott sei's geklagt«, seufzte mein Vater, obwohl sein Verhältnis zu Schwägern und Schwägerinnen besonders gut war. Aber er hatte nun mal seine Familie gern um sich versammelt und schleppte uns am liebsten überall mit, sehr zum Kummer der jeweiligen Gastgeber, was Vater wenig störte. In diesen Dingen war er dickfellig.

Einmal waren meine Eltern bei einem Regimentskameraden von Vater zur Jagd eingeladen worden. Auch ich musste mit, obwohl ich bereits stark erkältet war. Schon in der Kleinbahn glühte ich wie der Kanonenofen in der Mitte des Abteils der dritten Klasse. Meine Mutter wollte in Rathenow wieder mit mir umkehren. Vater redete es ihr aus. »Endlich hat sie mal rote Backen. Du wirst sehen, morgen ist sie wieder mopsfidel.«

Von mopsfidel konnte keine Rede sein. Ich bekam eine Lungenentzündung. Mein Gehuste störte die anderen Gäste, und überhaupt gab es bei den Gastgebern meinetwegen viel Aufregung und Gerenne.

Ich muss unwillkürlich lachen, als ich mich daran erinnere.

»Warum lachst du?«, fragt Gabriele. Und ich erzähle es ihr. »Nach diesem Desaster wurde dann dein Großvater doch etwas einsichtiger und ließ uns zumindest zu Haus, wenn sich eine Krankheit ankündigte.«

Sobald meine Mutter abgereist war, wurde Vater sanft und umgänglich. Das Personal umtanzte ihn beglückt. Er bekam all seine Lieblingsspeisen. »Was soll's denn heute sein, Herr

Graf?«, fragte ihn die Mamsell ungeniert durch die Klotür hindurch. Normalerweise hätte er seinem Unmut, dass man ihn an diesem Orte störte, lautstark Luft gemacht. Aber so murmelte er nur unwirsch vor sich hin: »Hat man denn nirgendwo seine Ruhe?«, um ihr dann mitzuteilen: »Kartoffelpuffer wären nicht schlecht.«

Nach jeder Reise tat meine Mutter, als hätte sie Mühe, sich im Haushalt zurechtzufinden. »Wann esst ihr denn hier so?«, fragte sie meinen Vater, der gerade der Haustür zustrebte.

Das brachte ihn in Harnisch. »Um halb eins natürlich. Das müsstest du als Hausfrau ja wohl am besten wissen.«

»War ja nur eine Frage«, sagte Mutter sanft. »In der Küche wird gerade das Essen aufgetan, und du scheinst weggehen zu wollen.«

Vater murmelte etwas und setzte sich wieder. Seine Angewohnheit, jedes Mal kurz vor den Mahlzeiten das Haus zu verlassen, machte sie rasend. »Schön, dass du wieder da bist«, sagte Vater besänftigend.

Das fand ich auch. Ich war ein Mamakind und hatte schon Heimweh nach ihr, wenn die Eltern nur für eine Nacht wegblieben.

Inzwischen haben wir die Hauptstraße erreicht. Es ist längst dunkel geworden.

Im Dezember '93 stirbt Erna. Es waren eben doch zu viele Löcher zu stopfen. Wie hat sie gesagt: »Wenn's sein muss, dann kein langes Zappeln.«

Ach, wie nichtig, ach, wie flüchtig
sind der Menschen Tage.
Wie ein Strom beginnt zu rinnen
und mit Laufen nicht hält innen,
so fährt unsre Zeit von hinnen.

20

Im Juni '94 treffe ich mich mit meiner Schwester in Lochow. Während ich die kleine Pension Berckholtz in Ferchesar vorziehe, hat meine Schwester bereits unser Haus in Besitz genommen. Sie hat immer dort übernachtet, schon zu Nikolais Zeiten und auch im November, obwohl im oberen Stockwerk noch die Fenster fehlten und es überall wie die berühmte Hechtsuppe zog.

Aber allmählich mausert sich das Haus. Die elektrischen Leitungen sind neu gelegt, es gibt schon ein Badezimmer, eine Küche und ein Esszimmer.

»Wieso Esszimmer?«, frage ich verblüfft. »Hätte das nicht noch Zeit gehabt?«

Nein, meine Nichte will es so. Nikolais altes Zimmer ist eben nun das Esszimmer. Aber sein Sofa steht noch drin, auf dem meine Schwester jetzt schläft. Gabrieles Malerspuren ziehen sich durchs ganze Haus. Wie in Bernstein sind Hunderte von Mücken, die sich in Schwärmen auf den Pinsel setzten und so mit eingestrichen wurden, in der frischen Farbe eingeschlossen, was ein bizarres Muster ergibt. Vom Malen ist meine Nichte ganz besessen. Kaum eine Pause gönnt sie sich, wenn sie am Wochenende von Hamburg kommt und loslegt. »Nicht mal am See ist sie gewesen«, sagt Luzie kopfschüttelnd. Die Familie behauptet, was für andere Frauen die Auslagen eines Juweliergeschäfts bedeuten, seien für sie die Schaufenster der Farben- und Lackhandlungen.

Anfänglich waren Gabriele und Albrecht unserer ewigen Gespräche über Lochow bald überdrüssig geworden. »Mein

Gott, Mama, nur noch Lochow! Können wir nicht mal von was anderem reden?« Inzwischen hat sie der Enthusiasmus ihrer Mutter angesteckt. Nun müssen auch die Freunde ran. Gabriele schleppt sie aus Hamburg herbei. Es ist ein bisschen wie die Geschichte, in der Tom Sawyer den Gartenzaun streichen muss und seine Freunde dahin bringt, dass sie ihn schließlich händeringend bitten, auch mal den Pinsel in die Farbe tauchen zu dürfen. Es kommt eben nur darauf an, wie man eine Sache verkauft, als Fron oder als Vergnügen. Und Gabriele hat das ganz gut raus.

Zwischen viel Schutt und Gerümpel stolpern wir durchs Haus und versuchen, genau zu rekonstruieren, wo alles stand. »Also, hier war der Salon, wie Mutti das nannte. Wo stand denn das Sofa?« Die Möbel aus diesem Raum haben uns die Nachbarn wieder zurückgegeben. Sie sind immer noch tadellos in Schuss, müssen nur neu bezogen werden. Ich entdecke in der Ecke Vaters Lieblingsbild, zwei Bauern, die sich beim Pflügen begegnen. Er hatte es bei einem Trödler aufgestöbert. »Das werden wir auch wieder im Flur aufhängen«, sagt meine Schwester.

Am Nachmittag stuckern wir durchs Luch nach Görne. Die Eigentumsverhältnisse des Schlosses sind nach wie vor ungeklärt. Da wird wohl kräftig gemauschelt. Wir sehen uns ein wenig in dem leeren Schloss um. Während ich fassungslos die scheußliche lila Farbe betrachte, mit der die schönen Wandgemälde im Kaminzimmer verunstaltet sind, ist meine Schwester weitergegangen. Aufgeregt kommt sie zurück. »Stell dir vor, ich bin das erste Mal in meinem Leben in Großvaters Zimmer gewesen!«

Ich sehe sie verständnislos an.

»Ja, weißt du denn nicht mehr? Als Großvater gestorben war, hat Großmutter es abgeschlossen. Niemand durfte das Zimmer mehr betreten. Als Kinder haben wir überall herumgestöbert und nach dem Schlüssel gesucht, aber ihn nie gefunden. An Möbeln ist natürlich nichts mehr vorhanden.«

Später laufen wir am Ufer des Sees entlang und sprechen über unseren Onkel Achim. »Weißt du noch«, sagt meine Schwester, »in den Dreißigerjahren ist in der Nacht mal eingebrochen worden. Große Beute haben die Diebe nicht gemacht, und Onkel Achim hat gesagt: ›Die Herren suchen im Dunkeln, was ich schon im Hellen nicht finde.‹« Onkel Achim war nicht gerade das, was man einen stattlichen Mann nennt, aber er war witzig, schlagfertig und hatte eine scharfe Zunge. Von einem der vielen Bredows, die er nicht leiden konnte, behauptete er, als die Bredows aus des Teufels Sack purzelten, seien alle auf die Füße gefallen, nur der Vorfahre des besagten Vetters auf den Kopf. Dieser bedauerliche Vorfall habe sich leider auch auf die Nachkommen ausgewirkt.

Wie die meisten im Dorf hielt sich Onkel Achim im Krieg nur bedingt an die strengen Vorschriften und gab zum Beispiel längst nicht alle Hühner an. Der kontrollierende Wachtmeister sah etwas ratlos auf das Hühnergewimmel zu seinen Füßen im Hof. »Das sollen fünfzehn Hühner sein, Herr Graf? Das ist doch mindestens das Doppelte.«

»Fünfzehn Hühner exakt«, sagte mein Onkel, »die übrigen, die Sie sehen, habe ich verstoßen.«

Im Krieg war das Schloss vorübergehend von der amerikanischen Botschaft belegt worden. Der Botschafter sollte später zu großem Ansehen gelangen. Es war Mr George Kennan, ein etwas kränklicher, zarter Mann, der meine Tante nach dem Krieg mit Care-Paketen versorgte. Mein Onkel erklärte dem interessierten Amerikaner die Ahnengalerie, natürlich auf seine gewohnte Weise. »Dieser nette Junge, den Sie da sehen, ist in der Ritterakademie verhungert.« Meine Tante stöhnte auf. »Aber Achim!«

Es gehörte damals zum Familienritual, dass wir jeden Sonntagnachmittag nach Görne fuhren, fünf Kilometer hin, fünf Kilometer zurück. Im Sommer und Herbst lockte Tante Gertruds großer Garten. Ihr Obst konnte sich sehen lassen. Aber im Winter mopsten wir uns oft, und kalt war es auch, das Esszimmer nur gerade ein wenig überschlagen. »Mächtig warm bei dir«, sagte mein Vater und rieb sich die Hände. Er meinte es nicht ironisch, denn bei uns wurde das Esszimmer überhaupt nicht geheizt.

In Görne durften wir die »Berliner Illustrirte« lesen. Illustrierte kannten wir nicht, nur »Wild und Hund« und die Sammelbände der Zeitschrift »Vom Land zum Meer«, die noch von meinen Großeltern stammten. Gelegentlich wurde eins von uns Kindern zu Onkel und Tante verbannt, wenn die Geschwister eine ansteckende Krankheit hatten. So auch ich, als meine Schwester Keuchhusten bekam. Das Gästezimmer, in dem ich untergebracht wurde, lag am anderen Ende des Flurs, weit, weit entfernt vom Klo. Ich glaube, es gab überhaupt nur zwei dort. Nachdem mir meine Tante Gute Nacht gesagt hatte, sah ich dreimal unter das pompöse Bett und hinter die schweren Samtvorhänge und kroch schließlich angsterfüllt ins Bett, wo ich die ganze Nacht still vor mich hin graulte. Überall knackte es, und der Wind ließ die Fensterläden klappern. Meine kinderlose Tante hatte an so was wie einen Nachttopf für mich nicht gedacht, und das Klo aufzusuchen, traute ich mich nicht. Dass ich dann trotz aller Vorsichtsmaßnahmen den Keuchhusten bekam, regte niemanden besonders auf.

Von Görne fahren wir nach Kleßen, einem früheren Gut der Bredows. Wie wir der Lokalpresse vor ein paar Monaten entnahmen, soll das Schloss jemand gekauft haben, der darin ein Spielzeugmuseum errichten will. Sehr gelobt wurde in der Zeitung das herrliche Wildschweinessen, zu dem der neue Besitzer die Dorfbewohner einlud. Nun hat er sich seit einem Jahr nicht mehr sehen lassen, und das Schloss bröckelt weiter vor sich hin. »Der Sozialismus siegt«, steht in verblassten Farben auf einer Hauswand. Manchmal hat man das Gefühl, er tut es tatsächlich noch.

Wir fahren durchs Luch zurück nach Lochow. Meine Schwester zeigt auf einen zugewachsenen Weg, der durch die Lake geht. »Das ist der Witzker Weg. Den bist du immer gefahren, wenn du vom Arbeitsdienst kamst.«

»Dreißig Kilometer und immer den Wind von vorn«, sage ich.

Wenn mein Bruder Urlaub hatte, durfte er alle viere von sich strecken. Ich musste gleich beim Gießen helfen. Erna fuhr deshalb im Urlaub auch nie nach Hause. Kühe zu melken und beim Heuen zu helfen, hatte sie keine Lust. Da blieb sie lieber in Lochow und sonnte sich am See.

Kaum sind wir vor unserem Haus angelangt, wird meine Schwester von Unruhe gepackt.

»Lass uns ein bisschen auf dem Rest von unserer alten Veranda sitzen und den herrlichen Blick über die Wiese und den See genießen«, schlage ich vor. Sie schüttelt den Kopf. »Keine Zeit, keine Zeit.« Sie ergreift Nägel und Hammer und beginnt, den Zaun zur Straße zu reparieren.

»Du wirst noch einen Sonnenstich bei dieser Hitze kriegen«, warne ich.

»Das lässt sich dann eben nicht ändern.« Und schon hämmert sie drauflos. In den drei Tagen, die wir hier sind, ist sie dauernd unterwegs, spricht mit Handwerkern, macht Besuche oder Besorgungen.

Als ich in meine Pension in Ferchesar zurückkehre, hat es sich immer noch nicht abgekühlt. So mache ich einen Rundgang durch den Ort, erst über den Friedhof – die Blumen auf Gerhard Karges Grab sind noch nicht verwelkt – und dann zu Lieselotte König. Ihr Vater hatte ein Gasthaus in Ferchesar. Heute kann man dort nur noch sein Bier trinken. Im Ausschank riecht es genauso wie zu meiner Kinderzeit. Lieselotte verlässt das Haus nur selten.

»Warum denn nicht?« frage ich sie. »Du könntest doch wenigstens mal nach Berlin fahren.«

»Ach, was soll's«, sagt sie, »es lohnt sich nicht mehr. Wo ist denn deine Schwester?«

»Mal wieder unterwegs«, sage ich.

Lieselotte lacht. »Sie ist wie deine Mutter. Wenn wir zum Haus rausfuhren, und sie kam die Straße entlang, sagte mein Vater: ›Da kommt die Gräfin. Wir müssen uns beeilen, sonst kriegen wir das Heu nicht mehr rein.‹«

»Reden wir denn so viel?«, frage ich leicht gekränkt.

Lieselotte nickt. »Tut ihr. Soll ich dir ein paar Eier mitgeben? Hab gerade welche aus dem Stall geholt.«

21

Den Tag darauf ist große Kaffeetafel bei Luzie im Garten. Nachdem wir unsere Fluchterlebnisse noch einmal haben aufleben lassen, kehren wir zu der Hauptperson unseres Hierseins zurück: Nikolai Kolbatsch, dem Bauern aus der Ukraine, und wir erinnern uns, wie sich nach und nach die gesamte Familie seiner Frau in Lochow eingefunden hat. Arno Mateke war damals noch ein halbes Kind. Er sagt: »Fünf Jahre hat die Herrlichkeit gedauert, dann waren wir wieder runter von unseren schönen Höfen im Warthegau, auf die man uns umgesiedelt hatte. Der Stalin und der Hitler haben uns ganz schön was eingebrockt.«

Sigmund war nach dem Kriege noch mal in dem Dorf im Warthegau gewesen und hatte auch versucht, mit dem Polen ins Gespräch zu kommen, dem jetzt der Hof gehörte. »Ich hätt's besser gelassen. Welch ein Hass, welch ein Hass!«, sagt er. »Das hat mir lange zu schaffen gemacht.«

Kurz vor der Wende ist dann ein Pole nach Lochow gekommen und hat Sigmund gefragt, was aus seinem Vater geworden sei. Der Pole war ein früherer Partisan, und zu Sigmunds großem Erstaunen war er des Lobes voll über Gustav Mateke. »Ihr Vater war ja damals im Dorf ein mächtiger Mann. Aber er war anständig, auch wenn er ein Deutscher war und auf einem polnischen Hof saß. Er hat uns immer gewarnt, wenn es kritisch wurde.«

»Es war eben alles eine Fügung«, sagt Arno. »Auch dass wir hier gelandet sind. Später bin ich dann oft gefragt worden: ›Wie war's denn so bei den Ausbeutern?‹ Und ich hab gesagt: ›Wir sind hier angekommen, die haben uns in ihrem Haus untergebracht, sie haben uns eine Wohnung gegeben, die Pferde bekamen Stallungen und Futter, was will man mehr.‹ – ›So was gibt's nicht‹, haben sie gesagt. ›Gibt's doch‹, hab ich gesagt. Der Graf, das war so ein Mensch, der hat ein Fahrrad gehabt, Marke Brennabor, na, sagen wir mal, Nummer sieben. Jeden Tag ist er in seinen Wald zur Arbeit geradelt, hinten drauf ein Beil oder einen Fuchsschwanz. Und die Gräfin hat sich um alles gekümmert. Wenn sich jemand geschnitten hatte, schon war sie mit dem Pflaster da.«

Meine Schwester und ich sonnen uns in dem Glanz unserer hilfsbereiten Eltern, allerdings nicht zu lange. Denn nun kommt die Geschichte mit dem Grüßen. Die stößt Arno noch nach fünfzig Jahren auf.

»Also«, sagt Arno, »ich bin im Pferdestall, füttere die Pferde, und der Herr Graf kommt rein. Und ich denke, wer reinkommt, grüßt zuerst. Aber da ist ja Polen fast zusammengebrochen. Das Gesicht von ihm hättet ihr sehen sollen. Er macht auf dem Absatz kehrt und raus. Ich tränke die Pferde, gebe ihnen Heu und geh dann in unsere Küche zurück. Da sitzt die Gräfin, und meine Mutter heult. ›Was hast du angestellt, was hast du bloß gemacht, Junge! Der Graf hat sich beschwert über dich, über deine Unhöflichkeit!‹ Die Gräfin sagt: ›Jetzt wäschst du dich erst mal, gehst zu ihm und entschuldigst dich. Dann ist die Sache aus der Welt.‹ Aber das habe ich nicht eingesehen. ›Wieso‹, hab ich gesagt, ›ich hab gelernt, wer in ein Zimmer kommt oder in den Stall, der grüßt zuerst.‹ Aber die Gräfin, das war so ein Mensch, die konnte einen immer überreden. Ich habe mich also gewaschen, die Haare gekämmt, ordentlich Pomade reingeschmiert, bin zum Grafen gegangen und habe mich entschuldigt. Der Graf ist aufgestanden, hat mir die Hand gegeben und gesagt: ›In Ordnung, mein Junge, von nun an sind wir Freunde.‹«

Mit dem Grüßen hatte mein Vater wirklich einen Spleen. Davon können auch meine Schwester und ich ein Lied singen. »Sag anständig Guten Morgen, Guten Tag, Gute Nacht.« Etwas verlegen sehen wir uns an.

Arno fährt fort: »Danach hat er mich immer wie einen Erwachsenen behandelt, obwohl ich knapp vierzehn war.«

Das stimmte. Wir erinnern uns, wie mein Vater sagte: »Der Arno ist kein Kind mehr, der hat auf der Flucht allein für die Pferde und die kleineren Geschwister gesorgt.«

Unser Gespräch wendet sich wieder dem Haus zu. Meine Schwester und ich sorgen uns, was es uns noch kosten wird. Es ist wie mit Ernas Vergleich von der alten Jacke: Kaum hat man ein Loch gestopft, entdeckt man das nächste. In der ehemaligen DDR war es ein echtes Kunststück, ein Haus zu erhalten. Und außerdem war Nikolai ein wenig genial.

»Der Onkel Kolla war so ein Mensch«, sagt Arno, »für den galt nur das Land. Von früh bis spät hat er gewühlt. Land und nochmals Land. Kastanien weg, Eichen weg, alles zu Acker gemacht. Beim Mähen musste es noch der letzte Rand vom Graben sein. Von der Rübenforke hat der die Kugeln gemacht, die Zinken angespitzt und sie als Mistgabel benützt. Eine Mistforke, wie sie keiner von uns hatte. Wenn mein Vater und ich mit ihm Mist laden mussten, hat er jedes Mal gesagt: ›Eh ihr hinten auf dem Wagen soweit seid, habe ich schon vorn und die Mitte voll.‹ Aber fürs Äußere war er nicht so zu haben. Da hat er nicht so mit den Pfunden gewuchert. Die Ilse hat immer gesagt: ›Wenn Onkel Kolla die Gartenpforte repariert, ist er in ein paar Stunden fertig. Und du …‹ Ich sage: ›Aber danach ist das Tor dann auch. Nichts sitzt richtig.‹ – ›Was willst du?‹, hat Onkel Kolla gesagt, ›Hauptsache, die

Tür geht auf und zu.‹ Das Pferdegeschirr war kaputt. Da hat er gesagt: ›Machen wir einfach ein Stück Draht rum, sofern das Pferd keinen Schaden davon hat.‹ Mein Vater hat oft die Hände über dem Kopf zusammengeschlagen. ›Das sieht hier aus wie russisch Polen!‹ – ›Geht aber auch‹, hat Nikolai gesagt, ›geht aber auch.‹«

»Aber«, sagt Sigmund, »er hat auch immer gesagt: ›Die Grafen kommen wieder. Ist doch ihr Land, oder nicht?‹ Und hat seine Kinder was lernen lassen. Sie sind alle was geworden, haben ihre eigenen Häuser. Er hat sein Versprechen gehalten.«

22

Einen Tag später fährt meine Schwester wieder nach Bayern. Ich kehre allein nach Lochow zurück. Es ist noch immer unerträglich heiß. Ein Gewitter liegt in der Luft. Aber in Nikolais Wohnzimmer, das jetzt ein Esszimmer ist und früher unser Kinderzimmer war, ist es angenehm kühl. Ich habe es mir auf Nikolais altem Sofa bequem gemacht und lasse meine Gedanken wandern. In den letzten Monaten vor seinem Tode hat er hier oft mit meiner Schwester gesessen und Kirchenlieder gesungen. Das tat er zu gern. Er auf Russisch, sie auf Deutsch. »Wer sich auf seine Schwachheit stützt, der bleibt in Sünden liegen, wer nicht Herz, Sinn und Mut erneut, wird sich gewiss betrügen.«

Das Haus ist wie die Landschaft: Es strahlt Ruhe aus. Es hat die unterschiedlichsten Menschen beherbergt. Jeder hat sich darin wohlgefühlt.

In meiner Kindheit wurde in diesem Raum auch unterrichtet. Wie hatte nur alles Platz gefunden, Betten, Pulte, Kleiderschrank und Spielzeug? Erstaunlich. Mit Spielzeug und Kleidung wurden wir allerdings knapp gehalten. Vater fand das meiste überflüssig. »Nicht mal genug Geld für Weihnachtsgeschenke gibst du mir«, beschwerte sich meine Mutter. Sie hatte ein Vermögen in die Ehe gebracht, das allerdings durch die Inflation zusammengeschmolzen war.

Vater war sehr erstaunt. »Was du immer hast. Sie kriegen doch sehr schöne Sachen, was ich so gesehen habe. Eine Trainingshose, eine neue Pudelmütze mit passendem Schal, na, dein Sohn sogar einen Matrosenanzug.«

»Der von seinem Vetter Theo stammt«, erinnerte ihn meine Mutter.

»Aber du musst zugeben«, sagte mein Vater, »er ist doch noch wie neu.« Auch fand er, die ganze Natur stehe uns zum Spielen zur Verfügung und biete genug Material, um sich Spielzeug selbst zu fertigen: Flöten aus Holunderzweigen, Flitzbogen aus Weidenruten und Schiffchen aus Borke. Aber dann lag doch etwas mehr auf den Gabentischen. Meine Mutter hatte sich durchgesetzt. So besaßen meine Schwester und ich jede einen Puppenwagen. Im Dorf zogen sie die Lumpenpuppen noch in einer leeren Zigarrenkiste hinter sich her. Die Fahrräder allerdings mussten angespart werden, sozusagen Speiche um Speiche. Wir sammelten dafür Eicheln, Kastanien, Pilze und Brombeeren, halfen beim Kartoffelbuddeln oder fuhren für Vater nach Ferchesar in die »Perle des Westhavellandes«, Zigarren holen. Zehn Pfennig als Belohnung hielt Vater für ausreichend. »Ihr kauft euch ja doch nur Bonbons oder Lakritze.« Das taten wir.

In vielem ähnelten sich Nikolai und mein Vater. »Kinder sind zum Helfen da«, war ihre Devise. Beide Väter hielten ihre Kinder in Trab, damit sie frühzeitig das Arbeiten lernten. Wir mussten beim Pflanzen helfen, Rüsselkäfer sammeln, Mehl von der Mühle holen, den Garten gießen und selbstverständlich »die armen Pferde« abschirren, wenn gerade niemand anders zur Hand war. Nur meine Mutter zog immer den Kürzeren.

»Einer von euch könnte doch nun wirklich mal den Tisch decken!«

»Keine Zeit, keine Zeit.«

Ich mache noch einmal eine Runde durchs Dorf. Luzie, die Gastfreie, bei der wir gestern im Garten saßen, lädt mich zum Abendbrot ein. Sie wird mir Bescheid sagen, wenn es so weit ist. Noch einmal gehe ich zum Witzker See. Auf der großen Wiese hinter dem Haus ist man immer noch beim Mähen. Dann wird es wohl bald Regen geben. Das war in meiner Kindheit schon so. Die Hitze flimmert über dem See. Auch jetzt ist am Ufer niemand zu sehen. Ich ziehe meine Strümpfe und Schuhe aus und wate durch das flache Wasser. Eine Wollhandkrabbe kommt mir entgegen, der Schrecken aller Fischer. Hunderte von kleinen Rotbarschen bestupsen meine Füße, nicht anders wie vor sechzig Jahren, als ich hier mit Gerhard Karge angelte, sehr zum Verdruss von Fischer Brümmerstedt aus Witzke. Damals stand hier noch ein kleiner Schuppen, in dem wir uns zum Baden umzogen. Aber die Buschrosen und die Weide gibt es noch.

Langsam schlendere ich zurück. Ein Bild schiebt sich vor das andere. Mal reite ich mit meinen Geschwistern die Pferde ins Wasser, dann wieder bin ich allein mit dem Paddelboot auf dem See und höre, während es langsam dunkel wird, Frau Trägenapps Stimme, die nach den Kühen auf der Koppel ruft: »Komm, Olle komm!« Ich sehe meine Mutter auf der Veranda sitzen. Sie weint. Ihr jüngster Bruder ist gestorben. Dann sehe ich wieder den herabstürzenden Bomber. Fast hätte er unser Haus gestreift, ehe er in der Lake explodierte.

Wieder zu Hause, hole ich mir einen von Nikolais Stühlen und setze mich auf die Plattform der Veranda. Von dem Blick über die Wiese habe ich oft während meiner Krankheit geträumt. Viele Stunden haben wir hier im Sommer verbracht, haben gehandarbeitet, Karten gespielt, Patiencen gelegt, gelesen, Aalpuppen aufgewickelt, Erbsen ausgepahlt, Kirschen ausgesteint oder Pilze geputzt.

Im Sommer platzte das Haus aus allen Nähten. Ständig wurden wir Kinder umquartiert. Eigenes Zimmer? Wer hatte denn so was schon gehört! Wichtig war, der Gast hatte es ruhig und bequem. In Lochow und in Ferchesar führten die Sommerfrischler, wie die Feriengäste damals hießen, das Wort. Meist Verwandtschaft aus der Stadt mit den dazugehörigen Kindern. Man näherte sich ihnen mit Misstrauen. »Wo wohnste'n?«

»In Berlin.«

»Aha.«

»Willste mit zum Angeln?« Wir waren höflich, aber Stadtkinder fanden wir im Allgemeinen doof. Sie konnten nicht sägen, nicht mit dem Beil umgehen, nicht melken und nicht klettern.

»Was könnt ihr eigentlich?«, fragten wir herablassend.

»Mehr als ihr allemal.«

War es draußen zu heiß, saßen wir mit Vettern und Kusinen im kühlen Esszimmer und spielten »Tod und Leben«, Stunde um Stunde, ein überaus stumpfsinniges Kartenspiel. Vater machte uns Beine. »Die Sonne scheint, und ihr hockt hier drin?« Er hatte recht. Die Natur war nun mal der schönste Spielplatz. Angeln, rudern, radeln, die Schwalben beim Füttern beobachten, im Heu spielen, was eigentlich verboten war.

Natürlich gab es auch öde Tage, an denen es drinnen wie draußen vor Nässe dampfte und im Hof riesige Pfützen standen. Tage, an denen wir niesten und husteten, die Petroleumlampen blakten, das jeweilige Möpschen sein nasses Fell an uns rieb und die Hauslehrerinnen sich mal wieder nach Lichterglanz und Großstadtbetrieb sehnten.

Das Dorf bot wie das Elternhaus Schutz. Wir waren in jeder Familie willkommen. Wenn es bei den Nachbarn Kartoffelpuffer gab, fanden wir uns regelmäßig ein. Die kriegten wir zu Hause selten. Das Kartoffelreiben machte der Mamsell zu viel Arbeit. Wir stopften uns bei Trägenapps damit voll und jede Menge Apfelmus dazu. Lustlos stocherte ich anschließend am elterlichen Mittagstisch in den mit kleinen Speckwürfeln durchsetzten Béchamelkartoffeln herum. Meine Mutter legte automatisch ihre Hand auf meine Stirn. »Hast du etwa Fieber?«

»Was auf den Tisch kommt, wird gegessen«, sagte Vater.

Bei den Leuten zeigten wir unsere besten Manieren. Wir rissen uns geradezu ein Bein aus und halfen unaufgefordert beim Holzhacken, Sägen, Brennesselnsuchen für das Entenfutter und was es sonst noch zu tun gab. Dafür reparierten sie unser Spielzeug und brachten uns handwerklich allerlei Nützliches bei, aber auch, dass man mit den täglichen Gebrauchsgegenständen schonend umgeht und jeder landwirtschaftliche Betrieb ohne einen guten Sattler, Stellmacher oder Schmied nicht existieren kann. Wenn die Pferde beschlagen werden mussten, brachten wir sie nach Ferchesar zu Schmiedemeister Werner Zachen, wo sie neue Eisen bekamen, eine aufwendige Prozedur, der wir gern zusahen und die viel Sorgfalt und Erfahrung erforderte, damit der Huf nicht beschädigt wurde oder die Nägel sich womöglich ins Fleisch bohrten. Die Schmiede war seit Jahrhunderten im Familienbesitz wie viele Höfe und Handwerksbetriebe in der Gegend. Wir Bredow-Kinder waren überall gut bekannt. Da wir lange Ohren hatten, erfuhren wir hinter dem Rücken unserer ahnungslosen Eltern oft Erstaunliches: wer heimlich nachts das eingeschlagene Holz abgefahren hatte, wer der größte Wilderer in der Gegend war und wessen Frau vom Pfad der Tugend abwich. An Letzterem waren meist die Schiffer von den Binnenkähnen beteiligt, die sich in den Dörfern vergnügten, wenn im Winter auf dem Rhin ihre Kähne festfroren. Was wir da so mitbekamen, behielten wir wohlweislich für uns. Doch einmal hatte mein Bruder nach einem Diner die Reste aus den Weingläsern zusammengeschüttet und getrunken. Das löste ihm unfreiwillig die Zunge. Zum Amüsement der Gäste gab er einige der Geschichten zum Besten. Als er in die Details ging, wurde er von Vater unterbrochen. »Ich glaube, du gehst jetzt besser ins Bett.« Und zu Mutter: »Und du sagst immer, wenn ich frage, wo treibt er sich eigentlich herum: Er angelt.«

Auf den Nachbargütern ging es nicht anders zu. Vor allem spielte das Personal im Kinderleben eine wichtige Rolle. Sein Wort galt mehr als das von Onkeln und Tanten. Kinderfrauen, Mamsells und Kutscher beeinflussten die Heranwachsenden ebenso stark wie die Eltern.

Heute muss man voller Staunen lesen, dass die Gutsbesitzer früher ihr »Gesinde« wie Sklaven gehalten hätten. Dabei ging man einem tüchtigen Stellmacher, Gespannführer, einer guten Mamsell oder Beschließerin eher um den Bart, voller Sorge, sie könnten abgeworben werden. Erstaunlich, was bis heute in dieser Hinsicht an Klischees und Vorurteilen verbreitet wird.

Trotz Enteignung, trotz Verlust der Heimat hat es das Schicksal mit meiner Familie und mir gut gemeint. Das Grauen hat uns nur gestreift. Ich hätte in der ehemaligen DDR nicht leben mögen. Nicht zum zweiten Mal in einer Diktatur, und das über fünfundvierzig Jahre lang.

»Ich beneide Sie«, sagte einmal ein Taxifahrer in Bern. »Sie haben so viel erlebt. Wir sind doch hier aus unserem Trott nie rausgekommen.« Aber in meiner Generation würde man zu meinem Leben sagen: keine besonderen Vorkommnisse.

Langsam wird es kühler. Noch einmal gehe ich über den Hof. Wagen, über deren Deichsel man im Dunkeln früher stolperte, gibt es nicht mehr. Ich werfe einen Blick in die Ställe. Die kamen mir früher viel größer vor. Im Hühnerstall hat sich eine verwilderte Katze mit ihren Jungen niedergelassen. War das jeden Abend ein Theater, bis man die Hühner im Stall hatte! Die Perlhühner verzogen sich meist auf die Bäume. Vater hasste sie, weil sie so einen Krach machten. Warum hielten wir sie dann überhaupt?

Ich kehre zum Haus zurück und setze mich auf den alten Gartenstuhl, um den Blick auf den abendlichen See zu genießen. Das Haus knackt gemütlich vor sich hin. Nichte und Neffe haben nach den ersten Vorbehalten längst Freundschaft mit ihm geschlossen. Das macht meine Schwester glücklich.

Auch mich hält vieles hier wieder fest. Nur die Menschen, die ich noch kenne, werden von Jahr zu Jahr weniger. Bleibt die Natur: der Wald, aber vor allem das Luch, das ich besonders liebe. Die Freude daran wird mir allerdings getrübt. Das Laufen fällt mir schwer, und zum Radeln ist der Plattenweg wenig geeignet. Wie gern würde ich noch einmal hoch zu Ross über die Wiesen galoppieren, das Gezirpe der Grillen im Ohr, der untergehenden Sonne entgegen. Eine wirklich absurde Vorstellung, wo ich mit meinen kaputten Knien kaum noch die Treppe hochkomme. Aber Knochen hin und sonstige Gebrechen her, es bleibt noch genug übrig. Mir fällt ein Gedicht ein, das Novalis zugeschrieben wird, der auch ein Junker war:

Wer Schmetterlinge lachen hört,
der weiß, wie Wolken schmecken.
Der wird im Mondschein ungestört
von Furcht die Nacht entdecken.
Der wird zur Pflanze, wenn er will,

zum Tier, zum Narr, zum Weisen
und kann in einer Stunde
durchs ganze Weltall reisen.

»Abendbrot ist fertig!«, ruft Luzie über den Gartenzaun.

Die schönsten Geschichten vom Land

Ilse Gräfin von Bredow

Bei uns zu Haus

Piper Taschenbuch, 304 Seiten
€ 9,99 [D], € 10,30 [A]*
ISBN 978-3-492-30250-0

Jottwehdeh – von Berlin aus gesehen »janz weit draußen« – ist Ilse Gräfin von Bredow in der Mark Brandenburg umgeben von Natur aufgewachsen. Mit ihren rührenden Geschichten und köstlichen Begebenheiten nimmt sie uns mit in dieses Paradies ihrer Kindheit, und zeichnet mit trockenem Humor ein liebevolles Porträt ihrer malerischen Heimat.

»Kultivierter Stil, funkelnde Ironie, eine bildhafte Sprache machen die Bücher der Gräfin von Bredow zu einem Erlebnis.« Hessische Allgemeine

PIPER

Leseproben, E-Books und mehr unter www.piper.de

Ein bezauberndes Buch über die Tücken des Alterns

*Cover- und Preisänderungen vorbehalten

Ilse Gräfin von Bredow

Mein Körper ist so unsozial

Piper Taschenbuch, 192 Seiten
€ 8,99 [D], € 9,30 [A]*
ISBN 978-3-492-30582-2

Der griesgrämig gewordene Körper beschert den Hochbetagten täglich neue Probleme. Da heißt es flexibel bleiben, wie Ilse Gräfin von Bredow in ihren Geschichten zeigt. Tatkräftige Hilfe ist von Familie und Freunden nicht immer zu erwarten, und so entsteht eine Sehnsucht, die Jüngere vielleicht verblüfft: der Wunsch nach einem Roboter, der einem in jeder Lebenslage zur Seite steht.

»Es ist selten, dass jemand derart taufrisch schreibt.« Die Welt

PIPER

Leseproben, E-Books und mehr unter www.piper.de